本研究受到国家社科基金一般项目（项目批准号：14BJL072）"基于农村集体经营性建设用地入市的土地利益协调"资助

马克思主义政治经济学青年论丛

基于农村集体经营性 建设用地入市的 土地利益协调机制研究

盖凯程 著

中国财经出版传媒集团

经济科学出版社
Economic Science Press

总序

党的十八大以来，习近平总书记高度重视马克思主义政治经济学的学习、研究和运用，提出一系列新理念、新思想、新战略，在理论上不断拓展新视野、作出新概括、形成新学说。2020 年 8 月 24 日，习近平总书记在经济社会领域专家座谈会上强调，"面对错综复杂的国内外经济形势，面对形形色色的经济现象，学习领会马克思主义政治经济学基本原理和方法论，有利于我们掌握科学的经济分析方法，认识经济运动过程，把握经济发展规律，提高驾驭社会主义市场经济能力，准确回答我国经济发展的理论和实践问题"。把握这一重要讲话的精神实质和深刻内涵，需要深入思考领悟习近平总书记治国理政新理念、新思想、新战略，以改革发展进程中的重大问题为导向，不断进行理论观点、学科体系和研究方法的创新与发展，不断产出体现继承性和民族性、原创性和时代性、系统性和专业性的经济研究成果，不断形成充分体现中国特色、中国风格、中国气派的中国经济学理论体系。

这就需要我们坚持从中国实际出发，坚持马克思主义的基本立场、观点和方法，吸收和借鉴人类一切优秀文明成果，坚持以人民为中心的发展思想，坚持落实新发展理念，坚持和完善社会主义基本经济制度，坚持社会主义市场经济改革和对外开放基本国策，提炼和总结我国经济发展实践的规律性成果，把实践经验上升为系统化的经济学说。以新时代为逻辑起点，开展百年未有之大变局下的重大理论和实践问题研究。系统研究当代马克思主义经济学中国化的最新成果和独创性观点；系统梳理中国特色社会主义政治经济学的思想来源、理论进程和阶段特征；系统提炼中国特色社会主义政治经济学的内涵属性、逻辑主线、方法原则、理论结构，从而不断推进马克思主义政治经济学的中国化，不断书写中国特色社会主义政治经济学的新篇章，不断开拓当代中国马克思主义政治经济学新境界。

政治经济学是西南财经大学的传统优势学科。西南财经大学政治经济学团队一直瞄准国家重大需求，着力推动重大理论创新、重大决策研究、高层次人才培养、话语传播和国际交流，着力构建具有"中国气派、西部特色、西财风格"的中国特色社会主义政治经济学理论体系和话语体系。为了大力推进当代马克思主义政治经济学的发展与创新，西南财经大学全国中国特色社会主义政治经济研究中心组织了一批政治经济学青年学者聚焦研究马克思主义政治经济学的基本理论，以及城市化、农村土地问题、产融结合、贸易摩擦和新型经济全球化等重大理论问题和重大现实问题，陆续产出了一批重要研究成果，形成"马克思主义政治经济学青年学者论丛"系列丛书，由经济科学出版社陆续出版。

刘诗白

庚子年九月于光华园

党的十八届三中全会提出"允许农村集体经营性建设用地出让、租赁、入股，实行与国有土地同等入市、同权同价"，朝着建设城乡统一的建设用地市场迈出了实质性步伐，将极大程度上消解土地市场权利二元、市场进入不平等及由此带来的土地利益分享不公的弊端。城市化进程中，特别是在土地征用和出让中，农地非农化增值收益分配不公和利益关系失衡造成了严重的经济社会问题。与此同时，城市建设用地日趋紧张和农村集体建设用地低效闲置悖论催生了集体土地隐形流转市场，供需双方自发匹配和灰色交易在重塑土地权益关系的同时滋生了新的利益冲突与社会矛盾。如何根据稳定与发展的需要构建协调各相关主体的土地利益共享机制已经成为非常重要的问题。

本书以农村集体经营性用地进入市场（入市）为切入点，立足于城乡建设用地市场的垄断、分割与整合，分别从不同土地非农化利益分配机制的比较、集体经营性建设用地入市对既有土地利益格局的作用机制及集体建设用地入市的风险与防范入手，致力于探讨构建城乡一体建设用地市场运行的土地增值收益分配和利益共容机制。

全书主要分为八个章节，每一章的简要内容和观点如下。

第一章 导言。

第二章 文献综述。运用文献计量方法探究集体建设用地流转相关研究发展脉络和前沿走向。计量结果表明，相关研究分为征地制度改革研究、宅基地制度改革研究、集体经营性建设用地入市研究三个维度和农地产权制度改革研究、土地增值收益分配研究两个向度，经历了一个从现实描述到理论发展、再到实证分析与总结提升的循序渐进知识演进过程，厘清"三块地"改革之间的内在逻辑关联和相互作用机制将成为未来研究的重要方向。

第三章 理论基础和分析框架。挖掘与梳理马克思的所有制思想与财产权理论，以及西方经济学产权理论和制度变迁理论，在此基础上提炼出新时期深化农村土地制度改革的理论逻辑，勾勒中国农地非农化制度变迁逻辑的核心主线，构建一个基于农村集体经营性建设用地入市视角下的土地利益格局重塑的理论分析框架：在农地剩余索取权和剩余控制权的错配、转移和重配的过程中，逐步构建农村土地集体所有制前提下的农民（集体）主体财产权。

第四章 中国城乡土地制度变迁与政策演进：历史维度。中国土地制度是一个包含土地所有制、土地权利制度和土地管理制度等在内的多层次制度体系。中国土地制度变革的核心内容皆围绕这一逻辑主线展开，而中国城乡建设用地市场结构及其形塑的现行土地利益格局亦是在这一体系框架下不断生成和演化的。纵向来看，中国土地制度呈现出渐进的、适应性调整的历时性特征。新时期，经济运行逻辑向纵深切换，城乡二元体制非兼容性深度摩擦，以及主体财产权利意识的迅速觉醒等引致了中国土地制度约束条件的深彻改变，"三块地"联动改革所牵引的土地制度变迁和政策变化呈现出从板块式、碎片化管理特征向联动化、一体化方向转变的适应性调整的趋向，城乡建设用地市场结构和传统土地利益格局的生成逻辑也将随之发生深刻变化和调整。

第五章 传统农地非农化利益分配机制：地方政府对剩余权利的获取。中国土地市场化改革内生于中国经济体制转型的大逻辑中。在现行土地产权制度空间和土地政策约束下，地方政府成为中国土地市场化进程中的一个内生性构成要素。城乡建设用地市场二元结构和模糊的产权制度环境塑造了非均衡的土地利益分配机制。"农地非经征用不得入市"的制度构件和交易机制将这一分割的市场体系以征地方式而联结起来，塑造了地方政府在土地市场上的垄断地位，在征地出让过程中地方政府获得了绝大部分农地非农化的增值收益和极差地租。土地权益的错配容易导致土地交易中权力（租金）代替权利（租金），增加了市场交易成本，耗散了土地资源利用的潜在租金，潜伏了效率与公平的双重损失。

第六章 农地非农化制度变迁：剩余控制权转移与利益关系重构。农村集体经营性建设用地合法入市突破了凡变为城市建设用地须转为国有制的制度框架，为打破传统农地非农化利益分配格局、形成市场化农地转用机制准备了条件，是一种典型的制度创新。集体经营性建设用地合法入市的实质是各利益主体土地利益关系的重构。这一改革举措的实质性意义在于将错配的农地剩余控制权和剩余索取权还原给农民（集体），将其塑造成为真正的市场财产权利主体，继而使其从被动的间接分配主体变为主动的直接分配主体，将改变既有农地非农化模式下土地增值分配关系的生成逻辑。制度的重新设计安排以其配给交易功能和分配性质相应地拓宽或压缩相关主体的利益空间，改变其行为逻辑，引发新的利益调整，最终演绎的方向为有利于促成"各依其权，各获其利"的新型利益分配模式和格局。

第七章 集体经营性建设用地入市风险：宏观·中观·微观。农地非农化制度变迁的"路径依赖"内嵌于由中国特殊二元土地产权制度和城乡间非对称的土地权利架构而生成的"土地—财政—金融'三位一体'"城市化模型及地方增长导向发展逻辑之中。集体经营性建设用地入市意味着重构了一个内在不断产生关联效应的复杂经济系统，表现为对现有土地制度安排与利益分配格局非线性替代的复杂博弈的动态过程。过于激进的集体经营性建设用地入市可能诱发的诸多风险有着相互触发的传导机制和系统性。这一系统性风险表现为：宏观层面的财政风险、债务风险和金融风险及其可能诱发的新型房地产泡沫风险、耕地资源破坏风险、农业生产率停滞风险和粮食安全风险等系统性风险；中观层面的区域、村组间土地资源禀赋分布不均和增值收益分配失衡诱发的农民群体收入分化风险；微观层面的"代理人风险"和"内部人控制"及由此而引发的集体资产流失风险。

第八章 中国城乡土地利益格序重构：制度·体制·机制。新一轮的农村土地制度改革以赋予农民土地财产权和农民财产权主体地位、实现农民土地财产权益为核心。需要在"土地公有制性质不改变、耕地红线不突破、农民利益不受损"三重约束条件下，逐步构筑起农村土地集体所有制前提下的农民（集体）主体财产权秩序。这一秩序的重构，有赖于在制度层面上着力推进农村集体产权制度改革，探索农村集体所有制有效实行形式；有赖于在体制层面上着力锻造城乡各类土地市场整合机制，构建城乡一体建设用地市场体制；有赖于在机制层面上，建立兼顾宏观、中观、微观不同利益群体利益的土地增值收益分配和利益协调机制。以内生性的产权制度、外生性的市场体制和关键性的利益平衡机制"三位一体"的基础制度架构，引导、带动和促进中国城乡土地利益格序重构。

本书的创新之处可能在于：

在研究视角上，尝试以农村集体经营性建设用地入市作为整体土地利益格局变动和利益关系调整的切入点，从土地增值收益分配效应与风险的视角探讨土地利益协调机制，从而提出解决土地利益困境的新思路。

在研究深度上，已有研究从制度演化和博弈视角解释了从政府征地出让转向农村集体建设用地直接入市的必要性。在此基础上，我们运用产权范式，进一步挖掘土地征用和农地入市之间的内在逻辑关系，揭示出从征用到农地入市所遵从的核心逻辑是土地剩余索取权和剩余控制权从政府向农民（集体）的转移，从而建立了一个较为现实和全面的解释集体建设用地入市的土地制度变迁理论分析框架。

在研究方法上，在研究集体经营性建设用地入市影响因素、增值分配和风险时，采用集体建设用地异质性假设分析方法，突破了纯粹的基于集体建设土地同质性假定的分析方法，从而将先前研究较少关注的中观层面（区域、村组间）的土地利益关系纳入进来。

目　录
CONTENTS

第 *1* 章

导　言

1.1　问题的提出

城市化进程中，特别是在农村集体土地征用和城市土地出让过程中，农地非农化增值收益分配不公和利益关系失衡造成了严重的经济社会问题。如何根据稳定与发展的需要构建协调各相关主体的土地利益共享机制已成为亟待研究的问题。在此背景下，集体经营性建设用地入市，无疑将改变既有土地增值收益分配机制的生成逻辑，并对现行土地利益格局产生冲击。这为我们提供了新的研究视角。但相关研究和实践尚处于探索阶段，其中一些重点难点问题，迫切需要进行更为深入的理论分析和实证检验。

1. 土地利益关系受土地制度的支配

相关研究（钱忠好等，2007；许经勇，2008；罗必良，2008；黄小虎，2010；周其仁，2013）认为正式制度约束如土地征用制度、出让储备制度及税费制度等是造成土地增值收益归属不均和利益失衡的直接原因。深层原因则是集体土地产权的边界模糊和权能残缺使土地产权排他性弱化、主体处置权缺失，进而导致土地权益的错配。鉴于中国土地制度的特殊性，国外相关研究较少，但仍有少数学者基于土地产权制度和土地发展权提出了土地增值公平分享的思路（D. Wayne，1997；James K. S. K.，2000；Brandt，2002；Ding，H. R.，2003），而制度变迁和产权理论也为理解中国土地问题提供了很好的理论分析工具（Coase，Ronald，H.，1937；

North. D. C. , 1990）。

2. 现行土地利益格局正是相关主体在现有土地制度约束下围绕土地增值收益博弈的产物

这一过程中，地方政府借助一系列制度安排实现了对土地市场的介入和操控，土地增值收益分配制度的演进具有显著的财政依赖特征（刘永湘等，2003；匡家在，2009；罗必良，2010；张曙光，2010）。大量研究（钱忠好，2004；周其仁，2004；党国英，2005；王小映等，2006；胡家勇，2012；刘守英等，2014）证实土地融资成为地方政府财政和城市化资金的重要来源，使其他利益主体特别是农民无法分享城市化、市场化带来的土地增值收益和级差地租，农民权益受到剥夺。但也有学者（简新华，2013；贺雪峰，2018）认为土地出让收益是土地所有权在经济上的实现，级差地租和垄断地租形成皆与地方政府基础设施建设有关，土地增值收益理应由其拥有。还有学者（黄祖辉，2002；朱一中，2012）主张通过合理界定土地发展权来确定土地增值收益归属。围绕土地增值收益归属，学术界形成了"涨价归公"论（贺雪峰，2010）、"涨价归农"论（汤志林，2006）及"公私兼顾"论（周诚，2006）。

3. 城市化进程中，农村集体土地资产价值逐渐显化，集体建设用地流转和增值收益分配问题受到学界关注

学者们运用制度变迁理论和博弈论等进行研究，认为农民土地利益意识唤醒、制度创新外部利润和制度安排低成本使农地入市成为土地制度诱致性变迁的需要，它提高了土地资源配置效率，增加了农民财产性收入（蒋省三等，2003；钱忠好等，2006；温铁军，2009；张曙光，2010；刘守英，2018）。但由于集体土地产权归属模糊，公开流转和隐形流转并存，导致了流转收益分配不公、集体资产流失、侵害农民权益等问题（罗丹等，2004；李志辉，2006；叶兴庆，2017）。集体土地入市的核心问题是利益问题，关键是建立合理的收益分配机制和正确的利益分享机制，在初次流转及再次流转中合理确定流转收益分配在土地所有者、政府和土地使用者之间的比例权重（张琦等，2007；黄小虎，2008；蔡继明，2010；

宋志红，2017）。争论焦点在于政府是否有权参与集体建设用地流转收益分配（彭文英等，2008；宋志红，2017）：赞成者认为是政府基础设施投资导致了土地增值，理应参与收益分配（吕传进，2005；贺雪峰，2018）；反对者则认为政府既非土地所有者，也非土地使用者，没有理由直接参与流转收益分配（李延荣，2006；吕萍，2007；王文，2013；宋志红，2017）。

综上所述，既有研究有很强的"问题意识"，对不同性质土地增值收益分配和利益关系问题做了很好的理论推进，提出了富有价值的政策建议，形成了大量研究成果。整体看，现有研究：（1）较少专门系统论及集体经营性建设用地入市问题；（2）或偏重集体建设用地流转，或偏重土地征用出让，二者间的内在逻辑联系和相互作用机制研究有待加强；（3）偏于微观、宏观层面的考察，而疏于中观层面（区域差异性）的分析；（4）较多关注集体建设用地入市积极效应，较少研究风险问题。这为本书提供了新的研究视角。

1.2 研究意义

党的十八届三中全会通过的《中共中央关于全面深化改革若干重大问题的决定》提出"允许农村集体经营性建设用地出让、租赁、入股，实行与国有土地同等入市、同权同价"，同时还明确提出"要赋予农民更多财产权利，保障农户宅基地用益物权，改革完善农村宅基地制度，稳妥推进农民住房财产权抵押、担保、转让，探索农民增加财产性收入渠道；建立农村产权流转交易市场，推动农村产权流转交易公开、公正、规范运行"。2015 年全国人大常委会授权国务院在北京市大兴区等 33 个试点县（市、区）[①]"三

---

① 33 个试点县（市、区）行政区域包括：北京大兴区、天津市蓟县、河北省定州市、山西省泽州县、内蒙古和林格尔县、辽宁省海城市、吉林省长春市九台区、黑龙江省安达市、上海市松江区、江苏省常州市武进区、浙江省义乌市、浙江省德清县、安徽省金寨县、福建省晋江市、江西省余江县、山东省禹城市、河南省长垣县、湖北省宜城市、湖南省浏阳市、广东省佛山市南海区、广西北流市、海南文昌市、重庆市大足区、四川省郫县、四川省泸县、贵州省湄潭县、云南省大理市、西藏曲水县、陕西省西安市高陵区、甘肃省陇西县、青海省湟源县、宁夏平罗县、新疆伊宁市。

块地"① 改革试点。历经五年封闭试点之后，这一制度创新命题也被纳入国家层面正式制度安排：33 家试点单位"集体经营性建设用地进入市场和国有土地享有同等权利"的试验，正式纳入《中华人民共和国土地管理法》（2019 年修订）并将于 2020 年正式实施。赋予"农民财产权利"意味着城乡二元经济社会结构真正迎来了"破题"的关键，而允许"农地入市"则意味着我们朝着建设城乡统一的建设用地市场迈出了实质性步伐，这将极大程度上消解土地市场权利二元、市场进入不平等及由此带来的土地利益分享不公的弊端。

本书以农村集体经营性用地入市为切入点，立足于城乡建设用地市场的垄断、分割与整合，分别从不同土地非农化利益分配机制的比较、集体经营性建设用地入市对既有土地利益格局的作用机制及集体建设用地入市的风险与防范入手，探讨城乡一体的土地市场运行的土地增值收益分配和利益共容机制。在理论上拓宽已有研究范围和深度，在实践上为破解土地利益困局提供可行思路。

1.3　研究思路和内容

1.3.1　研究思路

如图 1－1 所示，本书沿着"文献梳理—提出问题—历史考证与现状考察—动力机制—作用机理—风险与防范—体制机制体系构建"脉络展开研究。

1.3.2　主要内容

（1）不同土地非农化模式利益分配机制分析。分析征地和出让模式、"增减挂钩"使用权空间漂移置换模式及集体土地公开流转和隐形流转利

---

① "三块地"系指农村土地征收、农村集体经营性建设用地入市、宅基地制度改革。

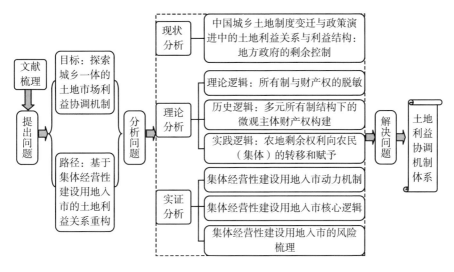

图 1 - 1　本书技术路线

益分配机制的特征与交互作用机制，厘清土地上的利益主体、利益关系和利益结构。

（2）城乡建设用地市场结构及演进。基于城乡建设用地物权二元结构，通过城市国有一二级土地市场、农地非农化（征地）市场、农村集体建设用地隐形流转市场的结构特征与效率比较，分析城乡建设用地市场制度由垄断、分割走向整合的社会福利增进。

（3）集体经营性建设用地入市的动力机制。运用外部利润、交易费用和利益集团博弈的制度变迁动力机制理论分析框架，解释集体经营性建设用地入市的诱因、过程和趋势，揭示农地非农化制度变迁的核心逻辑，即剩余控制权的转移是如何实现的。

（4）集体经营性建设用地入市的利益主体反应。基于集体土地流转与征地制度改革的内在关联，厘清集体建设用地入市的利益主体"刺激—反应"机制，分析集体经营性建设用地入市后各相关利益主体（特别是地方政府）的反应、适应性调整和行为逻辑。

（5）集体经营性建设用地入市增值收益分配效应。运用地租理论、土地发展权理论等分析集体经营性建设用地增值收益的形成机理，考察不同主体的正向增值和利益受损（负增值）情况，从宏观、中观、微观三个层面考察农地非农化制度变迁对于土地增值收益分配关系的重构问题。

（6）集体经营性建设用地入市的风险研究。基于主体机会主义行为，从宏观、中观、微观三个层面分析过于激进的集体经营性建设用地入市可能诱发的风险类型、风险形态、各类风险间传导及风险防控机制。

（7）土地利益协调机制体系。采用系统论，构建内生性的产权制度、外生性的市场体制和关键性的利益平衡机制"三位一体"的基础制度架构，并从宏观（重塑地方政府角色）、中观（区域、村、组间区际利益补偿）、微观（乡村治理结构）层面构建土地利益协调机制体系。

1.4 基本观点

（1）经济运行逻辑向纵深切换，城乡二元体制非兼容性深度摩擦，以及主体财产权利意识的迅速觉醒等引致了中国土地制度约束条件的深彻改变，"三块地"联动改革将成为加快构建城乡一体建设用地市场的强有力黏合剂，相应地，由此所牵引出的土地管理制度变迁和政策变化也呈现出从板块式、碎片化管理特征向联动化、一体化方向转变的适应性调整的趋向，城乡建设用地市场结构和传统土地利益格局的生成逻辑也将随之发生深刻变化与调整。

（2）城乡建设用地市场制度二元结构塑造了非均衡的土地利益分配机制。政府作为土地产权实际剩余控制者获取了农地非农化增值收益，土地权益的错配导致土地交易中权力（租金）代替了权利（租金），增加了市场交易成本，耗散了土地资源利用的潜在租金，潜伏了效率与公平的双重损失。

（3）各利益主体围绕争夺土地增值收益的互动博弈推动着土地制度的变迁。集体经营性建设用地合法入市是对土地发展权市场交换域和政治权力域混合域博弈参数调整的结果，是一个嵌入了政治过程变量（稳定与发展、效率与公平、利益与风险）的强制性和诱致性制度变迁妥协兼容的结果。

（4）集体经营性建设用地入市的实质是各利益主体土地利益关系的重构。制度的重新设计安排以其配给交易功能和分配性质拓宽或压缩相关主体的利益空间，改变其行为逻辑，引发新的利益调整。制度创新有利于降低潜在租金的消耗，但因其收益期望和激励也会诱发新的机会主义行为。

（5）增值收益分配是集体经营性建设用地制度运作的核心利益机制。由于集体经营性建设用地的异质性、土地增值来源的多样性和土地产权转移过程的复杂性，决定了土地增值收益分配模式的多元化，但其遵从的核心逻辑是土地剩余控制权和剩余索取权从政府向农民（集体）的转移。

（6）过于激进的集体经营性建设用地入市会造成风险聚积。宏观层面：地方财税流失引发的债务风险、金融风险、新型地产泡沫风险、耕地资源破坏风险；中观层面：土地禀赋资源不均引发的区域、村组间的收入分化风险；微观层面：农民与农村集体委托—代理关系下的代理人风险和内部人控制引发的集体资产流失风险。需要通过建立基于效率与公平的平衡利益协调机制来化解风险。

1.5 研究方法

（1）系统分析法。将集体经营性建设用地入市纳入整个土地制度乃至经济社会发展全局视域中去考察，寻找其与土地制度变迁、城乡和区域统筹发展及整体土地市场利益格局变动的内在联系。

（2）历史与逻辑相统一。纵观农村集体建设用地市场化的实践维度和历史向度：城乡建设用地市场的结构与演进受农村土地产权制度安排的制约，附着于土地上的利益关系和利益结构正是相关主体在现有土地产权制度约束下围绕土地增值收益博弈的产物。征地制度变革、集体经营性建设用地入市及宅基地使用权市场化流转的研究围绕着土地产权制度改革和增值收益分配两个向度不断向纵深推进。依此提炼出新时期中国农地非农化制度变迁的核心逻辑。

（3）田野调查法。通过实地调研，以类型抽样调查、重点调查和案例调查相结合，深入集体土地流转典型地区，通过入户、专家访谈和问卷方式获取第一手资料。课题组相继赴重庆海龙村、四川（成都温江天乡、德阳什邡和罗江、内江尚腾新村、攀枝花盐边、泸州泸县、成都郫县）、安徽芜湖、广东南海、贵州湄潭、江苏昆山和连云港等十余地调研。

1.6 创新之处

（1）研究视角：以农村集体经营性建设用地入市作为整体土地利益格局变动和利益关系调整的切入点，从土地增值收益分配效应与风险的视角探讨土地利益协调机制，从而提出解决土地利益困境的新思路。

（2）研究深度：已有研究从制度演化和博弈视角解释了从政府征地出让转向农村集体建设用地直接入市的必要性。在此基础上，我们运用产权范式，进一步挖掘土地征用和农地入市之间的内在逻辑关系，揭示出从征用到农地入市所遵从的核心逻辑是土地剩余索取权和剩余控制权从政府向农民（集体）的转移，从而建立了一个较为现实和全面的解释集体建设用地入市的土地制度变迁理论分析框架。

（3）研究方法：在研究集体经营性建设用地入市影响因素、增值分配和风险时，采用集体建设用地异质性假设分析方法，突破了纯粹的基于集体建设土地同质性假定的分析方法，从而将先前研究较少关注的中观层面（区域、村组间）的土地利益关系纳入进来。

第 2 章

文献综述

借助一个信息可视化软件 CiteSpace，对源于中文社会科学索引的 3721 篇集体建设用地市场化研究相关文献进行分析，采用文献计量方法探究该领域的热点议题、发展脉络和前沿走向。研究表明：农村集体建设用地入市相关研究可以分为征地制度改革研究、宅基地制度改革研究、集体经营性建设用地入市研究三个维度和农地产权制度改革研究、土地增值收益分配研究两个向度，经历了一个从现实描述到理论发展、再到实证分析与总结提升的循序渐进知识演进过程，"新型城镇化""集体经营性建设用地""宅基地退出""影响因素"等内容是该研究领域有待于进一步拓展的前沿热点。以农村集体经营性建设用地入市作为城乡建设用地市场从分割走向整合以及整体土地利益格局变动和利益关系调整的切入点，厘清"三块地"改革之间的内在逻辑关联和相互作用机制将成为未来研究的重要方向。

2.1 问题的提出

在城市化进程中，农村集体土地财产价值逐渐显化。作为农村集体资产中占比规模最大、涉及利益关系最复杂的资源性要素（王林梅等，2018），集体建设用地入市及由此涉及的土地利益关系调整成为学术界关注的焦点。学者们基于不同角度对集体建设用地入市问题做了很好的理论推进，提出了富有价值的政策建议，形成了大量研究成果。一部分学者对相关问题做了文献梳理，如集体建设用地流转（杜伟等，2010；伍振军，2014；耿敬杰，2017；刘文泽，2018）、土地隐形市场（罗湖平，2014；刘守英，2018）及入市改革风险（李杰等，2017；朱侃，2019）等。但是，纵观既有研究：在学科维度上，较多关注农业经济学科相关文献的提取，较少关注跨学科文献的萃取，使研究结论无法系统反映文献提炼背后隐藏的隐性知识体系全貌；在研究方法上，偏重于传统文献归纳与述评等定性分析，较少运用文献计量分析方法，研究者主观偏好无法有效剔除；在研究视角上，较多关注客体对象（集体建设用地资源配置），较少关注由客体对象配置引致的主体利益关系问题。基于此，我们借助信息可视化软件 CiteSpace 对源于中文社会科学索引的 3721 篇集体建设用地跨学科文献进行分析，以期从卷帙浩繁的文献数据中提取高价值的学术信息，把握 20 年来该领域研究的研究主题、发展脉络和前沿热点，依此奠定本研究破题的文献基础。

2.2　数据来源与研究方法

2.2.1　数据来源

样本数据全部源自 CNKI（中国期刊全文数据库），检索时间跨度为 1998 年 1 月至 2018 年 12 月①。选择期刊高级检索，范围为"主题"；为了保证查全率，我们选取了征地、农村集体建设用地、农村集体经营性建设用地和宅基地作为主题核心检索词；来源类别选择为"CSSCI"。得到检索结果为 3826 篇文献。同时为了保证集体建设用地相关学术论文的查准率，识别剔除动态、简讯、访谈、新书评介、会议通知等非学术的弱相关文献 105 篇，

---

① 之所以选择以 1998 年为起点，原因有二：一是集体建设用地入市的演绎逻辑受土地管理制度的制约，而 1998 年《土地管理法》对于其后中国土地市场的演绎路径和发展逻辑起着至关重要的作用；二是集体建设用地入市与中国房地产市场的发育具有高度的同频性，而中国房地产市场向纵深发展恰恰发轫于 1998 年前后。

得到有效期刊论文 3721 篇，涵盖了该领域主流和有影响力的研究成果。①

2.2.2　研究方法

文献计量分析主要是运用数理统计的相关知识与方法，通过"对文献题录信息进行定量分析"，刻画文献在传播过程中的社会学特征，确定某领域学术研究现状、演进路径和发展前沿，从而有效弥补文献定性研究的主观性等不足。基于此，我们借助了一款信息可视化软件——CiteSpace②对中国土地市场化和农村集体建设用地流转及其引致的土地利益格局这一研究领域进行"问题域"的文献计量分析，以期借助绘制可视化图谱来梳理这一领域的主流范式的研究重点和逻辑演绎的关键路径，寻求农地非农化制度变迁的共性规律和理论逻辑。具体而言，我们采用 CiteSpaceV 为数据分析工具，对我国集体建设用地研究领域的文献进行了关键词共现分析、聚类分析和突现分析。相应的设置如下：研究区间设为 1998～2018年，时间切片设为 1 年，节点类型设为关键词，阈值为前 50 个高频词，网络修剪类型设置为寻径。

2.3　集体建设用地流转研究：一个文献统计分析

2.3.1　文献年度分布情况

根据检索和筛选的结果，从 1998 年至 2018 年，与集体建设用地有关的期刊论文数量整体上呈现稳步上升的趋势（见图 2－1），表明集体建设用地研究日益受到学术界关注。根据年度发文量我们可以发现集体建设用地研究的发展具有明显阶段性特征，具体而言可分为四个阶段。第一阶

---

① 引文数据导出格式为 RefWork，包括论文的题目、作者、机构、关键词、摘要、分类号、发表期刊、发表时间等信息。

② 这是一款用于文献计量分析的信息可视化软件，它主要基于共引分析理论和寻径网络算法等，对特定领域文献进行计量，以探寻出学科领域演化的关键路径及知识转折点，并通过一系列可视化图谱绘制来形成对学科领域演化潜在动力机制的分析和学科发展前沿的探测。

段：1998~2003年，该阶段为集体建设用地研究起步阶段，年均发文数量较少，只有约12篇。这一时期理论界的关注焦点放在政府征地上，对于农村集体建设用地流转关注度较低。第二阶段：2004~2007年。随着政府征地弊端及其引发的经济社会矛盾日益突出，理论界的目光开始聚焦农村集体建设用地与农地转用之间的关系上来。相关研究文献呈现逐年增长的态势。第三阶段：2008~2012年。随着党的十七届三中全会在顶层设计和决策层面提出了圈外（城镇建设用地范围外）农村集体建设用地市场流转的改革方向，相关研究迅速进入高潮。这一阶段论文数量大幅增长，年均发文量为311.14篇，总计发文2178篇，占总发文量的58.53%，年均增长率为15.37%，其中2008年集体建设用地研究论文增长速度较快，年增长率达到77.64%。第四阶段：2013年至2018年。党的十八届三中全会对农村集体经营性建设用地入市的全面允纳和随即启动的"三块地"联动试点改革，使得以农村集体经营性建设用地入市为核心，以三块地改革为主要内容的相关研究向纵深推进。这一阶段年均发文量275篇①。

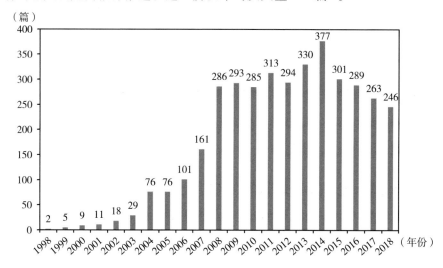

图2-1 农村集体建设用地发文量年度分布（1998~2018年）

注：文献总数为3721篇。

资料来源：根据中国知网（CNKI）检索结果整理。

---

① 2018年1月至11月30日，中国知网关于农村集体建设用地实际刊文量为171篇，年度发文量246篇为预估值。

2.3.2 文献学科分布

集体建设用研究文献广泛涉及农业经济、法学、社会、政治、地理、城市经济、区域经济、数量经济、公共管理、城乡规划与市政等众多学科领域（见表 2-1）。其分布特征主要表现在以下两方面：一是明显的跨学科特性。该研究领域跨度相当之广，涉及三十多个学科，不仅涉及理论经济学、应用经济学、法学、政治学等社会科学，还涉及城乡规划、地理等自然科学。二是学科间分布不均衡。在检索与筛选的 3721 篇文献中，农业经济学 2174 篇，占总文献 56.82%；其次是法学 797 篇，占总文献20.83%；社会学 288 篇，政治学 130 篇，分别占总文献 7.53% 和 3.40%。农业经济和法学两个学科合计占比达 77.65%，而社会、政治、财政、地理、金融等其他学科文献所占比重都不高。

表 2-1　　集体建设用地研究文献学科分布（1998~2018 年）

序号	学科类别	文献数（篇）	占比（%）	序号	学科类别	文献数（篇）	占比（%）
1	农业经济	2174	56.82	6	政治	130	3.40
2	法学	797	20.83	7	数量经济	109	2.85
3	城市经济	356	9.30	8	公共管理	77	2.01
4	社会	288	7.53	9	城乡规划与市政	56	1.46
5	区域经济	131	3.42	10	地理	52	1.36

注：文献总计 3721 篇；限于篇幅，仅列出前 10 位学科类别。
资料来源：根据 CNKI 数据库的检索结果整理。

2.3.3 文献期刊分布

从文献所发表学术期刊的分布，可以间接地判断出学术界对于农地集体建设用地主题研究的整体学术水平。根据检索和归类分析，围绕农村集体建设用地研究主题发文最多的期刊是《中国土地科学》，20 年间共发文302 篇，年均发文 15 篇，发文量在所有检索文献中占比为 8.12%；其次是《农村经济》，共发表 226 篇，年均发文 11 篇，发文量在所有检索文献中占比为 6.07% 。排名前 10 位的期刊如《中国土地科学》《农村经济》《经济体制改革》《农业经济问题》《中国人口·资源与环境》《改革》等在过去 20 年间一共发文 1043 篇，年均发文 52 篇，发文量在所有检索文献中占比 28.03% ，表明其是在农村集体建设用地研究领域学术辐射力较强、最具代表性的学术期刊（见表 2 - 2）。

表 2 - 2　　　　集体建设用地研究文献期刊分布（1998~2018 年）

序号	期刊	文献数（篇）	占比（%）	序号	期刊	文献数（篇）	占比（%）
1	中国土地科学	302	8.12	11	河北法学	34	0.91
2	农村经济	226	6.07	12	西北农林科技大学学报	29	0.78
3	经济体制改革	93	2.50	13	中州学刊	29	0.78
4	农业经济问题	72	1.93	14	中国农村经济	28	0.75
5	中国人口资源环境	72	1.93	15	现代经济探讨	26	0.70
6	经济地理	65	1.75	16	求索	26	0.70
7	城市规划	56	1.50	17	地域研究与开发	24	0.64
8	城市发展研究	55	1.48	18	南京农业大学学报	23	0.62
9	资源科学	52	1.40	19	中国农村观察	22	0.59
10	改革	50	1.34	20	宏观经济管理	21	0.56

注：文献总数为 3721 篇。

资料来源：根据中国知网（CNKI）检索结果整理。

2.3.4　高被引文献

被引频次不仅是衡量文献学术水平的重要指标之一，还突出反映了文献的学术影响力，高被引文献一般是具有奠基性作用的重要文献。根据索引结果整理得到农村集体建设用地研究领域前 20 篇高被引文献，如表 2 - 3 所示。与农村集体建设用地研究相关的比较具有影响力的文献主要集中在征地制度改革与失地农民利益保障等领域，并且绝大部分文献都在 2002~2009 年间涌现。被引频次最高的文献是浙江大学的黄祖辉和汪晖于 2002 年发表的《非公共利益性质的征地行为与土地发展权补偿》，由于发表年份较早，被引次数累计达 712 次，是集体建设用地研究领域中的具有奠基意义的文献。该文较早地运用"土地发展权"这一概念和解题工具，在理论上辩正"涨价归公"的逻辑谬误，探讨了一些政府以非公益性征地行为对农民土地发展权的影响实质。这一研究成果从静态角度区分了政府征地行为的公益性质和非公益性质，从动态角度分析了农地土地发展权丧失的福利损失和效率损害，从而架构了一个分析农地非农化制度演化的理论分析框架。

表 2 – 3　　　　集体建设用地领域高被引文献（1998～2018 年）

序号	题名	作者	发表刊物	发表时间（年）	被引次数（次）
1	《非公共利益性质的征地行为与土地发展权补偿》	黄祖辉 汪晖	《经济研究》	2002	710
2	《物权法开禁农村宅基地交易之辩》	孟勤国	《法学评论》	2005	669
3	《土地换保障：妥善安置失地农民的基本设想》	卢海元	《中国农村观察》	2003	602
4	《城乡接合部的土地征用：征用权与征地补偿》	汪晖	《中国农村经济》	2002	514
5	《浙江失地农民利益保障现状调查及对策》	朱明芬	《中国农村经济》	2003	510
6	《城市化进程中失地农民问题探讨》	高勇	《经济学家》	2004	420
7	《区域竞争、土地出让与地方财政效应：基于1999～2003年中国地级城市面板数据的分析》	陶然 袁飞 曹广忠	《世界经济》	2007	373
8	《中国上下分治的治理体制及其稳定机制》	曹正汉	《社会学研究》	2011	372
9	《土地征用的理论分析及我国征地制度改革》	陈江龙 曲福田	《江苏社会科学》	2002	366
10	《宅基地的立法问题——兼析物权法草案第十三章"宅基地使用权"》	韩世远	《政治与法律》	2005	357
11	《土地制度改革与国民经济成长》	蒋省三 刘守英 李青	《管理世界》	2007	353

序号	题名	作者	发表刊物	发表时间（年）	被引次数（次）
12	《论城乡二元体制改革》	厉以宁	《北京大学学报（哲学社会科学版）》	2008	335
13	《节约和集约用地评价指标体系研究》	王业侨	《中国土地科学》	2006	331
14	《土地征收征用中的程序失范与重构》	程洁	《法学研究》	2006	329
15	《集体建设用地进入市场：现实与法律困境》	高圣平 刘守英	《管理世界》	2007	327
16	《土地征收制度比较研究》	王太高	《比较法研究》	2004	326
17	《农业供给侧结构性改革的基本内涵与政策建议》	孔祥智	《改革》	2016	321
18	《农村宅基地退出机制建立探讨》	欧阳安蛟 蔡锋铭 陈立定	《中国土地科学》	2009	320
19	《城乡接合部社区的研究——广州南景村50年的变迁》	周大鸣 高崇	《社会学研究》	2001	304
20	《中国土地征用制度：反思与改革》	钱忠好 曲福田	《中国土地科学》	2004	297

注：文献总数为3721篇。

资料来源：根据中国知网（CNKI）检索结果整理。

2.4 集体建设用地流转研究文献计量可视化分析

关键词不仅是学术论文的重要组成部分，而且是文献主题的高度凝结，是用来表征文献内容的有效指标。因而关键词分析属于内容分析，是文献计量研究的重要组成部分。运行 CiteSpaceV 对集体建设用地关键词进行处理分析，在描绘关键词共现强度和连接关系的知识图谱里，显示了与集体建设用地相关的关键词节点共有 296 个，共频连线共有 371 条。

2.4.1 集体建设用地流转研究的关键词共现分析

1. 集体建设用地研究热点的静态呈现

在关键词共现网络中，1998～2018 年集体建设用地领域关键词出现频次最高的是"失地农民"（328 次），其次是"宅基地"（289 次）。关键词出现频次位居前十位的还有征地补偿（229）、土地征收（192）、宅基地使用权（165）、集体建设用地（131）、城市化（130）、利益分配（130）、土地制度（121）、城镇化（112）[①]。这些高频关键词大致反映了集体建设用地研究领域的重点关注内容。

一般认为中介中心性大于 0.1 的节点在共现网络中有较高的影响度和较强的中介作用，在知识结构演变中扮演着特定的角色（谢卫红等，2017）。在关键词共现网络中，中介中心性排名靠前的关键词依次为：劳动者（0.69）、农村（0.41）、土地（0.36）、集体建设用地（0.33）、农村居民点（0.28）、新农村建设（0.27）、集体土地（0.25）、土地利用（0.24）、土地使用权（0.24）、经营性建设用地（0.24）、征地补偿（0.22）。"劳动者"中心性最高，意味着它在集体建设用地共现网络结构中处于中心位置，具有最强的媒介作用。集体建设用地、农村居民点、新农村建设、征地补偿都有着比较高的中心性，说明它们在整个网络中发挥着较强的联络和中转作用，是连接其他节点要素的纽带和桥梁。

2. 集体建设用地研究内容的动态演进

CiteSpace 对文献研究纵向更替和动态演进的图谱是以时区视图方式呈现出来的。[②] 关键词共现时区图不仅可以标识关键词节点出现的时间，还

---

① 关键词"宅基地"的统计频次是"宅基地"和"农村宅基地"两个关键词频次之和；与之类似，"征地补偿"包括"土地补偿费、征地补偿费、征地补偿安置"等各种同义但不同说法的关键词，利益分配同样也是囊括了公共利益、农民利益、土地增值收益分配、利益博弈等关键词。

② 将所有节点定位在一个以时间为横轴的二维坐标中，不同时间段出现的节点被放置在不同的时区，所处的位置随着时间的推进依次向上，因而得到一个从左到右、自下而上的知识演进图谱。

可以通过关键词间的共现关系展示该领域研究的传承演变过程（陈悦等，2014）。自 1998 年至今，我国对集体建设用地的研究文献类型从以规范分析为主逐渐向规范与实证分析相结合演化；研究思路从城市化发展主义导向转为以农民为中心的乡村振兴战略；研究内容从宏观经济发展战略与法律体系的完善转向微观农户的福利水平变化和意愿分析，从征地制度下的失地农民补偿安置转向集体经营性建设用地入市的增值收益分配等。从知识演进路径来看，中国集体建设用地研究经历了一个从现实描述到理论发展、再到实证分析与总结提升的循序渐进过程，大致可以分为以下四个阶段。

1998～2003 年为我国集体建设用地研究的初始阶段，热点关键词包括"城市化、农村、建设用地、土地征用、土地补偿费"等。这一时期集体建设用地经济价值很少被专文论及，而是作为农村土地的一部分囊括在农地概念里，在征地制度政策实践中甚至被认作一种劣于农业用地的其他土地种类，只能获得比农业用地更低的征用补偿。学者们一方面出于对城市化发展进程中土地资产流失的担忧，认为应该建立起"征储结合，征供分离"的政府统一征购模式（马保庆等，1998；李建建，2002）；另一方面针对农村产业布局不合理、土地资源利用效率低下等问题，对脱离现行法规政策的集体非农建设用地隐形自发流转的现象进行探讨与反思（蔡云鹏等，2000；栾维新等，2000）。

2004～2007 年为我国集体建设用地研究理论发展阶段，热点关键词主要集中在"集体建设用地流转、土地发展权、失地农民、征地补偿、社会保障、宅基地、征地制度改革、小产权房"等。这一时期集体建设用地的资产特性日益显化，作为其重要组成部分的乡镇集体企业用地与农民宅基地使用权流转问题逐渐引起人们关注，推动征地制度改革、重构农地非农化利益分配格局成为学界研究的重点。学者们一方面引入土地发展权理论对我国政府征地行为进行深入分析，认为过低的征地补偿不仅会造成城市化进程中失地农民问题的恶化（高勇，2004），还会造成土地资源配置效率损失、征地效率降低等问题的产生（黄祖辉等，2002；李海伟，2004），因此亟须建立起合理的征地补偿标准和利益分享机制；另一方面则从法学视角出发，对突破现行征地制度的集体建设用地直接进入市场交易和开禁宅基地流转的法律空间进行探讨（孟勤国，2005；高圣平等，2007）。

2008～2012 年为我国集体建设用地研究迅速发展阶段，这一时期的热点关键词主要集中在"利益博弈、土地财政、影响因素、城乡建设用地增减挂钩、城乡统筹、Logistic 模型、土地增值收益、新型城镇化"等。新型城镇化背景下打破城乡建设用地二元管理体制、完善农村土地产权制度、统筹城乡发展、提高集体建设用地利用效率则成为这一时期学界关注的重点。学者们对集体建设用地研究不再停留在规范分析与理论阐发上，而是深入我国农村社会进行实践调查，采用 Logistic 模型和结构方程对提高农户征地满意度和宅基地流转（退出）意愿的影响因素进行实证分析，为征地补偿机制和集体建设用地管理制度的进一步改革完善提供科学依据。

2013 年至今为我国集体建设用地研究综合推进阶段，这一时期的热点关键词主要集中在"土地制度改革、集体经营性建设用地、入市、土地增值收益、用益物权、三权分置、乡村振兴"等。党的十八届三中全会《中共中央关于全面深化改革若干重大问题的决定》将"建立城乡统一建设用地市场"作为加快完善现代市场体系的重要组成部分之一，进行了系统化地顶层设计，提出"在符合规划和用途管制前提下，允许农村集体经营性建设用地出让、租赁、入股，实行与国有土地同等入市、同权同价"。并同时提出"缩小征地范围，规范征地程序"和建立"兼顾国家、集体、个人的土地增值收益分配机制"[①]。在健全城乡发展一体化体制机制上，又明确提出"赋予农民更多财产权利""保障农户宅基地用益物权""保障农民公平分享土地增值收益"。学术界的关注焦点集中到征地制度改革、集体经营性建设用地入市、宅基地三权分置改革以及农地非农化增值收益的分配等问题上来。

2.4.2　集体建设用地流转研究聚类分析

聚类分析是一种基于连接关系、运用图谱聚类算法对研究对象进行空

---

① 《中共中央关于全面深化改革若干重大问题的决定》，中国政府网，http://www.gov.cn/home/2016–05/11/content_5046257.htm。

间聚类和对象分类的统计方法。CiteSpace软件提供了基于图论的谱聚类算法，运行软件共得到24个聚类，模块性Q值为0.83，平均轮廓值为0.59，聚类分析高效合理且结构显著①。结合聚类分析结果，可以将集体建设用地研究归纳为以下三个维度和两个向度。

维度Ⅰ：征地制度改革研究。土地征收或征用是我国农地非农化的唯一合法途径（冀县卿等，2007），并形成以《中华人民共和国宪法》为上位法，以《中华人民共和国土地管理法》为下位法，以中央相关政策法规为上位法、以地方相关政策法规为下位法等层次共同组成的土地征用制度法律法规和政策体系②。现行征地制度的产生有其特殊的时代背景，在市场经济不完善的条件下有力地改善了地方政府财政收入、推动了中国城市化与工业化进程、促进了经济快速发展，是一种相对富有效率的制度安排（钱忠好，2004）。但也存在着诸如征地公益性范围任意扩大化、征地程序被滥用以及征地补偿锚定物单一和补偿费用标准偏低等缺陷，农民（集体）土地财产权利被不断侵蚀（王小映，2003），同时也引致了城市化外延式扩展、城市土地资源粗放利用和低效配置的格局（刘守英，2005）等问题。蒋省三等（2003）从征地程序、补偿标准、补偿机制、安置办法、社会保障等方面探讨了改革的途径。然而在不改变原有土地征收补偿框架的情况下，仅仅从"缩小征地范围、提高补偿标准、完善征地程序"角度提出的改革措施并不具有现实操作性。尽管土地管理法几经提高征地补偿标准，但始终坚持的按土地原用途补偿原则却使农民获得的补偿在土地出让中的份额不升反降（刘守英，2014）；虽然我国《宪法》明确规定政府征地行为必须以"公共利益"为前提，但现实中的地方政府作为一个独立的利益主体，在拥有土地垄断购买权和集体土地产权残缺的情况下，有着在土地征用权滥用和泛化中不断扩大征地范围的过度激励（刘东等，2007）。

随着市场化改革的纵深发展，我国城乡土地市场结构也从分割、垄断

① 一般Q值大于0.3就意味着划分出来的社团结构是显著的；轮廓值在0.7时，聚类是高效令人信服的，0.5以上认为是合理的。

② 我国《宪法》第十条第三款规定"国家为了公共利益的需要可以依照法律规定对土地实行征收或者征用并予补偿"。《土地管理法》进一步规定"任何单位和个人进行建设，需要使用土地的，必须依法申请使用国有土地""依法申请使用的国有土地包括国家所有的土地和国家征用的原属于农民集体的土地"。

走向整合竞争，土地征收这一相对富有效率的"较优"制度框架逐渐沦为"潜伏"了效率与公平双重损失的"最劣"制度安排，并导致了土地资源浪费、社会公平破坏、市场分割加剧等诸多负面效应（盖凯程，2017）。李强等（2012）学者指出，这种以政府为主导、依靠低成本土地征用的快速城镇化推进方式，不仅造成土地配置空间倒错、资源浪费严重等后果，还面临着城镇化持续发展动力不足等问题。杨其静（2010）认为许多地方政府在参与工业化及城市化用地的征用及交易过程中，通常会成为工商企业的"帮助之手"和弱势农村群体的"掠夺之手"，在促进经济增长的同时也危害社会公平。钱忠好（2012）、李尚蒲（2016）等学者指出，必须改变这一明显偏向于城市利益而消弭乡村可持续发展潜力的农地非农化模式。市场环境的变化对这种沿袭计划经济模式的土地征收制度变革提出了客观要求。但仅仅停留在提高补偿标准"让利于民"的价值取向和将征地权严格限定在"公益性"的改革方向，并不能从制度上保障失地农民的长远利益，也无法从根本上解决当前所面临的资源配置失效、利益格局失衡等问题（何格等，2012）。土地征收是国家强制取得土地财产权的权力，土地征收制度改革的本质应该是平衡国家征收权与农民集体产权的过程（孙月蓉等，2013）。因此还必须结合征地制度本身对集体建设用地产权制度安排进行深入细致分析，实现"还权于民"（靳相木，2008）。

维度Ⅱ：宅基地管理制度研究。中国农村宅基地管理制度是集体经济时期在计划经济福利思想之下建立起来的，并作为城乡二元分割背景下国家在农村地区实行的住房保障性政策一直延续至今，对于维护农民的基本生存权和确保农村社会稳定发挥了不可替代的作用（喻文莉等，2009；欧阳安蛟等，2009）。基于社会保障功能设计的宅基地管理制度包含两层安排：一是宅基地使用权无偿取得，集体成员可以无限期使用；二是宅基地使用权不可交易，现行法律体系在流转方面对其作了严格限制甚至禁止（孟勤国，2005）。然而与改革开放前相比，现阶段宅基地管理制度的客观条件已经发生显著变化：一方面是农村宅基地普遍存在着闲置浪费、低效利用问题；另一方面是宅基地相对价格不断上涨、资产价值日渐显化（瞿理铜，2015；张德元，2011）。农村宅基地功能属性在社会转型中发生变迁，其主要作用由社会保障功能向资源要素功能与资产增值功能转变的趋势愈发明显。但退出机制缺失与流转范围限制使现行宅基地管理制度难以适应中国城镇化发展新形势以及宅基地功能资源化与资产化新趋势，学界也主要围绕这两个方面对宅基地管理制度的优化调整展开探讨。

针对宅基地社会保障功能稳定性规定与经济财产功能流动性要求之间的矛盾，学者开始探索效仿农地实行宅基地三权分置的有效形式。部分学者基于农村宅基地产权权利的细分和结构的重构，主张赋予宅基地以较为完备的处分权利，宅基地使用权的市场化流转既有助于完善其作为私法上的物权属性，又能有效彰显宅基地资产价值，还能切实保护农民的财产权利（刘俊，2006；韩康，2008；周其仁，2010；高圣平，2010）。但也有学者针锋相对地指出，这种在先验的法律逻辑体系内自我证明命题的正当性和合理性并不能真正解决宅基地制度面临的困境，深入全面地观察与研究土地集体所有制和农村经济社会结构现状就会发现，在覆盖城乡的全面社会保障体系尚不健全的情况下放开宅基地的流转将对现有城乡发展秩序和社会稳定性产生巨大冲击，继而构成为威胁现代化进程的"发展陷阱"（贺雪峰2012）。面对宅基地流转的法律约束以及存在的巨大争议，学界转而从建立宅基地的有偿退出机制的角度出发，寻求解决当前农村宅基地大量闲置、低效利用问题的有效途径。但在实践中却遇到农民退出意愿不强、闲置宅基地退出受阻等问题（于伟等，2016），因而对农民退出意愿影响因素分析成为合理制定闲置宅基地退出机制的前提。学者们从农户个体特征、家庭特征、宅基地特征以及社会经济特征等不同方面展开了研究，认为影响农民宅基地退出意愿的因素是多重的，但实现公平补偿与收益的合理分配则是宅基地顺利退出的关键（陈霄，2012；杨玉珍，2015；宋戈等，2017）。

理论争论的背后凸显的是学者们对于宅基地担负的社会保障功能与财产功能之间的不同偏好，其深层次的理论分歧则在于效率价值评判和稳定价值评判之间的博弈（宋志红，2017）。我国宅基地管理体制改革的路径和方法论是以改革、发展、稳定的三维演进体系为参照系，以提升经济效率和保障农村财产权为横向坐标，以保障农民居住权利和维护农村社会稳定为纵坐标，根据经济社会发展的水平和弹性空间审慎处理宅基地退出与入市问题，兼顾和掌握土地财产功能与社保功能平衡的时点。就当下而言，鉴于中国经济发展的不平衡性，不同地区农户对宅基地保障功能依赖程度不同，对宅基地财产功能诉求大小也不相同，在充分尊重农民意愿的基础上分区域、分阶段、有步骤地逐步推进宅基地使用权退出与对外流转，是未来宅基地使用制度改革的政策选择。

维度Ⅲ：集体经营性建设用地入市研究。集体经营性建设用地入市曾为乡镇企业发展提供了有力的土地要素支撑，进而为改善我国经济结构、促进乡村经济繁荣做出过重要贡献。在经历了严格控制、初步探索和逐步放开三个阶段后（伍振军等，2014），如今又成为农村土地制度改革的关键点和突破口（宋志红，2016）。尽管对宅基地能否入市流转仍然充满争议，但学界普遍对集体经营性建设用地入市持赞成态度，认为该举措不仅可以提高要素配置效率、保护农民权益、维护社会公平（周其仁，2013），还能从根本上改变当前地方政府"以地生财"的财政收入方式（温铁军，2013）。因而学者主要针对如何有效推进集体经营性建设用地规范、合理、有序入市的问题展开探讨，但也存在如下争论与问题。

由于目前法律没有对集体经营性建设用地入市范围做出明确界定，只规定了入市前提条件是"符合规划、符合用途管制、依法取得"，因而有学者认为应该根据社会经济发展的实际情况对《宪法》中关于城市土地权属的条款进行调整，以突破"土地利用规划确定的城镇建设用地范围外"[①] 亦即俗称的"圈外"的限定（陈红霞，2017），并沿袭《中华人民共和国物权法》的原则，构建以用益物权为内涵的农村集体建设用地产权制度，以破除集体经营性建设用地流转的制度性障碍（温世扬，2015）。但也有学者出于维护《宪法》所规定的城市土地纯国有格局考虑，主张集体经营性建设用地入市应限定在"土地利用规划确定的城镇建设用地范围之外"（宋志红，2015）。并且在各地实践中对"存量农村集体经营性建设用地使用权"的"存量"也有着不同的理解。例如，有学者认为农村集体经营性建设用地并不能等同于农村集体建设用

---

① 我国《宪法》第十条第一款明确规定城市的土地属于国家所有，所以处于土地利用规划确定的城镇建设用地范围以内的集体建设用地必须先进行土地征收，变为国有后才可以进入土地市场。

地全部，而只是农村集体建设用地的组成部分，二者的内涵属性、外延规定及其所含内容有着较大差异，不宜混为一谈（杨遂全等，2015），但在部分地区实践中存在着土地范畴扩大化倾向，将包括公共公益设施建设用地和宅基地的集体建设用地都推进入市，从而隐含了较大的政策风险（伍振军等，2014）。

在制度原初设计上，农村集体经营性建设用地入市改革主要考虑的是集体经营性建设用地入市的增量改革（陈明，2018），但由于长期以来集体建设用地早已通过"隐形市场"大量入市，且远远超过现行法律对集体经营性建设用地的界定。如何在现有改革框架下有效解决"非法"集体经营性建设用地的存量问题将是一个挑战（刘守英，2014）。可见，我国集体经营性建设用地入市改革的广度与深度受到征地制度与宅基地制度改革的制约，入市改革的深化有赖于"三块地"联动配套改革的推动（刘锐，2014）。并且入市的核心问题是利益协调问题，如何建立科学的收益分配机制和利益共享机制，在初次流转和再次流转中合理确定流转收益分配比例，是集体经营性建设用地顺利入市的关键。

向度Ⅰ：农地产权制度研究。产权制度安排不仅是经济效率的基础，还决定了参与市场交易的产权主体其及收益分配（周其仁，2004）。农村集体建设用地的产权制度安排，对于探究中国土地征收制度改革方向、推进土地要素市场化进程以及协调土地市场化进程中各方利益关系具有重要意义。以土地征用制度及出让储备制度为代表的正式制度约束是造成土地增值收益归属不均和利益失衡的直接原因，而集体土地产权的边界模糊和权能残缺使土地产权排他性弱化、主体处置权缺失则是导致土地权益错配的深层原因（盖凯程，2017）。

完全的产权是市场交易的前提，但中国农村土地产权至今仍不具备完全产权的特性（刘新华，2009）。首先是集体建设用地所有权主体不明，虽然我国法律明确规定农村土地实行集体所有制，农地所有权属于农民集体所有，但农民集体作为一个缺乏法律人格属性的抽象权利主体和"集合"概念，导致事实上的"所有者虚置"问题，继而使得集体成员即农民在围绕土地价格讨价还价上的弱势和在土地增值收益分配中的利益受损问题（刘灿等，2012）。其次是集体建设用地使用权排他性弱，农村土地具有社区共有物品属性,农民拥有的使用权缺乏严格的排他性(冀县卿等,2007),并且在国家向农民集体实施单向征地时,农民集体没有拒绝的权利(廖长林,2008)。最后是农村集体建设用地处分权受限,农村集体建设用地的处分权是否充分,关键问题与核心特征是农地所有权主体是否拥有对农地对集体建设用地的转让权利。既有制度约束下农村集体经济组织、享有用益物权的农户或其他经济主体对土地行使转让、出租、抵押等处分行为权利的限制①严重制约了其收益权的变现(周其仁,2004;郭晓鸣等,2013)。可见集体建设用地无论在所有权还是在使用权等用益物权上都与城市建设用地处于明显的不平等地位(韩松,2008),也正是这种农地产权制度安排使地方政府成为农地非农化过程中的实际获益者。

因此,只有通过重构农村集体土地产权制度,在做实权利主体的同时,赋予其完整的处置权、充分的收益权,并重新界定国家和农民(集体)在农地产权上的关系,才能切实有效保护农民土地财产权益。农村全面深化改革需要建立有效的农地产权制度已成为学者们的共识,但对于农地产权制度改革的趋向,不同的学者基于不同的逻辑起点、解题范式和破题工具,存在着截然不同的认识和思路,主要表现为:(1)明晰界定农地所有权及其派生的其他产权,将农地集体所有权还给农民集体并允许平分给农民成员,使农民获取凭借土地所有权分享土地增值财富的权力(文贯中,2017);(2)全面推进农村集体土地产权的国有化,在所有权国有化的制度上构建现代土地产权制度(刘俊,2008);(3)在完善农村土地集体所有的基础上构建农地产权制度(韩俊,2004;段文技等,2006)。在"不改变土地公有制性质的底线"纳入顶层设计范畴后,当前各地试点实践和相应理论研究更多是沿着第三个思路展开,即农村土地制度改革的重点不是改变所有制,而是基于产权细分和权能重组的角度来界定其所有权,以期达成利益相关主体——政府、农村集体(个体)、用地者等——间责权利的"契约化"。新时代我国农村全面深化改革的核心要义在于赋

---

① 根据《土地管理法》第六十三条,农村建设用地只有极其狭隘的流转范围:符合土地利用总体规划并依法取得建设用地的企业,因破产、兼并等情形可致使土地使用权发生转移。除此以外,其他情况下所作的流转一律无效。

予农民土地财产权利，使其平等参与现代化进程、共享现代化成果①。当下推进的农村集体建设土地产权制度改革呈现出愈益清晰的演绎方向：在不断试错、总结和摸索过程中将农地最终控制权逐渐地赋予农民（集体）（盖凯程等，2017）。

向度Ⅱ：增值收益分配研究。制度变迁本质上是一个利益重构的过程，利益分配则是一项制度安排的核心。中国农地制度改革同样是包括中央政府、地方政府、非农企业和农民（集体）各参与主体在农地非农化模式变迁中土地增值收益分配关系重构的过程。因而土地增值收益如何在各利益主体间公平、合理分配，是当前农地制度改革亟待解决的首要问题，更是各项改革持续深化推进的关键（刘守英，2014）。

关于集体建设用地增值收益分配存在着较多争议，围绕其归属问题学术界主要有三种认识：涨价归公论（贺雪峰，2013）、涨价归农（私）论（蔡继明，2004）和公私兼顾论（周诚，2006）。三种收益归属指向了完全不同的改革方向，揭示出土地制度改革的复杂性和内在悖论性（唐燕等，2014）。多数学者认同"公私兼顾论"，认为其不仅更具操作性还更符合我国经济社会发展现实。但也有学者对此提出质疑，认为"公私兼顾论"实质上与"涨价归公论"并无本质差别（邓宏乾，2008）。可见，争论焦点在于政府是否有权参与以及如何参与农村集体建设用地流转增值收益分配问题。

借鉴西方土地发展权这一概念和分析范式，以及英国美国等国家配置土地发展权的实践模式，越来越多的学者开始关注中国农村土地发展权问题，并以此为理论依据向纵深层面推进研究探讨农地非农化过程中的收益分配问题（黄祖辉，2002；王文，2014）。有研究认为可以将土地发展权作为一项新的权能引入我国土地征收改革领域，在对农村集体土地产权束合理细分与界定的前提下，各个利益主体依照所拥有的产权权能参与土地增值收益的分配（田春雷，2009；冯长春，2014；王克忠，2014）。然而在土地发展权的归属问题上也存在较大争议，并衍生出诸如土地发展权"国家归属论"和"产权归属论"。持"国家归属论"观点的学者们的立论依据是，作

---

① 中共中央、国务院：《关于全面深化农村改革加快推进农业现代化的若干意见》，载于《人民日报》2014 年 1 月 20 日。

为动态视角下的土地发展权与传统静态视角下的产权（占有、使用、收益、处置）——主要是由土地所有权派生出来的——不同，更多是基于国家土地用途管制下用途改变而发生的一项特殊权利，理应归政府所有（陈柏峰，2012）；有学者对此则针锋相对，认为土地发展权天然地内嵌在土地所有权之中，谁拥有对土地的所有权，谁就拥有相对应的土地发展权。相应地，因为政府征地等改变土地所有权归属的行为则应基于土地发展权给予合理补偿（程雪阳，2015）。介入二者之间的折中观点则认为应按照不同土地类型和最终用途来划设其土地发展权的归属，基于公益性建设用地及基于经营性建设用地应分别归属于国家和产权主体（诸培新，2009）。

农地非农化过程中利益分配的困境与难点是在农村土地产权的有效保护和政府基于外部性补偿而参与的增值收益分配及收益调节之间寻求合宜的平衡。从产权"归属清晰、保护严格"的内涵属性来看，农地产权主体凭借其对于产权客体即土地的使用权、处置权及支配权而获取由此而带来的土地增值收益具有合理性和合法性（朱一中等，2012）；但从外部性角度来看，土地不仅是一种财产，而且是一种不可移动、不可替代、具有稀缺性且为人类生活所必需的自然资源，政府作为公共利益代言人，有权对土地用途进行管制并从由外部性导致的土地增值中拿出适当的份额进行再分配，用于补偿那些为社会提供了粮食安全、生态效益等公共品而没有征地机会的农民。矛盾的实质是政府与市场边界的问题，解决的关键是政府管理方式的转变——政府逐渐从农地增值收益的初次分配领域退出，转而通过土地增值税等税收模式来实现土地增值的转移支付和社会返还（陆剑，2015），从而在尊重产权保护的基础上有力促成外部性收益调节这一公共目标的实现。

集体建设用地流转收益的理论关注焦点在于政府与农民集体的增值收益分配关系上。这一分析建立在农村成员集体和集体成员利益函数一致性的假设上。但随着农村集体建设用地流转带来的巨额增值财富，使得其在农民集体内部分配问题近年来也逐渐引起少数学者的关注。相关研究主要是从集体内部多层级委托代理关系下乡村治理结构的有效性、农民自组织能力提升、农村集体代理人的代理人道德风险、集体资产流失、农地增值收益集体内部分配等方面展开论述的（樊帆，2015；盖凯程，2017）。

此外，作为集体土地所有权主体的集体经济组织，无论是在收益分配还是集体资产保值增值中都发挥着至关重要的作用，因此宋志红（2016）认为还应当对农民集体进行法人化改造，并结合当前的集体资产股份权能改革试点，通过股份合作的途径完善集体土地所有权行使机制，以保障集体建设用地流转过程中农民（集体）利益（宋志红，2016）。

2.4.3 集体建设用地流转研究的前沿热点分析

CiteSpace 软件中内置的突现词探测技术，可以为我们绘制出某领域研究关键词突发性图谱，从而展示前沿术语在某一时段内的突增或突减状况。根据软件生成信息（如图 2-2 所示），集体建设用地领域共得到38 个突现词，其中突发性保持至今的关键词有 11 个。分别是"影响因素"（2012~2018 年）、"'三农'问题"（2013~2018 年）、"新型城镇化"（2013~2018 年）、"土地制度改革"（2014~2018 年）、"城乡建设用地"（2014~2018 年）、"集体经营性建设用地"（2014~2018 年）、"征地拆迁"（2014~2018 年）、"土地经济"（2015~2018 年）、"宅基地退出"（2015~2018 年）、"农地非农化"（2016~2018 年）、"满意度"（2016~2018 年）。其中突现度较高的又包括"新型城镇化"（13.60）、"集体经营性建设用地"（13.16）、"宅基地退出"（10.28）、"影响因素"（12.40）四个关键词。"新型城镇化"就是要通过改革土地供给和土地利用过程中歧视性制度设计建立起城乡统一的用地市场，妥善解决失地农民问题，实现"化地又化人"，"土地城镇化"与"人口城镇化"同步发展；农村集体经营性建设用地作为农村土地的重要组成部分，与国有建设用地"同等入市""同价同权"是改革政府垄断城市建设用地供给制度设计、建立起城乡统一的用地市场的关键；"宅基地退出"机制的构建不仅有利于提高宅基地使用效率，还能够有效助推有条件的农业人口实现市民化，从而助推城市化健康持续发展；无论是城镇化发展还是集体建设用地管理制度改革都关涉农民群体的切身利益，因而对农户意愿的"影响因素"分析成为合理制定和科学评估各项改革措施的重要前提。这些主题的研究都对改革我国建设用地管理制度具有重要的借鉴意义与理论价值。

Top 38 Keywords with the Strongest Citation Bursts

Keywords	Year	Strength	Begin	Bnd	1998~2018
城市化	1998	8.3383	2000	2006	
土地补偿费	1998	4.7311	2001	2007	
土地征用	1998	20.9436	2002	2009	
耕地	1998	6.8619	2002	2007	
农业用地	1998	4.2168	2002	2007	
耕种用地	1998	4.2168	2002	2007	
征地补偿	1998	5.8067	2003	2008	
征地制度改革	1998	5.2574	2003	2007	
社会保障	1998	6.8454	2004	2009	
失地农民	1998	16.2527	2005	2008	
物权法	1998	5.3415	2005	2009	
公共利益	1998	8.8255	2005	2009	
权益保障	1998	4.1055	2005	2009	
土地产权	1998	3.942	2005	2008	
新农村建设	1998	7.3492	2006	2010	
小产权房	1998	5.4005	2008	2009	
集体建设用地使用权	1998	4.2621	2008	2012	
模式	1998	3.4395	2009	2012	
土地承包经营权	1998	5.3553	2009	2014	
城乡统筹	1998	4.3351	2010	2013	
市民化	1998	7.5167	2010	2013	
增减挂钩	1998	4.9138	2011	2013	
宅基地换房	1998	4.7245	2011	2013	
影响因素	1998	12.3978	2012	2018	
Logistic模型	1998	4.456	2012	2014	
土地增值收益	1998	4.9696	2013	2016	
土地整治	1998	3.7068	2013	2016	
"三农"问题	1998	5.3418	2013	2018	
新型城镇化	1998	13.5969	2013	2018	
土地制度改革	1998	7.5835	2014	2018	
城乡建设用地	1998	4.934	2014	2018	
利益博弈	1998	5.523	2014	2016	
集体经营性建设用地	1998	13.1562	2014	2018	
征地拆迁	1998	4.9908	2014	2018	
土地经济	1998	9.9273	2015	2018	
宅基地退出	1998	10.2816	2015	2018	
农地非农化	1998	3.9909	2016	2018	
满意度	1998	3.4198	2016	2018	

图 2 - 2　集体建设用地研究关键词突现图谱

2.5 结论

我们借助可视化文献计量软件 CiteSpace，通过关键词共现分析、聚类分析和突现分析等文献计量方法，对源于中文社会科学索引的 3721 篇集体建设用地文献进行分析，绘制出 1998~2018 年中国集体建设用地研究科学知识图谱，并对研究关注热点、发展脉络、分析维度、演进前沿进行了系统梳理，得到如下结论：从文献统计分析来看，近年来集体建设用地相关文献发表数量稳定，呈现出趋于成熟的发展态势；相关研究有着明显的跨学科特征，主要分布在农业经济学与法学两个学科；比较具有影响力的文献主要集中在"征地制度""农村宅基地""失地农民"等领域；《中国土地科学》《农村经济》《农业经济问题》《经济体制改革》等期刊是集体建设用地研究最具影响力的学术刊物。从关键词计量分析来看，中国集体建设用地研究大致经历了一个从现实描述到理论发展、再到实证分析与总结提升的循序渐进知识演进过程；关注热点主要集中在"失地农民""宅基地""征地补偿""利益分配"等主题，"劳动者""集体建设用地""农村居民点""新农村建设"等关键词是连接其他节点要素的纽带和桥梁；研究内容大致可以归纳为征地制度改革研究、宅基地管理制度研究、集体经营性建设用地入市研究三个基本维度和农地产权制度研究、增值收益分配研究两个基本向度；有待于进一步拓展的前沿热点则包括"新型城镇化""集体经营性建设用地""宅基地退出""影响因素"等内容。

纵观农村集体建设用地市场化研究的基本维度和向度，理论演绎和逻辑建构的脉络俞益清晰：城乡建设用地市场的结构与演进受农村土地产权制度安排的制约，增值收益分配是集体建设用地市场化运作的核心利益机制，附着于集体土地上的利益关系和利益结构正是相关主体在现有土地产权制度约束下围绕土地增值收益博弈的产物。征地制度变革、集体经营性建设用地入市以及宅基地使用权市场化流转的研究围绕着土地产权制度改革和增值收益分配两个向度不断向纵深推进。

但总体而言，既有研究仍呈较明显的碎片化和非集成特征，或偏重集体经营性建设用地流转，或偏重土地征用出让，或偏重于宅基地流转，"三块地"改革之间的内在逻辑关联、相互作用机制以及整体联动效应的研究有待加强。未来的研究，需要以农村集体经营性建设用地入市作为城乡建设用地市场从分割走向整合，以及整体土地利益格局变动和利益关系调整的切入点，厘清其与征地、宅基地入市的相互作用机理和联动效应，厘清农村集体建设用地的异质性、土地增值来源的多样性和土地产权转移过程的复杂性，厘清农村集体土地资源发展权配置的市场交换域、政治权力域和社会治理域动态博弈的均衡解，将"三块地"改革纳入整个土地制度乃至经济社会发展全局视域中去考察，寻找其与土地制度变迁、城乡和区域统筹发展以及整体土地市场利益格局变动的内在联系。

第3章

理论基础和分析框架

通过系统梳理马克思的所有制思想与财产权理论，以及西方经济学产权理论和制度变迁理论，以期提炼出新时期深化农村土地制度改革的理论逻辑，搭建一个分析新时期中国农地非农化制度变迁逻辑的核心主线和基于农村集体经营性建设用地入市视角下的土地理论格局重塑的理论框架：在农地剩余索取权和剩余控制权的错配、转移与重配的过程中，逐步构建集体所有制下的农民（集体）主体财产权。

3.1 马克思所有制思想与财产权理论

在马克思主义政治经济学中，财产关系只是"生产关系的法律用语"[①]。财产权作为一种法权意义上的范畴，其实质是对生产关系的一种法律规定和外在映射。如马克思所言，所有权在不同的历史时代、不同的社会关系下呈现出不同的发展方式，所以定义"所有权"无非就是把"全部社会关系描述一番"。[②] 我们应该坚持把（财）产权制度纳入"生产力—生产关系""经济基础—上层建筑"的政治经济学基本分析框架和解题范式之中，从生产力的发展过程来把握产权制度的变迁，把握产权关系所反映的社会生产中人与人的物质利益关系，从而在社会整体的

[①] 《马克思恩格斯选集》第 1 卷，人民出版社 1972 年版，第 10 页。
[②] 《马克思恩格斯选集》第 1 卷，人民出版社 1972 年版，第 144 页。

层面上提出完善城乡一体的建设用地市场与财产权制度的构建问题，把不同主体的利益动机和行为选择纳入具有整体意义的社会生产结构及利益分配结构之中来分析，从中提炼出农村土地产权制度构建中的利益均衡指向问题①。

3.1.1 马克思所有制理论的三重逻辑

马克思总是使用特定历史形态之下的、反映社会生产关系总体特征的抽象范畴——所有制来表征一个社会经济制度的概貌，以之规定生产资料归谁所有、生产资料与劳动者通过什么样的社会方式相结合，并映射出人们在社会生产过程中通过占有生产资料所反映出的地位和相互关系，进而构成为一个社会经济制度的核心特质。从其理论蕴含和实践指向来看，马克思的所有制思想包含着历史形态的主体性、现实结构的多元性和实现形式的多样性等层次的内容，依此演绎出一个围绕所有制的历史向度与现实维度、本质规定与表现形式而展开的辩证逻辑体系，为我们提供了分析所有制形态演化规律及其结构变迁趋势的理论基础和分析框架。

1. 所有制历史形态的主体性

马克思对人类社会发展中所有制形态的演进做了深刻分析，"在每个历史时代中所有权是以各种不同的方式、在完全不同的社会关系下面发展起来的"②。其用以划设和区分人类社会形态的所有制依据，实质是一个反映某一社会发展阶段经济社会制度整体特征的历史范畴。作为生产力发展函数的因变量，所有制关系中的每一次变革本质上都是生产关系和生产力非兼容性矛盾摩擦的结果。生产力的发展会使"一切所有制关系都遭到了经常发生的历史的更替，都遭到了经常发生的历史的变更"③。正是基于所

① 刘灿、韩文龙：《农民的土地财产权利：性质、内涵和实现问题——基于经济学和法学的分析视角》，载于《当代经济研究》2012 年第 6 期。
② 《马克思恩格斯文集》第 1 卷，人民出版社 2009 年版，第 638 页。
③ 《马克思恩格斯文集》第 1 卷，人民出版社 2009 年版，第 45 页。

有制的这一动态演进机制，马克思科学地推演出所有制形态演化以及共产主义取代资本主义的本质规律和内在机理：资本私有制"只是在劳动资料和劳动的外部条件属于私人的地方才存在"。而一旦"生产资料的集中和劳动的社会化，达到了同它们的资本主义外壳不能相容的地步"①，则这一所有制形态即告完成其历史使命②。

马克思认为，"一切社会形式中都有一种一定的生产决定其他一切生产的地位和影响，因而它的关系也决定其他一切关系的地位和影响"③。具体到某一社会形态或特定社会发展阶段中，客观上存在着某种通行的、占据主导地位的生产资料所有权形式的基本制度安排，"这是一种普照的光，它掩盖了一切其他色彩，改变着它们的特点。这是一种特殊的以太，它决定着它里面暴露出来的一切存在的比重"④。这种排他性所有制关系的基础性制度安排，就是一个社会占主导地位的生产资料所有制，即主体所有制。这一基本制度的功能是：以生产资料的排他性规定界定了归属清晰的生产资料最高支配权，并借以规范各类经济主体的经济行为，阻隔一部分人利用这一权利支配与占有另一部人的劳动过程和成果，协调各种利益主体的矛盾和冲突，进而确立经济主体在生产分配交换消费中的行为秩序，形塑社会的整体利益格局⑤。

一个社会中占主体地位的所有制及其制度安排一经形成，则以其相对固定的历史形态框范与规定着这一社会的基本性质、行动边界和演绎方向。资本私有制占主体地位是资本主义社会区别于其他社会形态的根本特征，公有制占主体则是社会主义社会的根本特征。因此，所有制历史形态的主体性描刻和反映了全社会范围内一个社会基本经济制度在其历史向度上的系统性、稳定性和持续性等整体特质。这一特征并不因其现实结构的多元化和实现形式的多样性——如阶段性、局部性的公有、私有财产权比重的"此消彼长""此长彼消"——而发生根本性改变。

---

① 《马克思恩格斯全集》第23卷，人民出版社1972年版，第829~831页。
②⑤ 盖凯程等：《"国进民进"：中国所有制结构演进的历时性特征——兼驳"国进民退"论》，载于《当代经济研究》2019年第10期。
③④ 《马克思恩格斯文集》第8卷，人民出版社2009年版，第31页。

2. 所有制现实结构的多元化

马克思在其所有制思想演绎的思维行程中一以贯之的理论方法是"主体，即社会，也必须始终作为前提浮现在表象面前"①。历史向度上的所有制主体性并不排斥和否定现实维度上的所有制结构的多元化。具体到某一社会形态和特定发展阶段中，不同所有制形式同时并存的结构性状态是一种客观现象。

所有制现实结构的多元化是一切新社会形态初期阶段的鲜明特征②。马克思指出，不仅仅美洲原始公社解体时期的"所有制形式极其多样"③，资产阶级社会发展过程中同样存在先前社会形态的某些所有制残片，是"借这些社会形式的残片和因素建立起来，其中一部分是还未克服的遗物，继续在这里存留着，一部分原来只是征兆的东西，发展到具有充分意义"④。追根究由，这是由于对于一个新社会形态而言，首先，既有的生产力水平构成为形塑所有制形态的最基本约束条件，"……任何生产力都是一种既得的力量，是以往的活动的产物"⑤。其次，现实社会的物质生产力并非整齐划一，社会经济部门之间、地区之间及城乡间的生产力发展水平往往存在着显著差异，构成为多种所有制形态并存的现实基础。因而一个社会的所有制结构并非单一的，在主体所有制这种"普照的光"之下，通常还存在着其他非主导的所有制光谱。⑥

对于社会主义初级阶段而言，社会物质生产力发展的渐进性与累积性决定了生产资料所有制更替的交错性、逐步性与长期性。公有制对私有制的替代不是简单的线性替代关系，而是一个复杂的、迂回螺旋上升过程，"不能一下子就把现有的生产力扩大到为实行财产公有所必要的

---

① 《马克思恩格斯选集》第 2 卷，人民出版社 1972 年版，第 19 页。

② 刘诗白：《刘诗白文集》第 4 卷，西南财经大学出版社 1999 年版，第 231 页。

③ 《马克思恩格斯全集》第 45 卷，人民出版社 1985 年版，第 212 页。

④ 《马克思恩格斯文集》第 8 卷，人民出版社 2009 年版，第 29 页。

⑤ 《马克思恩格斯文集》第 10 卷，人民出版社 2009 年版，第 43 页。

⑥ 盖凯程等：《"国进民进"：中国所有制结构演进的历时性特征——兼驳"国进民退"论》，载于《当代经济研究》2019 年第 10 期。

程度一样……只有创造了所必需的大量生产资料之后才能废除私有制"①，所以所有制结构的多元并存状态将是社会主义初级阶段所有制结构的长期特征。

3. 所有制实现形式的多样性

所有制是一个关于社会经济制度的整体性概念，具有系统性、稳定性和一般规定性等特点，在特定的社会历史环境和生产条件下还需要通过一定的实现形式来使之具象化。从抽象上升到具体，考虑到特定历史形态的发展阶段、经济发展水平、社会文化传统等的异质性，以及微观经济领域大量的具体产权安排及其结构变化等，则所有制的表现形态（实现形式）又是丰富而具体多样的，"在现象上显示出无穷无尽的变异和色彩差异"。②因而同一本质规定的所有制可以采用多种不同的具体实现形式，不同性质的所有制也可以采用同一实现形式。③

马克思在分析资本私有制实现形式时，系统分析了股份公司、垄断托拉斯和国有制等不同的资本组织形式及其交替演进的历史次序：从最初的"股份占有"的占有形式，随着生产力的发展和生产关系的调整逐渐表现为"托拉斯占有"以及"国家占有"④。马克思指明了奠基于社会化大生产方式之上的股份公司资本作为一种具有典型生产资料和劳动力社会占有（集中）色彩的资本，表现出来"联合生产"和"社会资本"的双重特征，从而成为"发展现代社会生产力的强大杠杆"⑤。在马克思的分析范式里，股份资本以联合的个人资本形式而具备了社会资本的内涵属性，由此而相应延伸出来的命题是，股份公司作为社会性企业也具备了与传统私人企业所不一样的特质，这一转变在马克思看来是"作为私人财产的资本在资本主义生产方式本身范围内的扬弃。"⑥ 作为现代市场经济

---

① 《马克思恩格斯选集》第 1 卷，人民出版社 1972 年版，第 239 页。
② 《马克思恩格斯文集》第 7 卷，人民出版社 2009 年版，第 894 页。
③ 盖凯程等：《"国进民进"：中国所有制结构演进的历时性特征——兼驳"国进民退"论》，载于《当代经济研究》2019 年第 10 期。
④ 《马克思恩格斯文集》第 9 卷，人民出版社 2009 年版，第 397 页。
⑤ 《马克思恩格斯全集》第 12 卷，人民出版社 1985 年版，第 610 页。
⑥ 《马克思恩格斯文集》第 7 卷，人民出版社 2009 年版，第 495 页。

条件下的微观组织形式和主体经营方式，股份制是中性的，既可以表现为资本主义私有制的实现形式，也可以成为社会主义公有制的实现形式。以产权主体多元化为特征的现代股份公司，也为多样性所有制结构提供了具体实现载体。[①]

在历史唯物主义关于人类社会演进的首要规律——生产力发展推动生产关系的调整和变革，生产关系适应生产力发展要求的作用下，生产力的发展必然会实际性地改变人们在社会生产过程中所处的地位和所发生的关系，而这些实际发生改变的生产关系状态又必然"表现于新的法权概念中"[②]。从法权和社会意识层面进一步解构所有制表现形态的微观机制，所有制实现形式其实是一个与财产权处于同一层面的具体范畴，财产权作为所有制的具体实现形式是法律对主体财富控制行为正当与否做出的价值判断，它涉及特定财产权利关系的排列组合，是特定历史形态的所有制关系的规定性在特定的实践与空间范围内得以实现的具体产权安排的结构及其关系，包括产权主体的范围与构成、产权客体的边界与规模、产权权能在不同主体间的排列组合和分配等的具体规定，以及广义上的所有权与物权、债权和役权等的产权安排以及其相互作用等。[③]

3.1.2 财产、财产权及其形式

财产及其占有衍生出来的财产权，是政治经济学和制度经济学中的重要范畴。何谓财产？在马克思主义政治经济学视域里，财产是一个使用价值层面的范畴，如马克思所说，"不论财富的社会形式如何，使用价值总是构成财富的物质内容"[④]。那么，具有使用价值的物自然而然地成为财产？"无主之物"，如原始土地、自然资源，并非财产。只有体现主体"占有"特征的物即"有主之物"方可称为财产。财产这个名词的真正意义不在于物本身，而在于使用和处理该物的权利。只有当主体占有的物成为这

---

①③　盖凯程等：《"国进民进"：中国所有制结构演进的历时性特征——兼驳"国进民退"论》，载于《当代经济研究》2019 年第 10 期。

②　普列汉诺夫：《论一元论历史观之发展》，生活·读书·新知三联书店 1961 年版，第 139 页。

④　《资本论》第 1 卷，人民出版社 2004 年版，第 47～48 页。

一权利（财产权）的载体，方可称其为财产，"财产最初无非意味着这样一种关系：人把他的生产的自然条件看作是属于他的、看作是自己的、看作是与他自身的存在一起产生的前提"①。从其外延规定性上看，罗马法意义上的财产主要指向有体物（实体形态），进而依其自然属性划分为动产（包括奴隶）和不动产，但也包括少量的诸如债权、地役权等无实体形态之物。其后，随着资本主义商品生产水平的提高和商品交换范围的扩大，使得财产外延大大扩展，商品证券、货币证券、资本证券以及政府债券、金融债券等有价证券成为新的财产形式。今天，随着智力、技术、信息等要素在资本增值中作用不断加大，无形财产正成为更重要的财产形式，又称为"新财产"（new property）。

财产体现为主体的排他占有关系，作为客体的物要成为财产，关键在于主体（人）与客体（物）之间是否存在占有和被占有的关系。历史地看，这一关系的确立是通过约定俗成或法律机制规定、获取社会承认和维护的一种社会秩序。据此，可以定义财产权是在财产的排他占有关系中体现出来的主体权利，亦即主体财产权利。在"鲁滨逊孤岛"模型里，在"星期五"这个社会主体变量嵌入之前，鲁宾逊作为一个自然人而非社会人，对荒岛上土地等物的占有并非真正意义上的财产权利，如同马克思所言，"可以设想有一个孤独的野人占有东西。但是……，占有并不是法的关系"。② 可见，财产和财产权是有区别的，前者是内容，后者是（法律）形式，财产属于权利客体范畴，而财产权则属于权利本体范畴。

财产权（property rights）是一个以所有权（ownership）为核心并由此衍生出的物权、债权、股权等有形财产权以及知识产权等无形财产权组成的复合概念。财产权概念的核心内涵就是所有权，即主体对于客体的"最高支配权"③。主体对于客体（物）的支配权是多层次的。社会财产秩序的形成和财产权利制度的构建依赖于对于专属的、排他性的终极支配权（所有者拥有支配其所有物的绝对权利）④ 的确立和对财产权主体的确认，以

---

① 《马克思恩格斯全集》第 46 卷（上），人民出版社 1979 年版，第 491 页。
② 《马克思恩格斯文选》第 2 卷，人民出版社 1972 年版，第 104 页。
③ 刘诗白：《刘诗白经济文选》，中国时代经济出版社 2010 年版，第 100～107 页。
④ 劳森：《财产权法》，牛津出版社 1982 年版，第 114 页。

厘清占有和非占有的边界，进而巩固和维护现实的占有关系、社会结构和阶级秩序。

财产权是一个历史范畴，是历史地形成的，它在不同的历史时期具有不同的内涵和表现形式，蕴含着不同的经济社会职能。循依由抽象上升到具体的科学抽象分析方法，具体到现实社会经济生活和社会条件下，则"财产所有权"这一抽象概念还可以进一步具体延展和表现为到更具体的各种实际财产占有形式即"财产实际支配权"这一具体概念①。前者旨在表达占有的社会性质（亦即从财产最高的排他占有这一抽象关系，如奴隶主占有、封建主占有还是资本家占有？），是一种法律上的占有权利；后者为前者的具体实现形式或机制，旨在解释权利束的分解、排列、组合状态，是一种经济上的占有权利。这一占有权利具体表现为权利主体可支配或享有的完备契约里所规定的使用权、处置权、收益权，以及不完备契约里所没有明确界定的剩余价值控制权和剩余价值索取权等。② 所有权与占有、使用、支配权的统一或分离，并不改变所有权的基本性质，但它要影响所有权的实现方式和所得利益的分配。③ 马克思注意到，财产的各种权利特别是所有权与使用权在某些领域和范围之内是合而为一的，"生产者——劳动者是自己的生产资料的占有者、所有者。"④ 但在另一些领域和范围之内所有权与使用权又呈现出相分离的状态，这种权利结构或形态的非一致性主要体现在马克思《资本论》中对"剩余价值的分配"的分析中。在农业资本领域，作为剩余价值的外在具体表现，资本主义地租反映了地主、（农业）资本家和（农业）工人三大利益主体之间的社会地位及关系，这一关系是在资本私有制下由农地"两权分离"（即土地所有权和土地使用权）所形塑的。同样地，"两权分离"的产权形态在借贷资本、银行资本，以及在股份公司中表现尤为充分。历史地考察，财产所有权形式及其与之相对应的财产权制度安排表现为多样性和多层次性。在现代市场经济条件下，与"（财产）权利的爆炸"现象相对应，财产所有权和财产

---

①② 刘诗白：《刘诗白经济文选》，中国时代经济出版社 2010 年版，第 114 页。

③ 刘灿：《完善社会主义市场经济体制与公民财产权利研究》，经济科学出版社 2014 年版，第 30 页。

④ 《马克思恩格斯全集》第 26 卷，人民出版社 1979 年版，第 440 页。

实际支配权的分离与细化催育出丰富多样的主体财产权利结构和财产形态。

3.1.3 所有制、财产关系与生产关系

作为马克思主义政治经济学的一个重要的核心范畴，所有制是一个带有明显财产关系色彩的经济学术语，财产权层面的法权关系（人与人关系的主观性）和所有制层面的生产关系（人与人关系的物质性）之间反映了具体形式与实质内容、外在表象与内在本质的关系。经济关系决定法权关系，法权关系反作用于经济关系，"这种具有契约形式的……法权关系，是一种反映着经济关系的意志关系。这种法权关系或意志关系的内容是由这种经济关系本身决定"。① 人们在生产过程中结成的社会关系，既是一个由不以人的意志为转移的客观历程和状态，又是一个人与人之间在特定习俗和文化下有意识互动的关系，当后者反复出现且达成共识时，则意味着反映人与人之间意志关系、规范经济主体行为及维持人与人之间财产秩序的、具有社会契约性质的法权关系就出现了。

本质上，财产关系是一种从法权和意志视角观察到的生产关系，其发展变化须从生产关系进而生产力的深层理论维度去寻求解释，"财产关系是区别于生产关系和由生产关系解释的"②。离开了生产关系的物质内容，对财产关系的理解就会流于精神或意志关系表面形态，陷入主观唯心主义和形而上学的"泥沼"。故而，马克思主义政治经济学意义上的财产所有权既非一种独立的社会关系，亦非一个独立的特殊范畴，将之看作是一种抽象的永恒观念只能是"形而上学或法学的幻想"③；反之，生产关系在现实经济社会中总是要表现为人与人之间的责权利关系或意志关系，财产所有权这一具象表现和具体形式又是描绘、表述和映射一个社会生产关系特征所必不可少的，脱离这些具体而真实的财产权现象，生产关系就会成为一个无法把握、捉摸不定的纯粹抽象范畴④。

① 《资本论》第 1 卷，人民出版社 1975 年版，第 102 页。
② 柯亨：《卡尔·马克思的历史理论》，重庆出版社 1989 年版，第 235 页。
③ 《马克思恩格斯选集》第 1 卷，人民出版社 1972 年版，第 108 页。
④ 荣兆梓：《公有制实现形式多样化通论》，经济科学出版社 2001 年版，第 23～25 页。

总之，在马克思所有制的系统理论体系和丰富思想蕴含下，反映人与人之间关系客观性的生产关系与反映人与人之间关系主观性的财产关系，是作用与反作用、决定与被决定的辩证关系，这一内在逻辑自洽性及其与社会现实的外恰性是通过所有制这一抽象范畴与核心纽带来体现和联结的。因此，马克思是把财产权作为所有制关系来研究的，在所有制和所有权这对范畴之间的关系上，就其价值观而言，前者有价值取向，后者为价值中立；就其方法论而言，前者为抽象，后者为具体；就其内涵而言，前者是简单范畴，后者是复杂概念；就其外延而言，前者是经济本质，后者是法律表现。对所有制来说，实际占有是其最具内涵价值属性的本质规定性。马克思认为"只是由于社会赋予实际占有以法律的规定，实际占有才具有合法占有的性质，才具有私有财产的性质"。[1] 所以，抓住了所有制就抓住了财产权问题的根本和关键。运用所有制范畴分析物质生产过程和现实经济生活中所发生的财产占有关系（财产所有权），是马克思主义政治经济学理论范式最重要的"硬核"之一。

3.2 财产权理论的现代发展：西方产权理论

西方新制度经济学的理论突破和创新在于其在沿袭新古典的基本分析范式（均衡分析、边际效用、成本收益等）的基础上颠覆了新古典经济学的"制度中性"或者"制度虚置"的假设，将制度约束和交易费用等外生变量内生化，在科斯、诺斯、阿尔钦、威廉姆森、德姆塞茨、巴泽尔等的推动下，逐渐形成了较为稳定的范式：制度与组织的建立及其运行，需要真实资源的投入，"资源在生产和分配活动中是一种交易要素，而且也是维持所有经济运行的制度框架不可缺少的一个要素"。进而，围绕着资源的"财产权分配和形成对一个社会的经济结果具有直接的影响"。[2] 从其理论发展的基本脉络梳理，可以发现，交易费用、财产权和合约关系构成为

---

① 《马克思恩格斯全集》第 1 卷，人民出版社 1960 年版，第 382 页。

② 埃里克·弗鲁博顿：《新制度经济学：一个交易费用分析范式》，格致出版社 2014 年版，第 22 页。

新制度经济学的核心要素。

产权为什么会存在？区别于马克思关于"产权是一定所有制关系所特有的法的观念"的解释，罗纳德·科斯（1937，1960）等认为产权存在的价值与意义在于其可以降低交易费用。交易费用（包括筛选和信息费用、讨价还价和决策费用、监管执行费用）对于经济活动的组织和运行方式至关重要；德姆塞茨（1967）认为产权是一种实现合理预期的社会工具，其重要性在于它可以帮助经济活动中的人们"形成他与其他人进行交易时的合理预期"。[①] 阿尔钦则认为，"产权是一种通过社会强制而实现的对某种经济物品的多种用途进行选择的权利"[②]。所以，与马克思财产权分析范式不完全相同的是，西方新制度经济学的"财产权"及其制度安排，更多是基于一个经济体中的财产权关系界定和体制安排之于经济体与稀缺资源如何有效利用的关系——"产权是因为存在着稀缺物品和其他特定用途而引起的人们之间的关系"[③] ——进而推及至财产权的分配如何通过可预知的方式影响激励机制进而引导人们的行为，"产权详细表明了人与人之间的相互关系中，所有的人都必须遵守的与物相对应的行为准则，或承担不遵守这种准则的处罚成本"[④]。

在新制度经济学的产权分析范式中，所有权是理解产权的核心，广义的所有权包括使用权、收益权、处置权、转让权等权能，共同组成产权权利束（property rights）[⑤]。科斯的产权范式（科斯定理）的核心思想是：产权界定清晰是交易的前提，产权界定清楚了，就让市场去运作[⑥]。巴泽尔则认为，产权常常不可能完整地被界定，因为完全界定产权的成本太高，"因为交易是有成本的，所以产权作为经济问题还从来没有被完全界

---

① 德姆塞茨：《关于产权的理论》，载于《财产权利与制度变迁》，上海三联书店、上海人民出版社 1994 年版，第 97 页。

② 阿尔奇安对此做出的词条解释。参见约翰·伊特韦尔等：《新帕尔格雷夫经济学大词典》（第三卷），经济科学出版社 2003 年版，第 1101～1103 页。

③④ 配杰威齐：《产权与经济理论：近期文献的一个综述》，载于《财产权利与制度变迁》，上海三联书店、上海人民出版社 1994 年版，第 204 页。

⑤ 刘灿：《构建以用益物权为内涵属性的农村土地使用权制度》，载于《经济学动态》2014 年第 11 期。

⑥ 科斯：《社会成本问题》，载于《财产权利与制度变迁》，上海三联书店、上海人民出版社 1994 年版，第 3 页。

定过"①。埃里克·弗鲁博顿将产权结构等同于为所有经济个体界定其在社会资源配置网络位置和赋予其对资源自由利用权利的一组经济社会关系，而这种产权结构构成为市场经济有效性的基础。"产权给予个人自由处置资源的权利，从而为竞争性市场提供了一个基础"②。

埃里克·弗鲁博顿认为，完全所有权或绝对产权应包括实际中使用物品的权利、获取收入的权利、包括转让在内的管理权利③三个要素其中的一个或多个可以转让给他人。私人产权拥有的产权价值，一是所有权内容所赋予的自由处置权，二是产权的可转让性。就土地所有权而言，大陆法系和英美法系对其所有权的界定则有所区别（Merryman，1974）：在大陆法系中，土地所有权可以比喻成一个标签有"所有权"名字的"盒子"，"盒子"的主人即为"所有者"，完全的所有权"盒子"里包括"使用权和占有权、占有其果实或收入的权利以及转让权"④，"盒子"里部分权利的转让并不改变其作为"盒子"主人的事实。而在英美法系中，"盒子"被法律权益束所取代，谁拥有绝对处置权，谁就拥有最大边界的法律权益束，权利的转让则意味着权益束的丧失。

在产权经济学理论和财产权法律制度的双重演绎路径里，从人与物的资源配置关系到人与人的社会关系，使得所有权逐渐演绎和区分出了"绝对产权"与"相对产权"，绝对产权既包括实体权利，如土地财产或其他有形的物品，也包括非实体权利，如知识产权；相对产权更是指所有者可以"施加于一个或多个特定人身上的权利"，其关乎到一个社会具有法律约束性的合约责任及其监督执行的问题，由此衍生出了合约经济理论。⑤不完备契约理论则基于合约的非完备性对所有权赋予了新的含义。在不完备契约里，所有权是契约对决策权未明确的地方实施剩余控制的权利及在

① 巴泽尔：《产权的经济分析》，上海三联书店 1997 年版，第 1 页。

② 埃里克·弗鲁博顿：《新制度经济学：一个交易费用分析范式》，格致出版社 2014 年版，第 100 页。

③ 埃里克·弗鲁博顿：《新制度经济学：一个交易费用分析范式》，格致出版社 2014 年版，第 57 页。

④ 埃里克·弗鲁博顿：《新制度经济学：一个交易费用分析范式》，格致出版社 2014 年版，第 58 页。

⑤ 埃里克·弗鲁博顿：《新制度经济学：一个交易费用分析范式》，格致出版社 2014 年版，第 56、88 页。

契约履行后取得剩余收益的权利。剩余控制权是不完全契约框架内除明确权利外的所有其他权利，剩余索取权是指不完全契约框架中未能规定分配方式的那部分盈余的归属，在收益分配优先序列上表现为"最后的索取权"。哈特（Hart，1986）认为拥有剩余控制权则必定拥有剩余索取权，反之则不一定。控制权作为产权实现形式的集中体现，是产权之根本。任何产权和所有权的实现都必须通过控制权而完成。①

在西方产权经济学理论范式的"硬核"里，私有产权是市场有效的基本前提和经济效率的最重要保障，一切经济社会资源的优化配置和经济活动效率的提升赖于私人财产权可自由转让这一市场经济活动中的核心与运行机制。这一理论演绎所遵循的逻辑进路是：（自由）市场经济制度是最符合人性的经济制度，市场的有效性是保证经济高效率的关键。在理性经济人的假设下，市场经济中不同主体间的交换本质上是不同产权的交换，但这一交换必须建立在财产权利隶属于不同的微观主体的前提上。从产权主体角度看，私人拥有产权意味着产权主体得以最明晰地界定，从而为每一个经济主体参与市场交换奠定了坚实基础。从产权客体看，私人拥有产权明晰了其权利范围和边界，从而为其参与市场活动的行为及其承担的风险、获取的收益拥有一个明确的预期，从而做出使得自身利益最大化的最优经济行为选择。

最后，需要强调的是，西方财产权理论是在西方经济学思想演绎和范式演进过程中生发出来的理论旁支，其依托的社会生产方式和历史界标是以资本主义私有制为基础的自由市场经济体制，其理论逻辑的起点和落脚点皆是私有化，其理论建构的目标也并非是颠覆而是进一步拓展和提升新古典经济学的适用范围和解释力。尽管新制度经济学对新古典经济学有实质性的理论边界突破，这种突破更多表现为将新古典经济学排除在外的"制度"要素纳入其分析框架之内。但这一"制度"更多的是指上层建筑（法律）层面的具体制度，而不涉及经济基础层面的所有制等根本性制度。换言之，新制度经济学也好，新古典经济学也罢，两者的共同之处在于不

---

① 盖凯程、于平：《农地非农化制度的变迁逻辑：从征地到集体经营性建设用地入市》，载于《农业经济问题》2017 年第 3 期。

约而同地将其理论演绎建立在"资本主义私有制千秋万代"这一隐含的虚假命题基础之上，其最终的目的也是为这一虚假命题进行理论释解和辩护。这与马克思基于社会生产关系的"制度"分析范式有着根本意义上的区别。

如果说新制度经济学及其财产权理论论述框架在西方自由资本主义社会的制度环境和历史语境里尚有一定合理性的话，那么借鉴运用其已有的理论范式和解题工具分析中国农村土地制度改革的问题，就需要充分考虑到社会主义市场经济体制所依赖的制度环境是与之有着根本性区别的。我们需要审慎地借鉴其分析工具并辨别其使用的经济社会条件，甄别出"只有对于这些条件并在这些条件之内才具有充分的适用性"[1]。社会主义初级阶段市场经济的存在是以深刻的国情特性为依托的，作为中国经济改革的核心命题，社会主义市场经济的主线和灵魂是实现社会主义基本制度特别是公有制与市场经济的结合，这一结合将中国社会形态演变的现实逻辑紧紧植根于历史发展的必然性"沃土"中，是中国经济奇迹的关键性体制因素。中国农村土地制度改革的目标导向也绝非是私有化，而是在坚持"土地公有制性质不能变"这一根本性的制度前提下，去寻求更符合、更有效的土地资源利用和配置的方式。

3.3 分析框架

用产权理论释解中国农地问题，主流的研究路径是基于产权细分和权能重组的理论视域来其产权结构和界定其所有权，以期达成利益相关主体——政府、农村集体（个体）、用地者等之间责权利的"契约化"。[2] 但这一分析范式割裂了土地产权和中国土地所有制的内在机理及有机联系，按这一逻辑易将中国农村土地产权制度改革导向"私有化"或者使得集体所有制"虚置"。因而我们需要通过梳理、勾勒中国农地非农化制度变迁

---

[1] 《马克思恩格斯选集》第 2 卷，人民出版社 1995 年版，第 23 页。

[2] 盖凯程、于平：《农地非农化制度的变迁逻辑：从征地到集体经营性建设用地入市》，载于《农业经济问题》2017 年第 3 期。

逻辑的核心主线，构建一个基于农村集体经营性建设用地入市视角下的土地利益格局重塑的理论分析框架：在农地剩余索取权和剩余控制权的错配、转移与重配的过程中，逐步构建农村土地集体所有制前提下的农民（集体）主体财产权。

3.3.1 理论逻辑：所有制与财产权的脱敏

在传统政治经济学和西方新制度经济学理论范式里，财产权范畴与所有制范畴通常是被等同使用的，由此而引申出两条逻辑佯谬链条：公有制＝公有财产权；私有制＝私有财产权。在实际的经济体制改革实践中，这一理论谬误引致的认知谬误经常表现为：所有制的历史形态和所有制的具体实现形式混淆化。于是"私有财产神圣不可侵犯"成为私有制的表征；"公有财产神圣不可侵犯"则成为公有制的表征。这一认知谬误进一步的实践延伸表现为以私有制为主体所有制的社会严格拒斥共有财产，与之相映的则是以公有制为主体所有制的社会则视私有财产为不兼容物而予以排斥。从人类原始社会、奴隶社会、封建社会再到资本主义社会、社会主义社会的演进历程中，也并行着两条历史主线：私有制和公有制交替（错）演进以及私有财产权和公有财产权交替（错）演进，两条历史主线演进轨迹的高度重叠特征极易将人们导入财产权等同于所有制的逻辑佯谬陷阱里。这样财产权和所有制之间形成了逻辑和实践上的重叠[①]。

然而，财产权和所有制是两个既相互联系又互相区别的范畴。从联系上看，所有制反映的是经济生活中现实的占有关系；财产所有权则是生产关系的法律表现，也是生产关系在法律上借以实现的具体形式。现实的经济占有关系是一种物质利益关系，作为法律上的所有权在经济上无法实现

---

① 资本主义社会与社会主义社会的发展史即可证明这个论断。从制度史看，几乎所有资本主义社会都进行过"私有化"运动，私有财产在社会财富分配中占据了主要地位，而几乎所有社会主义国家都进行过"公有化"运动，公有财产在社会财富分配中占主要地位。参见：刘灿：《完善社会主义市场经济体制与公民财产权利研究》，经济科学出版社2014年版，第34页。

时，则其对某物拥有所有权并不代表其一定享有现实的经济利益①。从区别上看，所有制作为一个表征生产资料主体归属取向的抽象范畴，决定着生产资料归谁所有及人们在生产中所处的地位，其致力于描画和形塑的是某一社会形态经济制度的整体性、系统性和历时性趋向特征，一个社会中占主体地位的所有制及其制度安排一经形成，则以其固有的历史形态框范和规定着这一社会的基本性质；而作为财产归谁所有亦即权利的排他性主体归属、权利主体拥有的财产权利客体范围的有界性及其相应应履行的责任义务（产权主体能做什么或不能做什么，应获得什么或不应获得什么）的法律安排，财产权则是由经济基础所决定的上层建筑层面的一个具体范畴，仅仅说明人们"主张自己有权控制某种过程、人或物"②。前者属社会存在，后者属社会意识；前者是经济范畴，后者是法律范畴；前者指向宏观整体和历史向度，后者指向微观个体和现实维度；前者是涉及所有制的本质性规定，而后者则是关乎所有制实现形式的具体安排。

作为一个"生产关系的法律用语"，尽管由经济基础而决定的法所创设的财产权与所有制密不可分，但财产权一经产生就具有相对独立性，是一个工具性范畴而非价值性范畴，从而又在一定程度上实现了与所有制性质评判的"脱敏"。所有制与财产权应该实现内容与形式、本质与现象的分离。将个人财产权与公有制对立起来明显陷入了历史唯心主义的理论泥沼和形而上的方法论窠臼中。财产权与所有制不能用等号代替，私有财产权也不能必然归结为私有制，公有制的制度框架下应该有足够的制度空间允纳私人财产权的存在。现代市场经济条件下，唯有私有财产权利与公有财产权利同样得到法律层面上"神圣不可侵犯"的确证和保护，所有参与市场活动的微观经济主体方有可能凭借其财产权平等、自主地参与市场等价交换。一定意义上来说，这也是中国经济创造举世瞩目的"中国奇迹"、

---

① 马克思在《资本论》第三卷的地租篇中讲道："地租的占有是土地所有权借以实现的经济形式。""土地所有权的前提，一些人垄断一定量的土地，把它作为排斥其他一切人的、只服从自己个人意志的领域。在这个前提下，问题就在于说明这种垄断在资本主义生产基础上的经济价值，即这种垄断在资本主义生产基础上的实现。用这些人利用或滥用一定量土地的法律权力来说明，是什么问题也解决不了的。"（《资本论》第 3 卷，第 695 页）

② ［美］阿兰·S. 罗森鲍姆著，郑戈、刘茂林译：《宪政的哲学之维》，生活·读书·新知三联书店 2001 年版，第 225 页。

书写辉煌成就的"中国故事"的一个重要理论符码。

3.3.2 历史逻辑：多元所有制结构下的微观主体财产权构建

改革开放以来，马克思所有制思想与中国所有制改革的具体实践相结合，产生了：（1）以公有制经济为主体多种所有制经济共同发展的基本经济制度框架；（2）坚持"两个毫不动摇"和"两个都是"① 原则；（3）以股份制为公有制的主要实现形式和以混合所有制经济为基本经济制度的重要实现形式；（4）公有制经济财产权不可侵犯、非公有制经济财产权同样不可侵犯的平等产权保护等多个层次组成的结构完整、运行有效、辩证统一的中国特色社会主义所有制的理论体系和实践体系，构成为中国各种所有制经济各自发展、并行发展和融合发展的理论基础和实践指向，规定与框范着中国所有制结构演进的主要脉络、外延边界和演绎方向，形塑与描画了中国所有制经济结构变迁的开放性特征和动态式规律的整体图景。在这一过程中，就社会主义市场经济微观基础的构筑而言，始终贯穿着一条围绕在坚持公有制为主体、多种所有制共同发展的前提下对微观经济主体（企业、居民、农户）进行主体财产权（意即将市场微观经济主体塑造成为真正独立的产权主体）构建的脉络②。

就企业微观主体财产权构建而言，主要沿着两条并行不悖的主线进行：一是国有企业主体财产权的构建；二是非国有企业即民营企业主体财产权的培育。国有企业主体财产权的构建肇始于对传统计划经济体制下作为行政附属物的国有企业的"赋权"，从扩权让利到利改税，从"超收多留、欠收自补"的承包制再到"产权清晰、权责明确"的现代企业制度，国有企业改革以产权制度和结构变迁为主线，沿着从行政性集权向市场化分权、从表层化分权向深层次产权构造、从单一产权结构向多元化产权主体结构的逻辑进路演进，产权主体特征俞益完备，将国有企业逐步塑造成为"自主经营、自负盈亏、自我积累、自我发展"的真正市场主体。与此

---

① 党的十八届三中全会提出"两个都是"，即公有制经济和非公有制经济都是社会主义市场经济的重要组成部分，都是我国经济社会发展的重要基础。

② 刘诗白：《刘诗白经济文选》，中国时代经济出版社 2010 年版，第 2 页。

同时，市场化改革的丰厚"土壤"孕育出了大量的民营企业，民营企业也经历了从股权结构单一的家族式企业向股权结构多元化的现代法人企业的演变。今天，在各种类型资本（国有、集体和非公资本）交叉持股、相互融合的混合所有制改革背景下，企业财产所有权与财产实际支配权的分离和细化则催育出更为丰富多样的企业主体财产权利结构及财产形态。

就居民（城镇居民）主体财产权构建而言，一方面居民作为要素供给者在劳动力市场上与企业进行交换，进而以员工持股或人力资本入股（如科技人员持股）方式成为企业产权主体（之一）；另一方面居民作为一个相对独立的个人投资者通过股市、债市等参与金融资产的投资收益，也使其成为拥有较为充分的财产权的微观主体。此外，住房商品化改革赋予了城镇居民以可用以自由转让的房屋所有权和城市土地使用权进而以之抵押担保融资的金融资源获取权等。特别是《物权法》的设立充分赋予了城镇居民（家庭）以家庭金融资产、非金融资产等[①]为载体的各种各样丰富而具体的财产权。

就农户主体财产权构建而言，改革之初通过土地所有权和使用权（承包经营权）的"两权分离"，借助于"交够国家的，留够集体的，剩下的都是自己的"的契约结构赋予了农户主体以一定范围的土地财产权。其后农地制度调整以所有权、承包权和经营权"三权分离"为特征、以土地（要素）权利的市场化配置（土地流转）为内涵，不断推动着农地产权结构的变迁，农户主体土地财产权利边界不断扩大。城市化进程中，城市建设用地指标日趋紧张，农村集体土地资产价值逐渐显化，传统农地非农化（征地）模式弊端展露无遗，使中国农户土地财产权的赋予和构建进入了以"三块地（承包经营地、宅基地、集体经营性建设用地）、一块产（农村集体资产）"为主要内容的更高阶段，而这一主体财产权秩序的重构是在"土地公有制性质不改变、耕地红线不突破、农民利益不受损"的三重约束条件下进行的。故而，在坚持农村集体所有制前提下进一步构建完善农户土地主体财产权将是下一步改革的重点取向。

---

① 家庭金融资产的具体形式通常包括存款、股票、基金、债券、保险及其他管理性资产等；家庭非金融资产则主要表现为住宅、汽车、商业资产、金银珠宝、艺术品等。

3.3.3 实践逻辑：农地剩余权利向农民（集体）的转移和赋予

若土地财产权利关系及相关制度安排是稳定的，则一个社会围绕土地利益所形成的社会关系和利益格局就是有迹可循的。若在最终控制权层面上定义农地产权（所有权），那么，农地治理结构表面上关乎利益相关主体间责权利的配置关系，实则关乎农地"剩余权利"谁来拥有、怎样拥有以及如何行使等的一系列契约化安排①。基于缔约或信息成本、所有者能力、政府行为等因素，问题的关键并不在于如何通过何种契约化约定厘清各利益主体的权利边界，而在于不完备契约条件下无法明确的"剩余权利"（剩余控制权和剩余索取权）的归属问题。

模糊农地产权关系下利益相关者（地方政府、农村集体、农民等）对最终控制权利的取得是通过协商、讨价还价甚至斗争而敲定的。当市场环境变化衍生出新的营利性财产权利束或在既定产权结构下经济当事人无法获取的外部利润（潜在利润）时，会引起模糊产权重新界定的要求和实施制度创新以期外部利润内在化的努力，进而导致产权结构的变迁。

我国城乡建设用地市场二元结构和模糊的产权制度环境塑造了非均衡的土地利益分配机制。在征地出让过程中地方政府作为实际剩余控制者掌握了绝大部分农地非农化的增值收益和极差地租。土地权益的错配导致土地交易中权力（租金）代替了权利（租金），增加了市场交易成本，耗散了土地资源利用的潜在租金，潜伏了效率与公平的双重损失。

各利益相关主体围绕争夺土地增值收益的互动博弈推动着农村土地制度的变迁，集体经营性建设用地合法入市是对土地发展权市场交换域和政治权力域混合域博弈参数调整的结果，是一个强制性和诱致性制度变迁妥协兼容的结果。集体经营性建设用地合法入市的实质是各利益主体土地利益关系的重构。制度的重新设计安排以其配给交易功能和分配性质相应地拓宽或压缩相关主体的利益空间，改变其行为逻辑，引发新的利益调整，

① 黄砺、谭荣：《中国农地产权是有意的制度模糊吗?》，载于《中国农村观察》2014 年第 6 期。

最终促成"各依其权,各获其利"的新型利益分配模式和格局。

增值收益分配是农村集体经营性建设用地制度运作的核心利益机制。由于集体经营性建设用地的异质性、土地增值来源的多样性和土地产权转移过程的复杂性,决定了土地增值收益分配模式的多元化,但其遵从的核心逻辑是土地产权剩余控制权和土地价值剩余索取权从(地方)政府向农民(集体)的转移。

第 **4** 章

中国城乡土地制度变迁与政策演进：
历史维度

马克思说，"权利永远不能超出社会的经济结构以及由经济结构所制约的社会的文化发展"①。土地利益关系受土地制度的制约，现行土地利益格局正是相关主体在现有土地制度约束下围绕土地增值收益博弈的产物②。剖析现行农地非农化利益机制的生成机理，需要站在历史的维度，回望中国土地制度的历史形成机理。中国土地制度是一个包含土地所有制、土地权利制度和土地管理制度等在内的多层次制度体系。中国土地制度变革的核心内容皆围绕这一逻辑主线展开，而中国城乡建设用地市场结构及其形塑的现行土地利益格局亦是在这一体系框架下不断生成和演化的。纵向来看，鉴于中国经济体制"摸着石头过河"的渐进性转型特征，与中国社会主义市场经济体制的发育、构建与完善相适应，中国土地制度同样呈现出渐进的、适应性调整的历时性特征。

4.1 中国土地制度体系：一个基本框架

中国土地制度是中国特色社会主义制度的重要组成部分，是在一定社

---

① 《马克思恩格斯选集》第 3 卷，人民出版社 1972 年版，第 12 页。
② 盖凯程、于平：《农地非农化制度的变迁逻辑：从征地到集体经营性建设用地入市》，载于《农业经济问题》2017 年第 3 期。

会生产方式下，基于人地关系并反映人与人之间关系，关乎土地所有、占有、使用、处置、收益等诸多方面的规则、边界、方式等一系列政策法律法规构成的制度体系（见图4-1）。从其外延规定性上看，它包含了土地所有制、土地权利制度和土地管理制度三个层次的内容。

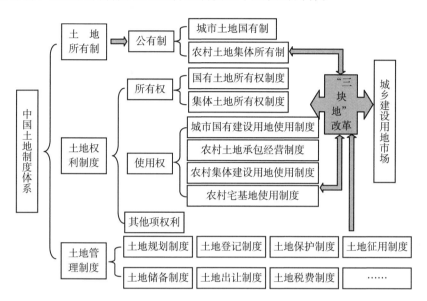

图4-1　中国土地制度体系构成

4.1.1　土地所有制

所有制是土地制度体系的基础和核心。改革开放以来，中国以马克思所有制理论为基础，在实践中改变了传统僵化的"一大二公"所有制结构，实现了科学社会主义史上的伟大创造，构建起了"既体现了社会主义制度优越性，又同我国社会主义初级阶段社会生产力发展水平相适应"的"公有制为主体、多种所有制经济共同发展，按劳分配为主体、多种分配方式并存，社会主义市场经济体制等社会主义基本经济制度"①。作为生产

---

① 《中共中央关于坚持和完善中国特色社会主义制度 推进国家治理体系和治理能力现代化若干重大问题的决定》，新华网，http：//www.xinhuanet.com/politics/2019-11/05/c_1125195786.htm，2019年11月5日。

资料所有制的重要内容之一，社会主义土地公有制两种所有制形态——"实行土地的社会主义公有制，即全民所有制和劳动群众集体所有制"①。土地全民所有制和劳动群众集体所有制又表现为城市土地国有制和农村土地集体所有制两种实现形式。土地所有制的经济社会基础功能表现为：以排他性规定界定了归属明确、边界清晰的土地这一重要生产资料的最高支配权，并借以规范各类经济主体围绕土地要素所发生的经济行为，阻隔一部分人利用这一权利支配和占有另一部人的劳动过程与成果，协调土地市场上各利益主体的矛盾和冲突，确立经济主体在社会生产关系中的行动秩序，进而形塑土地市场整体利益格局。

历史地考证，中国土地所有制二元形态是在新中国成立后特别是"三大改造"之后逐渐形成的。改革开放之后所有制形态演变则呈现出动态演进、三元并存的趋向：除了城市土地国有制和农村土地集体所有制之外，"农地须经征用转变为国有土地方可入市交易"的制度安排和交易机制开辟了农地国有化、集体所有制渐进变性为国有制的第三种所有制形态②。对于未来中国土地所有制的演进方向，鉴于"私有化"与中国国情特性、宪法秩序、意识形态等诸多方面的非兼容性而被摒弃，"土地公有制性质不改变"这一社会经济形态演进的国家基本性制度锁定的硬约束条件将牢牢框范着中国土地制度变革的性质特征、行动边界和演绎方向，决定着中国土地制度改革的基本逻辑。

4.1.2　土地权利制度

土地权利制度是对土地产权主体及其拥有的财产权利范围的确认、保护和规范。土地所有权，亦即土地所有制的"法律用语"。就我国土地所

---

①　《中华人民共和国土地管理法（1998 修订）》。

②　1982 年《宪法》出台前，在修宪过程中，基于改革开放之后国家经济建设用地与非国有土地之间的矛盾，有两种观点：一是主张一步到位，将城乡土地一律国有化；二是担心农地全盘国有化会引起动荡，"有征用这一款，就可以了"。折中的方案是"先把城市定了"，即先实行城市土地国有家所有，"农村、镇、城市郊区的土地属于集体所有，这样，震动小一些"。对于农村土地，"赞成国有，但应采取渐进的方式"。参见许崇德：《中华人民共和国宪法史》，福建人民出版社 2003 年版，第 404~426 页。

有权归属而言，《宪法》和《土地管理法》以国家根本大法和部门法（经济法）方式规定了不同类型土地所有权归属的基本形式："城市的土地属于国家所有。农村和城市郊区的土地，除由法律规定属于国家所有的以外，属于集体所有；宅基地和自留地、自留山，也属于集体所有。"① 就土地所有权的行使主体而言，全民所有即"国家所有土地的所有权由国务院代表国家行使"②。而集体所有制土地的所有权则根据其实际权属分属于"村集体经济组织或村委会""村内各集体经济组织或村民小组""乡（镇）集体经济组织"行使经营管理权利③。

在社会经济结构快速变迁的背景下，城市化使得城乡边界不断迁移和变化，"城市土地""集体土地"权属和地域范围的内涵不断变化，外延不断扩展（或缩小）。静态考察，国有土地和集体土地的地域空间划分相对清晰：国有土地 = 城市市区土地 + 法定的农村和城郊土地 + 国家征收土地 + 其他土地④；集体土地 = 农村土地 + 城郊土地 − 法定为国有的农村和城郊土地。动态考察，城市化推进使得城市国有土地地域空间不断扩张而集体土地地域空间不断收缩，城市国有土地自身存在着"城市建成区"与"城市规划区"的地域空间划分，和农村集体土地又存在着在地理空间上相互交叉、在法律边界上相对模糊的问题⑤。

中国土地权利是一个以土地所有权为核心并由之而衍生出来的土地使用权以及其他诸项具体权利共同组成的权利体系，其制度设定与改进亦皆

---

① 《中华人民共和国宪法》（2018），https：//baike. baidu. com/itemn。
② 《中华人民共和国土地管理法（1998 修订）》，https：//baike. baidu. com/itemn。
③ 《宪法》第十条规定，农民集体所有的土地依法属于村农民集体所有的，由村集体经济组织或者村民委员会经营、管理；已经分别属于村内两个以上农村集体经济组织的农民集体所有的，由村内各该农村集体经济组织或者村民小组经营、管理；已经属于乡（镇）农民集体所有的，由乡（镇）农村集体经济组织经营、管理。
④ 为更清晰地界定城市土地的国家所有权归属，1998 年《土地管理法实施条例》以实施细则方式进一步界定了"国有城市土地"的范围："（一）城市市区的土地；（二）农村和城市郊区中已经依法没收、征收、征购为国有的土地；（三）国家依法征收的土地；（四）依法不属于集体所有的林地、草地、荒地、滩涂及其他土地；（五）农村集体经济组织全部成员转为城镇居民的，原属于其成员集体所有的土地；（六）因国家组织移民、自然灾害等原因，农民成建制地集体迁移后不再使用的原属于迁移农民集体所有的土地。"
⑤ 城市化使得城市成为一个"活体物"，地权的多元权属使得不同性质土地犬牙交错，你中有我，我中有你。例如，"城中村"和"小产权房"问题，属于集体土地嵌入城市的典型，发达地区农村整体转建制小城镇问题，则属于城市土地嵌入农村的典型。

以此为依据。城市与农村土地使用权市场化在法律意义上的逻辑起点是 1982 年《宪法》关于"土地使用权可以依照法律的规定转让"[1] 的规定，其实践层面的逻辑起点则始于 1987 年深圳首次试行国有土地拍卖。在马克思主义经济学财产权理论视域下，在经济体制改革历程中，中国国有土地和集体土地的"财产实际支配权"往往是以"硬化使用权"为典型化事实的，并俞益呈现出《物权法》意义上典型的"用益物权"特征，土地使用权的市场化流转及其相应的财产权规则框范构成为土地使用权制度的内涵和外延[2]。其中，城市国有土地"实行国有土地有偿使用制度。但是，国家在法律规定的范围内划拨国有土地使用权的除外"[3]。依据其类型区分，当下农村集体土地使用权制度依据如下原则和方向而设定：（1）农用地在"两权（所有权、承包经营权）分离"进而"三权（集体所有权、农户承包权、市场主体经营权）分置"原则下，承包权以承包方式获取，经营权以流转方式实现转让[4]；（2）集体经营性建设用地在"两权（集体所有权、集体使用权）分离"原则下，使用权以合法或自发入市方式实现转让；（3）宅基地在"三权（集体所有权、农户资格权、市场主体使用权）分置"原则下，资格权以使用者无偿取得，使用权以农户资格退出、市场主体进入（体内、体外流转）方式实现转让。

4.1.3 土地管理制度

与"城市土地属于国家所有，农村和城郊土地属于集体所有"的二元所有制形态和双层地权架构相适应，为确保土地资源节约利用和合理配置，国家权力主体借助行政和法律手段对土地财产秩序予以管理与规范而

---

① 1988 年 4 月 12 日，第七届全国人民代表大会第一次会议通过的《宪法修正案》规定："土地使用权可以依照法律的规定转让。"1988 年 12 月 29 日，第七届全国人大常委会第五次会议根据宪法修正案对《中华人民共和国土地管理法》做了相应的修改，规定："国有土地和集体所有土地使用权可以依法转让；国家依法实行国有土地有偿使用制度。"

② 具体表现为城市国有土地使用权制度和农村集体土地（承包地、集体建设用地、宅基地）使用权制度。

③ 《中华人民共和国土地管理法（1998 修订）》，https：//baike. baidu. com/itemn。

④ 中共中央国务院：《关于完善农村土地所有权承包权经营权分置办法的意见》（2016），https：//baike. baidu. com/item/fr = aladdin。

形成相应系列法律法规和政策文件（条例、细则、意见、办法等）进而构成为土地管理制度。鉴于国家行政权力主体（政府）在强制性制度变迁中的特殊地位和作用，以政府为制度供给主体制定出台的各种政策条例又构成为中国土地管理制度最重要组成部分和最鲜明色彩，呈现出明显的"政策导向"特征。[1]

现行土地管理制度是由土地用途管制（规划）制度、基本农田保护制度、土地登记制度，土地征用制度、土地储备制度、土地出让制度、土地税费制度（如土地增值税法）等[2]一系列具体制度组成的。其中，土地征用制度是转换城乡土地产权性质、构筑城乡土地市场结构的最关键制度。土地所有制度、土地权利制度和土地管理制度之间及其各自内部各项具体制度之间是一个相互联系、互为一体的多层次有机系统。土地管理制度依据土地所有制、土地权利制度而设定，其产生、变更必然对各种土地权利的确认、归属和保护产生直接影响。同时，土地权利产权强度的强弱也必然辅之以相应的土地管理制度予以规范和引导。

4.2　中国土地权利制度的演进：基于城乡土地产权的双重视角

厘清中国土地产权制度的历史形成机理，意在昭示未来土地权利制度体系改革的方向。中国土地制度改革的核心主线是产权制度改革，其基本方向是对城乡居民与农民权益的确认、赋予、实现和保障问题。纵向比对土地产权制度历史演进的历史起点、路径和方向，遵从的是城市与农村经济主体土地财产权利和土地财产权权能不断拓展的改革逻辑，实质是确

---

[1]　在新时期，"四个全面"战略引领着中国土地管理制度变迁呈现越来越明显的"法治"特征。以"三块地"改革为例，先是全国人大常委会授权国务院：《关于授权国务院在北京市大兴区等三十三个试点县（市、区）行政区域暂时调整实施有关法律规定的决定》以及《关于延长授权国务院在北京市大兴区等二百三十二个试点县（市、区）、天津市蓟州区等五十九个试点县（市、区）行政区域分别暂时调整实施有关法律规定期限的决定》，试点改革采取了中央统筹部署、人大授权、政府推进形式，具有典型的"法治土改"特点。

[2]　《中华人民共和国土地管理法（1998 修订）》。

认、赋予、维护和发展城市居民与农民主体土地财产权利及其利益实现机制重构的过程。

4.2.1 城市国有土地产权变迁

1. 城市土地产权公私并存、有偿使用阶段

新中国成立之前，中国城市土地产权权属多元、结构复杂，表现为官僚资本家、国外资本家、民族资本家、小生产者和部分城市居民等多种形式所有。从新中国成立之初到"三大改造"之前，城市土地所有权形态表现为以私权为主、国有和私有共存的特征[①]：一方面，通过将"没收的封建地主、官僚资本家、帝国主义者、战犯、国民党政府、反革命分子、汉奸等在城市中占有的土地"将之改造为国有土地，成为城市国有土地的初始来源构成。另一方面，承认城市土地私有产权存在的合理性：首先，根据1949年发布的《中国人民政治协商共同纲领》"保护工人、农民、小资产阶级和民族资产阶级的经济利益及其私有财产"的规定，对于民族资产阶级工商企业私有土地进行了承认和保护。其次，充分考虑城市居民私人房地问题的特殊性，明确了将城市居民土地房屋区别于农村土地问题处理的方针，"承认一般私人所有的房产的所有权，并保护这种产权所有人的正当合法经营"[②]。

这一期间，城市土地产权可以自由流动，国家更多是以土地管理者身份通过登记、契税等方式进行管理。国有企事业单位通过缴纳租金（费用）方式有偿使用国有土地。私有土地可以自由买卖和交换并向国家纳税[③]。1950年政务院发布的《契税暂行条例》明确规定了"凡土地房屋之买卖、典当、赠与或交换，均应凭土地房屋所有证，并由当事人双方订立契约，由承受人依照本条例完纳契税"[④]。1951年政务院发布的《城市房

---

① 1955年之前，在北京、天津、上海、济南、青岛、沈阳、哈尔滨、南京、无锡、苏州这10个城市，私人房地产分别占这些城市全部房地产的53.85%、53.99%、66.00%、78.00%、37.90%、36.00%、40.20%、61.30%、80.25%、86.00%。数据来源：中央书记处第二办公室：《关于目前城市私有房产基本情况及进行社会主义改造的意见》（1956年1月18日）。

②③ 《关于城市房产、房租的性质和政策》，载于《人民日报》1949年8月11日。

④ 《中央人民政府政务院发布契税暂行条例》，http://www.wendangku.net/doc/8359e7f6783e0912a3162a07.html。

地产税暂行条例》更是明确"对租售房屋或土地的产权人，应按一定的比例税率进行征税，房地产税由产权所有人交纳，产权出典者，由承典人交纳"①。

2. 城市土地产权渐进公有、无偿划拨阶段

从 1953 年 6 月过渡时期总路线特别是对资本主义工商业改造开始，到 1982 年《中华人民共和国宪法》颁布的近 30 年间，是一个逐步限制和改造城市土地私有产权、渐进确立城市土地公有产权的过程。依据改造客体对象而言，主要分为以下两类。

一是资本主义工商业和手工业用地的"化私为公"。1953～1956 年间，在"利用、限制、改造"原则下国家通过对资本主义工商私营企业的生产资料（包含土地房产）进行核资付息，并通过"和平赎买"等将之逐步改造、变性成为全民所有制企业，原属企业私人所有的厂房、仓库、办公楼和职工宿舍等所占土地使用权转归国家。从产权关系上看，这一部分土地所有权采取合营期间归资本家所有（以红利定息等收益权体现）、合营期满收归国有的方式逐步实现国有化。其间，手工业合作社占用土地经社会主义改造后，先是变成集体所有，继而在 1958 年"全民所有制"改造高潮中也相继变为国家所有。

二是城市私人房屋宅地的"化私为公"。在过渡时期总路线下，为配合"三大改造"，国家先是对城市私有房地产买卖作了限制性规定，禁止国家机关、团体和国营企业购买私人房地产，继而借鉴"三大改造"经验，以国家经租、公私合营等方式对房产私有性质进行公有化改造，"对城市私人房屋通过采用公私合营、国家经租等方式，对城市房屋占有者用类似赎买的办法，即在一定时期内给以固定的租金，来逐步地改变他们的所有制"②。这意味着经社会主义改造后的城市房屋产权将

---

① 《中央人民政府政务院发布契税暂行条例》，http：//www. wendangku. net/doc/8359e7 f6783e0912a3162a07. html。

② 中央书记处第二办公室：《关于目前私有房产基本情况及进行社会主义改造的意见》（1955 年 12 月 16 日），《国家房地产政策文件选编》（1948～1981 年），转引自：张海明，《新中国成立以来城市土地所有权演变研究》，载于《学术前沿》2008 年第 6 期。

不再属于个人所有。在实践层面，公司合营改造方式的主要面向对象是少数"食利"大房产主和带有剥削性质的私营房产公司，其余面向居民住房（产）则大多以"国家经租"方式进行"私房改造"。这一"私房改造"的必要性和合理性在1963年《国务院批转国家房产管理局关于私有出租房屋社会主义改造问题的报告》中得以确认。这一报告首先承认了"现阶段还不可能全部消灭房屋私人占有制"[①] 的事实，并规定在因地制宜制定改造起点政策界限——大中小城市设定标准不一的住房面积限额，凡超过限额部分则"归公"由"国家经租"——基础上继续进行私房改造，并同时允许改造起点以下的小量私有出租房屋属于个人所有，允许出租或买卖。

城市私人房屋土地的产权改造在"国家经租"这一国家与个人相对平等的产权关系中得以体现：改造起点下的房屋以生活资料形式归个人所有，超限额部分以生产资料形式归国家"经租"，租金在国家与房主之间按比例分成，"国家分给房主的租金数量，可由租金总额中扣除"[②]。如是，改造起点下的私房民宅的所有权仍归个人（以房证地契体现），改造起点上的国家经租的房屋事实上归国家所有，个人的处置权（买卖、继承）丧失，使用权（出租）归政府，但同时又以租金分成方式保留了部分收益权。但这一产权形态随着1967年《国家房产管理局、财政部税务总局答复关于城镇土地国有化请示提纲的记录》对"无论什么空地，无论什么人的土地（包括剥削者、劳动人民）都要收归国有"[③] 的强制性规定而改变，所有权和使用权开始高度合一并迅速向国家所有制集中。这一城市土地产权渐进国有化及其过程最终在1982年《宪法》中以"城市的土地归国家所有"得以制度化确认和完成。

中国城市土地产权制度形态由私向公、由多元向一元归集的演进与高度集中的传统计划经济体制具有内在的逻辑一致性。随着计划经济体制及

---

① 《国务院批转国家房产管理局关于私有出租房屋社会主义改造问题的报告》（1963年12月30日），https://baike.so.com/doc/7494103-7765958.html。

② 中央书记处第二办公室：《关于目前私有房产基本情况及进行社会主义改造的意见》（1955年12月16日）。

③ 《国家房产管理局、财政部税务总局答复关于城镇土地国有化请示提纲的记录》（1967年11月4日）。

其管理模式的建立，在经过新中国成立之初短暂的有偿使用阶段之后，国有土地进入无偿使用和划拨阶段，经批准占用的国营企业用地作为企业资产，"不必再向政府缴纳租金或使用费"。而党政机关、军队和学校等单位经批准占用的土地，"亦不缴纳租金或使用费"，理由和依据是"收取使用费或租金并非真正增加国家收入，而是不必要的提高企业生产成本和扩大了国家预算，并将增加不少事务手续"①。这一阶段的城市土地资源是以实物形态而非价值形态、以无偿划拨而非交易机制进行配置的，价值规律的作用被抑制，土地增值收益也被彻底隐形化。在传统计划体制高度行政化资源配置机制下，土地财产权利关系事实上随着土地国有化而不断被消解，供地者与用地者之间是一种以行政划拨和无偿使用为主要内容和特征的土地使用权分配关系。用地者无偿取得土地使用权的机会成本是丧失了对土地的处置权，是一种无法进行市场交易和进行产权重组的残缺的土地产权形态。

3. 城市土地产权公有私用、市场交易阶段

马克思认为，"地租的占有是土地所有权借以实现的形式，而地租又是以土地所有权……为前提"②。作为土地所有权的实现形式，地租的产生有赖于土地所有权与使用权的分离。作为社会主义国家，消灭土地私有制并非是要消灭地租，而是"把地租——虽然是用改变过的形式——转交给社会"③。传统计划经济体制下土地的无偿、无成本和无限期使用使得城市国有土地所有权事实上被虚置，土地所有权在经济（潜在经济权益）上无从实现，进而导致土地低效浪费利用和土地收益隐性流失。以改革开放之初《中国合营企业建设用地暂行规定》规定对中外合资（合营）企业用地收取场地使用费开始，中国城市土地资源配置和要素利用正式开启了市场化进程，在不改变土地所有制性质的前提下，将土地使用权、土地抵押权、土地租赁权等具体土地权利束与土地所有权相分离，逐步打破了过去

---

① 《政务院关于对国营企业、机关、部队学校等占用市郊土地征收土地使用费或租金问题的批复》（1954 年 2 月 24 日）。

② 《马克思恩格斯全集》第 25 卷，人民出版社 1972 年版，第 714 页。

③ 《马克思恩格斯全集》第 2 卷，人民出版社 1972 年版，第 545 页。

两权合一、无偿无期使用的格局。与之相适应，城市土地资源配置机制也沿着从无偿划拨向有偿出让、从协议出让向市场（招拍挂）出让的轨迹转变。

1987 年深圳特区试行国有土地使用有偿出让全面拉开中国城市国有土地使用制度改革序幕。同年国家批准扩大国有土地使用权入市改革试点范围①。这一试点式制度创新很快被国家以法律形式纳入正式制度创新范畴。1988 年《宪法》修订中删除了"土地不得出租"的限制性条款，规定"土地使用权可以依照法律的规定转让"②。1988 年修订后的《中华人民共和国土地管理法》正式规定"国家依法实行国有土地有偿使用制度"③。1990 年《城镇国有土地使用权出让和转让暂行条例》成为这一阶段城市土地产权奠基性的制度安排④。这一制度安排首先设定了城市国有土地产权结构形态为"所有权与使用权两权分离"，力图将使用权从土地所有权中抽离出来，通过"土地使用权出让、转让、出租、抵押"⑤的使用制度设计对土地使用权进行市场化配置。1992 年《划拨土地使用权管理暂行办法》、1998 年《国有企业改革中土地划拨土地使用权管理暂行规定》和 2002 年《招标拍卖挂牌出让国有土地使用权规定》相继对国有企业改革进程中的划拨用地使用权"逐步实行有偿使用制度"的市场化改革取向，以及国有土地使用权变"协议出让"为更为市场化的"招拍挂"进行了进一步的完善。

新中国 70 多年发展历程中，中国城市土地产权形态及其制度安排经历了一个从"公私并存""两权合一"到"公有私用""两权分离"的否定之否定螺旋向前发展的历史过程。改革开放之后，城市土地产权制度沿着所有权潜在权益显性化、使用权趋向物权化的方向演绎。在这一过程中，企业和居民等微观主体的土地财产权利不断得以彰显，土地财产权能不断得以扩展，土地资源配置效率不断提高，逐渐形成了一个以

---

① 1987 年国务院批准在上海、广州、天津、福州、厦门试行国有土地使用权入市改革试点。

② 《中华人民共和国宪法》（1988）。

③⑤ 《中华人民共和国土地管理法》（1988）。

④ 《中华人民共和国城镇国有土地使用权出让和转让暂行条例》，https：//baike.baidu.com/item/。

企业土地财产权利和居民住房财产权利为内容的主体财产权利体系，并初步构建起"以绝对地租体现土地所有权、以极差地租体现土地管理权、以平均利润体现土地使用权"[1]的城市土地增值收益分配体系。然而，随着城市化和工业化的推进，"城市土地"的外延不断扩展，增量的城市国有土地主要依靠"征用"农用地来实现，其实质是通过"非经征用不得入市"这一特殊的交易装置渐进地推进农村集体土地的"国有化"，农村集体土地财产权利的变现遭遇"肠梗阻"，集体土地隐形入市流转、小产权房等体制外的边际创新及其"破窗效应"开始逐渐突破这一制度设定的"天花板"。

4.2.2　农村集体土地产权变迁

1. 农地产权私有、自由流通阶段

新中国成立之初，《中国人民政治协商会议共同纲领》以实行"农民的土地所有制"兑现了"耕者有其田"的政治承诺，将"剥夺剥夺者"的土地无偿平均分配给农民，"……有步骤地将封建半封建的土地所有制改变为农民的土地所有制。……凡已实行土地改革的地区，必须保护农民已得土地的所有权。凡尚未实行土地改革的地区，必须发动农民群众，建立农民团体，经过……分配土地等项步骤，实现耕者有其田"[2]。1954年《宪法》也明确规定"国家依照法律保护农民的土地所有权和其他生产资料所有权"[3]。在《中华人民共和国土地改革法》中，农民土地可自由经营、出租和买卖的私权性得以充分体现。

2. 农地私权公有、禁止流通阶段

作为三大改造的重要组成部分，农业合作化运动（互助组、初级社、高级社）开启了对农地私权的集体化改造，农村土地逐渐从个体所有转为

---

①　原玉廷等：《新中国土地制度建设 60 年回顾与思考》，中国财政经济出版社 2010 年版。

②　《中国人民政治协商会议共同纲领》（1949），https：//baike. baidu. com/item/。

③　《中华人民共和国宪法》（1988），https：//baike. baidu. com/itemn。

基于农村集体经营性建设用地入市的土地利益协调机制研究

集体所有。1951年《关于农业生产互助合作的决议》将互助组确认为是在土地和生产资料私有基础上的"集体劳动"形式。1953年《关于发展农业合作社的决议》明确对农业的社会主义改造，是在不改变农民土地所有性质前提下建立初级合作社，农民在保留土地所有权前提下将土地入股交由合作社使用，农地所有权和使用权实现了分离，其所有权的实现以按股分配方式体现。农民土地所有制发生根本性变革始于1955年《关于农业合作化问题的决议》提出的"高级形式的合作社"即高级农业生产合作社运动，"农民必须把私有的土地和牧畜、大型农具等主要生产资料转为合作社集体所有"①。这一借鉴苏联集体农庄的合作社模式彻底颠覆了土改以来所确立的农民土地所有制。

1958年确立的人民公社制度将农村土地所有权、经营权皆归于公社。1960年《关于农村人民公社当前政策问题的紧急指示信》进一步将"三级所有、队为基础"确立为人民公社的根本制度，"人民公社一般分为公社、生产大队和生产队三级。以生产大队的集体所有制为基础的三级集体所有制，是现阶段人民公社的根本制度"②。1962年《农村人民公社工作条例（修正草案）》（人民公社六十条）明确了"农村人民公社是政社合一的组织，是我国社会主义社会在农村中的基层单位，又是我国社会主义政权在农村中的基层单位"。同时又明确了"生产队范围内的土地，都归生产队所有。生产队所有的土地，包括社员的自留地、自留山、宅基地等等，一律不准出租和买卖"③。

"政社合一""三级所有"体制作为一种强制性制度安排，其对于农村土地产权的实质意义在于：通过"政社合一"，公社成为介入农村经济的基层政治单位，国家权力变量牢牢地嵌入到农地产权主体结构中；通过三级所有的模糊"集体"概念，虚化了农地所有权主体，使得"土地所有权内含的占有、使用、收益、处分等权能皆受国家意志限制"④。

---

① 全国人大：《高级农业生产合作社示范章程》（1956），https：//baike. baidu. com/item/。

②③《农村人民公社工作条例（修正草案）》（1962年9月27日），http：//gtghj. wuhan. gov. cn/pc‒2182‒85729. html。

④ 刘灿：《构建以用益物权为内涵属性的农村土地使用权制度》，载于《经济学动态》2014年第11期。

064

3. 农地两权分离、剩余赋权阶段

农地所有权和使用权高度合一的产权安排极大地抑制了农民的生产积极性，使农地实际生产函数小于生产可能性边界，农民实际收入远低于其潜在收入。1978 年家庭联产承包责任制是一场试图绕开剩余控制权而放开剩余索取权的改革尝试。1983 年"撤社改乡"，乡镇取代公社成为基层政权组织。村民自治委员会的法律地位虽在"八二宪法"中得以确立，但其真正全面实施是在 1988 年之后。这表明，在农地产权制度与政治体制的匹配上，"国家基层政权组织早于农村基层自治组织嵌入农地产权主体结构之中，国家始终具有先占优势。"[①]"三级所有、队为基础"的制度安排得以"村民小组、村、乡（镇）三级所有，村民小组为基础"的形式继续延续和保存[②]。但同时，通过土地所有权和使用权（承包经营权）的"两权分离"，借助于"交够国家的，留够集体的，剩下的都是自己的"的契约结构赋予了农民一定的剩余索取权[③]，改变了公社化时期的生产激励问题，极大促进了农业生产效率的改进。

4. 农地"三权分置"、自由流转阶段

从 20 世纪 80 年代中后期开始，由于承包经营期限约束下的激励不足问题阻碍了农业长期投资，且土地使用权按人均分导致了土地零碎化经营，进而制约了规模效益，农业劳动生产率随即下降，陷入"温饱陷阱"。在统分结合的双层经营体制下，农地产权形态进一步变化，经营权逐渐在原有农地所有权和承包经营权"两权并存"基础上被分解和独立出来，开始出现了"三权分离"的趋势。典型的特征表现为：农地产权的具体权利得以进一步地细化、分解和组合，农地使用权的内涵属性和外延权能皆得以不断改变和扩展，所有权仍归集体，但占有权（承包权）和使用权（经

---

① 王金红：《告别"有意的制度模糊"——中国农地产权制度的核心问题与改革目标》，载于《华南师范大学学报》（社会科学版）2011 年第 4 期。

② 改革开放之后农村集体土地三级所有演变为村民小组、村、乡（镇）三级所有，村民小组为基础。

③ 2006 年农业税的取消表明国家进一步调整了契约结构，加大了对农民剩余索取份额的赋予。

营权）发生重大分离，前者归农户，体现社会（公平）属性；后者归市场主体（新型经营主体），体现经济（效率）属性。这一产权形态特征最终在《关于完善农村土地所有权承包权经营权分置办法的意见》中以"实行所有权、承包权、经营权三权分置"① 得以制度化确认。

其间，工业化和城市化进程中建设用地增量供应日趋紧张也将农村集体建设用地的产权明晰逐步纳入农地制度改革范畴里。宅基地制度调整以所有权、资格权、使用权"三权分置"为方向，集体经营性建设用地制度改革以与国有土地"同地同价同权"为特征，以土地（要素）权利的市场化配置（流转）为内涵，不断推动着各类农村集体土地产权结构的变迁，产权形态演变遵从着"明晰所有权、赋予处置权、硬化使用权、活化经营权、固化资格权、强化收益权"等的基本逻辑，"公共领域"范围逐渐趋于缩小，权利边界愈益清晰。但总体而言，除总量占比极少数的集体经营性建设用地开始与国有建设用地交易市场对接之外，这一变革仍被紧紧束缚在农村范围内。在城乡分割的二元市场体系下，大部分集体土地转为城市建设用地仍受严格控制，无法直接入市交易，产权主体——农民（集体）——被排斥在城市土地一级市场之外，无法分享农地非农化的增值收益和级差地租。农地产权的排他性弱化、处置权缺失、收益权缺损在农地征用环节展露无遗，表明农地非农化中土地最终控制权仍被掌握在国家权力主体手里，其用意在于通过土地"剪刀差"价格机制将新时期农村土地资源资本化创造的价值剩余转化为城市化的融资来源。

综上所述，以历史维度来考察集体土地所有权的形成史，就会发现"赋予虚幻的集体以一个……所有权……，而其目的就在于为国家权力对农村的资源摄取扫除障碍"②。不难看出，从合作化、人民公社到家庭联产承包责任制时期，再到其后的农村各类土地市场化流转阶段，内嵌着一个农地产权制度模糊化③的基本逻辑。它并非纯粹是巴泽尔意义上产权界定

---

① 中共中央、国务院：《关于完善农村土地所有权承包权经营权分置办法的意见》，https：//baike. baidu. com/item/。

② 李凤章：《通过"空权利"来"反权利"：集体土地所有权的本质及其变革》，载于《法制与社会法制》2010 年第5 期。

③ 何·皮特著，林韵然译：《谁是中国土地的所有者？》，社会科学文献出版社2008 年版，第5 页。

成本造成的，也非仅仅由于"GHM"意义上信息不对称或所有者行为能力局限导致的，更多的是国家权力变量主动嵌入的结果，政府行为（能力）是产权模糊化的关键性变量。在"特定的时空条件下，模糊农地产权能够促进农地资源配置效率的持续提高"①。在市场不完善条件下，农村集体土地模糊产权是一种相对富有效率的制度安排，有力地推动了中国工业化和城市化进程②。反过来，在市场化进程中，它也在不断承受着其他利益主体要求产权重新界定和明晰化的压力。这一压力推动着现行农地制度的产权形态逐渐朝着产权权属愈益清晰、产权结构愈益多元、产权权能愈益完备的方向发展。

4.3　中国土地管理制度的演进："三块地"的视阈

党的十八届三中全会在国家决策层面正式允许农村集体经营性建设用地与国有土地"同等入市、同权同价""保障农户宅基地用益物权""赋予农民更多财产权利"等③。2015 年 1 月，国家发布《关于农村土地征收、集体经营性建设用地入市、宅基地制度改革试点工作的意见》，随即在北京大兴等 33 个试点县（市、区）启动"三块地改革"试点④。这一试点改革的创新性意义在于，试点涵盖了全国 31 个省（自治区、直辖市），具有全覆盖、整体性意义，与以往其他领域的局部试点大不相同。"三块地"联动改革，整体推进，意味着我们朝着建设城乡统一的建设用地市场迈出了实质性步伐，城乡二元经济社会结构真正迎来了"破题"的关键。鉴于中国土地制度的强制性变迁特征，需要我们对"三块地"的管

---

① 黄砺、谭荣：《中国农地产权是有意的制度模糊吗？》，载于《中国农村观察》2014 年第 6 期。

② 盖凯程、于平：《农地非农化制度的变迁逻辑：从征地到集体经营性建设用地入市》，载于《农业经济问题》2017 年第 3 期。

③ 《中共中央关于全面深化改革若干重大问题的决定》，http：//finance. people. com. cn/n/2013/1115/c1004 –23559387. html。

④ 《关于农村土地征收、集体经营性建设用地入市、宅基地制度改革试点工作的意见》，https：//baike. baidu. com/item/。

理制度及其政策演进脉络进行一个历史回顾。

4.3.1 征地：制度变迁与政策演进

鉴于中国土地产权制度的二元特征，在很长的历史时期内，征地成为土地所有权转变性质和改变用途的唯一合法途径。农地转用须经征收是一个有效促进农村集体土地趋向国有化的特殊配置机制，它在城乡建设用地的转换中，架起一个农村资源向城市转移的单向通道，有力地支撑了中国工业化和城市化。现行土地征收征用制度脱胎于新中国成立之初，迄今为止，根据其制度变迁和政策演进的阶段性特征，大致经历了以下几个阶段（见表4－1）。

表4－1 中国征地政策演进路线

阶段	时间	政策文本名称	主要内容
初创时期	1950年6月	《铁路留用土地办法》	铁路因建筑关系，原有土地不敷应用或有新设施需要土地时，由铁路局通过地方政府收买或征购之
	1950年10月	《城市郊区土地改革条例》	国家为市政建设及其他需要征用私人所有农业土地时，给以适当代价，或以相等之国有土地调换之。对农民土地上生产投资（如凿井、植树等）及其他损失，予以公平合理补偿
	1953年12月	《国家建设征用土地办法》	根据国家建设需要征用。被征用土地补偿费以其最近三年至五年产量的总值为标准。协助解决被征地者继续生产所需之土地或协助其转业，不得使其流离失所
	1954年9月	《中华人民共和国宪法（1954年）》	国家为了公共利益的需要，可对城乡土地和其他生产资料实行征购、征用或者收归国有
	1958年1月	《国家建设征用土地办法（1957年修正）》	征地补偿费以其近二年至四年的定产量总值为标准。征用农业生产合作社土地，社员大会认为对社员生活没有影响，可不发给补偿费。对被征地农民就地在农业或其他方面予以安置或组织移民
	1962年4月	《国务院转内务部〈关于北京、天津两市国家建设征用土地使用情况的报告〉批语》	对于征而不用、多征少用、早征迟用的土地，应当一律退还当地的人民公社和生产大队

续表

阶段	时间	政策文本名称	主要内容
调整与发展时期	1982 年 3 月	《中华人民共和国宪法》	国家为了公共利益的需要，可对土地实行征用
	1984 年 9 月	《国务院关于改革建筑业和基本建设管理体制若干问题的暂行规定》	实行征地由地方政府统一负责的办法。实行征地费用包干使用，保证建设用地
	1984 年 12 月	《关于征用土地费用实行包干使用暂行办法》	由县、市人民政府的土地管理机关与用地单位签订征地协议，向用地单位统一收取征地费，包干使用。县、市土地管理机关从征地费中提取土地管理费
	1986 年 6 月	《中华人民共和国土地管理法》（1986 年版）	国家为了公共利益的需要，可依法对集体所有土地实行征用。国家建设征用土地由用地单位支付土地补偿费和安置补助费。征用耕地补偿费，为其被征用前三年平均年产值 3 至 6 倍；安置补助费，最高不超过被征用前三年平均年产值的 10 倍。征地造成的多余劳动力，通过发展农副业生产，安排乡镇村企业、用地单位或其他单位等安置；被征地单位土地被全部征用的，原有农业户口可以转为非农业户口。1988 年修正后，增加一款"土地补偿费和安置补助费的总和不得超过土地被征用前三年平均年产值的二十倍"
	1991 年 1 月	《中华人民共和国土地管理法实施条例》（1991 年）	农村和城市郊区中依法没收、征用、征收、征购、收归国有的土地属于全民所有即国家所有
	1992 年 11 月	《国务院关于发展房地产业若干问题的通知》	集体所有土地，必须先行征用转为国有土地后才能出让
	1992 年 11 月	《征地管理费暂行办法》（1992 年）	征地费用包括：土地补偿费、安置补助费、青苗补偿费、地上、地下附着物和拆迁补偿费
	1994 年 7 月	《中华人民共和国城市房地产管理法》（1994 年）	城市规划区内的集体所有的土地，经依法征用转为国有土地后使用权方可有偿出让
	1994 年 8 月	《基本农田保护条例》（1994 年）	非农建设经批准占用耕地按"占多少，垦多少"原则，由用地单位或个人负责开垦数量和质量相当的耕地或缴纳占用造地费
	1997 年 4 月	《关于进一步加强土地管理切实保护耕地的通知》	国有土地使用权出让等有关土地收益全部纳入财政预算管理。严格控制征用耕地。禁止征用耕地、林地和宜农荒地出让土地使用权用于高档房地产开发建设以及兴建祠堂、寺庙、教堂
	1998 年 4 月	《中华人民共和国土地管理法》（1998 年）	国家为公共利益的需要可依法对集体所有的土地实行征用。征用基本农田、基本农田以外的耕地超过三十五公顷的、其他土地超过七十公顷的等由国务院批准。征用农用地应先行办理农用地转用审批。征用耕地补偿费为其被征用前三年平均年产值的六至十倍。安置补助费为其被征用前三年平均年产值的四至六倍。两项费用总和不得超过其被征用前三年平均年产值的三十倍
	1998 年 12 月	《中华人民共和国土地管理法实施条例》（1998 年）	土地补偿费归农村集体经济组织所有；地上附着物及青苗补偿费归地上附着物及青苗的所有者所有

阶段	时间	政策文本名称	主要内容
	1998 年 12 月	《基本农田保护条例》（1998 年）	国家能源、交通、水利、军事设施等重点建设项目需要占用基本农田，涉及农用地转用或者征收土地的须经国务院批准
	1999 年 12 月	《关于加强征地管理工作的通知》	征用农村集体土地为经济建设和社会发展提供用地，是政府行为。实行由县级以上地方人民政府统一征地。征用土地必须报省级人民政府或国务院批准，严禁越权批准征用土地。合理确定土地补偿费和安置补助费标准。既防止压低征地补偿费用，损害农民利益；也防止被征地者漫天要价，增加用地单位负担。探索货币安置、社会保险方式安置等途径，形成以市场为导向的多种途径安置机制
	2001 年 11 月	《关于切实做好征地补偿安置工作的通知》	妥善处理信访反映的征地问题，切实维护社会稳定。探索以市场为导向的多种安置途径，妥善处理国家、集体、农民三者利益关系，根据当地经济发展水平等因素确定不同地类的补偿倍数；或合理确定本地区不同区位、地类、用途的征地综合补偿标准
规范与限制时期	2002 年 7 月	《关于切实维护被征地农民合法权益的通知》	征地首先要考虑农民的补偿安置。探索解决征地问题的有效途径。对征地补偿标准偏低、安置措施不到位、失地农民生活无出路的要采取补救措施
	2003 年 1 月	《中共中央 国务院关于做好农业和农村工作的意见》	逐步建立有利于经济社会协调发展、有利于保护耕地、保护农民利益的土地征用制度
	2003 年 10 月	《中共中央关于完善社会主义市场经济体制若干问题的决定》	按照保障农民权益、控制征地规模的原则，严格界定公益性和经营性建设用地，改革征地制度，完善征地程序。征地须符合土地利用总体规划和用途管制
	2003 年 12 月	《中共中央、国务院关于促进农民增加收入若干政策的意见》	加快土地征用制度改革。明确界定政府土地征用权和征用范围。探索集体非农建设用地进入市场的途径和办法
	2004 年 8 月	《中华人民共和国土地管理法》（2004 年修正）	与 1998 版相比，安置补偿费增加一款："每公顷被征收耕地的安置补助费，最高不得超过被征收前三年平均年产值的十五倍"
	2004 年 10 月	《国务院关于深化改革严格土地管理的决定》	严控农用地转为建设用地的总量和速度。完善征地补偿办法。使被征地农民生活水平不因征地而降低。保障被征地农民长远生计，将因征地导致无地的农民，纳入城镇就业体系，并建立社会保障制度

续表

阶段	时间	政策文本名称	主要内容
规范与限制时期	2004 年 11 月	《关于完善征地补偿安置制度的指导意见》	征地补偿费不足以使被征地农民保持原有生活水平的，从国有土地有偿使用收益中划出一定比例给予补贴。采取农业生产、重新择业、入股分红、移民等安置措施。组织征地听证
	2004 年 11 月	《关于完善农用地转用和土地征收审查报批工作的意见》	严控农用地转用计划指标，查处非法、擅自批地。涉及占用农用地的，不得以土地置换为名，规避农用地转用报批手续
	2004 年 12 月	《中共中央、国务院关于进一步加强农村工作提高农业综合生产能力若干政策的意见》	加快推进农村土地征收、征用制度改革
	2004 年	《征地统一年产值标准测算指导性意见》（暂行）	征地统一年产值标准，综合考虑被征收农用地类型、质量、等级、农民对土地的投入以及农产品价格等因素，以前三年主要农产品平均产量、价格为主要依据测算综合收益
	2005 年 7 月	《关于开展制订征地统一年产值标准和征地区片综合地价工作的通知》	统一年产值标准和区片综合地价是征地补偿安置基础性工作
	2005 年 10 月	《中共中央关于制定国民经济和社会发展第十一个五年规划的建议》	坚持最严格的耕地保护制度，加快征地制度改革，健全对被征地农民的合理补偿机制
	2005 年 10 月	《中共中央关于构建社会主义和谐社会若干重大问题的决定》	实行最严格的耕地保护制度，从严控制征地规模，加快征地制度改革，提高补偿标准，探索确保农民现实利益和长期稳定收益的有效办法，解决好被征地农民的就业和社会保障
	2005 年 12 月	《中共中央、国务院关于推进社会主义新农村建设的若干意见》	加快征地制度改革步伐，按照缩小征地范围、完善补偿办法、拓展安置途径、规范征地程序的要求，加强对被征地农民的就业培训，拓宽就业安置渠道，健全对被征地农民的社会保障
	2006 年 3 月	《关于坚持依法依规管理节约集约用地支持社会主义新农村建设的通知》	禁止"以租代征"。严控征地数量和范围。制定统一年产值标准和区片综合地价，进一步规范征地程序
	2006 年 8 月	《国务院关于加强土地调控有关问题的通知》	征地补偿安置以确保被征地农民原有生活水平不降低、长远生计有保障为原则。被征地农民社保费用纳入征地补偿安置费用，不足部分从国有土地有偿使用收入中解决。禁止"以租代征"

续表

阶段	时间	政策文本名称	主要内容
规范与限制时期	2007 年3 月	《中华人民共和国物权法》（2007 年）	征收集体所有的土地，应当依法足额支付土地补偿费、安置补助费、地上附着物和青苗的补偿费等费用，安排被征地农民的社会保障费用，保障被征地农民的生活，维护被征地农民的合法权益
	2007 年12 月	《中共中央 国务院关于切实加强农业基础建设进一步促进农业发展农民增收的若干意见》	推进征地制度改革试点，规范征地程序，提高补偿标准，健全对被征地农民的社会保障制度，建立征地纠纷调处裁决机制。严禁"以租代征"
	2008 年10 月	《中共中央关于推进农村改革发展若干重大问题的决定》	改革征地制度，严格界定公益性和经营性建设用地，逐步缩小征地范围，完善征地补偿机制。按照同地同价原则及时足额进行合理补偿，解决好被征地农民就业、住房、社会保障
	2008 年12 月	《中共中央 国务院关于2009 年促进农业稳定发展农民持续增收的若干意见》	妥善解决农村征地等引发的突出矛盾和问题
	2009 年3 月	《保增长保红线行动工作方案》	强化土地管理批、供、用、补、查的监管，坚决纠正侵害被征地农民合法权益等问题
	2009 年8 月	《国土资源部关于严格建设用地管理促进批而未用土地利用的通知》	及时处理整改而未征、征而未供、供而未用、用而未尽土地
	2009 年12 月	《中共中央 国务院关于加大统筹城乡发展力度进一步夯实农业农村发展基础的若干意见》	完善维护群众权益机制，切实解决好农村征地等损害农民利益的突出问题
	2011 年1 月	《中华人民共和国土地管理实施条例》（2011 年）	土地补偿费归农村集体经济组织所有；地上附着物及青苗补偿费归地上附着物及青苗的所有者所有
	2011 年5 月	《关于加快推进农村集体土地确权登记发证工作的通知》	农村集体土地征收之前先确权登记发证，征地拆迁要依据农村集体土地所有证和使用证进行补偿
	2012 年11 月	党的十八大报告	改革征地制度
	2012 年12 月	《中共中央 国务院关于加快发展现代农业进一步增强农村发展活力若干意见》	加快推进征地制度改革。提高农民在土地增值收益中的分配比例。完善征地补偿办法，合理确定补偿标准，严格征地程序，约束征地行为

续表

阶段	时间	政策文本名称	主要内容
全面改革时期	2013 年 11 月	《中共中央关于全面深化改革若干重大问题的决定》	明确征地制度全面改革的总体思路：缩小征地范围，规范征地程序，完善对被征地农民合理、规范、多元保障机制。建立兼顾国家、集体、个人的土地增值收益分配机制，合理提高个人收益
	2014 年 12 月	《关于农村土地征收、集体经营性建设用地入市、宅基地制度改革试点工作的意见》	完善土地征收制度。缩小土地征收范围，探索制定土地征收目录，严格界定公共利益用地范围；规范土地征收程序，建立社会稳定风险评估制度，健全矛盾纠纷调处机制，全面公开土地征收信息；完善对被征地农民合理、规范、多元保障机制。建立兼顾国家、集体、个人的土地增值收益分配机制，合理提高个人收益
	2016 年 11 月	《中共中央 国务院关于完善产权保护制度依法保护产权的意见》	合理界定征收征用适用的公共利益范围，不将公共利益扩大化，完善国家补偿制度
	2017 年 5 月	《国土资源部关于〈中华人民共和国土地管理法（修正案）〉（征求意见稿)》	明确征地的公共利益范围，将国防和外交、基础设施、公共事业等界定为公共利益。规范征地程序。地方政府征地前先与农民签订土地补偿安置协议，落实补偿安置资金，保障被征地农民知情权、参与权、监督权。完善对被征地农民合理、规范、多元的保障机制。将"区片综合地价和统一年产值标准"入法；将农民住房作为住房财产权而非地上附着物给予补偿，等等
	2018 年 9 月	中共中央 国务院《乡村振兴战略规划（2018—2022 年)》	总结征地改革试点经验，加快土地管理法修改。探索具体用地项目公共利益认定机制，建立被征地农民长远生计的多元保障机制
	2019 年 1 月	《中共中央 国务院关于坚持农业农村优先发展做好"三农"工作的若干意见》	全面推进农村土地征收制度改革和农村集体经营性建设用地入市改革，加快建立城乡统一的建设用地市场
	2019 年 4 月	《中共中央 国务院关于建立健全城乡融合发展体制机制和政策体系的意见》	全面形成城乡统一建设用地市场。完善农村土地征收制度，缩小征地范围，规范征地程序，维护被征地农民和农民集体权益。调整土地出让收入使用范围，进一步提高农业农村投入比例

资料来源：笔者根据新中国成立以来历年国家相关政策和法律法规整理而得。

1. 制度初创（1950～1982 年）

新中国成立之初，百业待兴，经济建设用地的巨大需求使得土地征用相关政策应运而生。新中国成立之后我国法律法规中最早关于土地征用条文的是 1950 年颁布实施的《铁路留用土地办法》：铁路因建筑关系，原有土地不敷应用或有新设施需要土地时，由铁路局通过地方政府收买或征购之。[1] 1950 年《城市郊区土地改革条例》明确了对"因国家建设需要征用私人土地"应予以合理补偿且应协助解决被征地者生产生活问题。1954 年《中华人民共和国宪法》首次明确了"国家为了公共利益的需要"，可对"城乡土地和其他生产资料实行征购、征用或者收归国有"。1953 年《国家建设征用土地办法》进一步对征用土地及其补偿标准进行了量化：被征用土地补偿费以其"最近三年至五年产量的总值为标准"。人民公社时期，随着公权对私权的全面侵蚀，征地补偿标准降低至"近二年至四年的定产量总值为标准"，征用农业生产合作社土地甚至可以"不发给补偿费"。但这一时期的征地条例皆强调了对被征地农民的妥善安置问题。总体而言，这一阶段征收政策的特征是：就征收依据而言，先是以铁路、市政以及国家建设为理由，后以宪法形式统一为"公共利益"需要。就征收主体而言，"国家"是征收主体。就征收对象而言，包括城乡私人土地和其他生产资料。就征收补偿方式而言，包括货币补偿和安置补偿。

2. 调整与发展（1982～1998 年）

改革开放之后，中国城乡土地产权制度随之发生调整。与此同时，地方招商引资和城市新增建设项目彰显了对农地转用建设用地的渴求。土地征收政策作了相应的调整：一是确立了"征用为农地非农化唯一合法渠道"的强制性制度安排。1982 年《宪法》和 1986 年公布、1988 年修订的《中华人民共和国土地管理法》均强调"国家出于公共利益需要，可依法对集体所有土地实行征用"。在此基础上，1992 年《国务院关于发展房地产业若干问题的通知》明确了"集体所有土地，必须先行征用转为国有土

---

[1] 《铁路留用土地办法》，https：//baike. baidu. com/item/n。

地后才能出让"。1994 年《中华人民共和国城市房地产管理法》规定"城市规划区内的集体所有的土地，经依法征用转为国有土地后使用权方可有偿出让"。二是征地权力开始向地方充分赋权。1984 年《国务院关于改革建筑业和基本建设管理体制若干问题的暂行规定》明确了"实行征地由地方政府统一负责的办法"。同年《关于征用土地费实行包干使用暂行办法》更进一步明确了由县、市人民政府的土地管理机关向用地单位统一收取征地费包干使用并提取土地管理费。土地出让金先是为预算外收入后纳入财政预算管理。三是细化了征用耕地补偿费和安置费标准。在 1986 年公布的《土地管理法》中，补偿费为其被征用"前三年平均年产值三至六倍"；补助费不超过"被征用前三年平均年产值的十倍"。1998 年修订的《土地管理法》将其标准分别调整至"六至十倍"和"四至六倍"。1988 年修订的《土地管理法》规定"土地补偿费和安置补助费的总和不得超过土地被征用前三年平均年产值的二十倍"。1998 年修订的《土地管理法》将这一标准提高至三十倍。

3. 规范与限制（1998～2012 年）

随着"分税制"财税体制框架的确立，央地财权事权的非均衡配置使得地方政府行为呈现典型的"以地生财"特征，随之启动的住房商品化改革推动房地产业蓬勃发展和城市边界迅速扩张更是催生了对农地非农化的巨大需求，城市化迈入"快车道"，征地范围迅速扩大，公共利益边界不清晰、征地程序不规范、补偿标准不科学等导致征地过程中产生了大量的社会矛盾，引致了巨大的社会稳定压力。反映在同时期的征地政策取向上，呈现出几个鲜明的特征：一是越来越强调耕地保护的"硬约束"，同时严控农用地转用数量、速度和指标[①]。二是对突破"农地非经征用不得入市出让"法律约束的其他农地转用如"以租代征"[②]"土地置换"等予

① 相关政策文件见诸《中共中央 国务院关于做好农业和农村工作的意见》《土地管理法（1998）》《基本农田保护条例（1998）》《国务院关于深化改革严格土地管理的决定》《关于完善农用地转用和土地征收审查报批工作的意见（国土资发）》等。
② 相关政策文件见诸《关于坚持依法依规管理节约集约用地支持社会主义新农村建设的通知》《国务院关于加强土地调控有关问题的通知》《中共中央 国务院关于切实加强农业基础建设进一步促进农业发展农民增收的若干意见》等。

以限制。三是被征地农民权益保护越来越成为征地政策调整的取向和重心。从强调"保障被征地农地生活水平不降低",到明确"健全对被征地农民的合理补偿机制";从强调"健全对被征地农民的社会保障",到明确"提高农民在土地增值收益中的分配比例",① 等等。

4. 全面改革（2013 年至今）

进入新时期，在中国经济从高速度增长向高质量发展转变的背景下，既有的征地制度与经济社会发展大逻辑的摩擦和非兼容特征日益显现。党的十八届三中全会启动了对征地制度的全面改革。这一时期征地政策调整取向和特征主要表现为：一是形成了征地制度全面改革的总体思路。即缩小征地范围，规范征地程序，完善对被征地农民合理、规范、多元保障机制。建立兼顾国家、集体、个人的土地增值收益分配机制，合理提高个人收益②。二是将征地制度改革纳入土地制度改革的总框架下，将征地与农村集体建设用入市改革同步推进、协同联动，改革的出发点和目标是构建城乡统一的建设用地市场③。三是明确划设征地适用的公共利益范围边界，探索征地具体项目公共利益认定机制。最新修订的《土地管理法》（2019 年）首次采取列举方式界定了土地征收的公共利益的 6 大类型，即"军事外交，政府组织实施的基础设施建设、公益事业、扶贫搬迁和保障性安居工程，以及成片开发建设等六种情况确需要征地的可以依法实施征收"④。四是越来越强调和彰显农民财产权利，征地涉及农民土地以土地财产权而非原有用途进行补偿，以区片综合地价取代以往的以年产值背书法来制度补偿标准。征地涉及农民住房以住房财产权而非地上附着物予以

---

① 相关政策文件见诸《关于完善征地补偿安置制度的指导意见》《中共中央关于推进农村改革发展若干重大问题的决定》《中共中央、国务院关于推进社会主义新农村建设的若干意见》《国务院关于加强土地调控有关问题的通知》《中共中央 国务院关于加快发展现代农业进一步增强农村发展活力若干意见》。

② 《中共中央关于全面深化改革若干重大问题的决定》，http：//finance. people. com. cn/n/2013/1115/c1004－23559387. html。

③ 《中共中央 国务院关于坚持农业农村优先发展做好"三农"工作的若干意见》，http：//finance. people. com. cn/n/2013/1115/c1004－23559387. html。

④ 《中华人民共和国土地管理法》（2019 年），http：//www. npc. gov. cn/npc/c30834/201909/d1e6c1a1eec345eba23796c6e8473347. shtml。

补偿，压缩侵权空间①。

4.3.2 宅基地：制度变迁与政策演进

作为农村集体建设用地的主要组成部分，中国农村宅基地产权形态在新中国70多年土地产权制度变迁历程中大致经历了从所有权和使用权"两权合一"到"两权分离"，再到所有权、资格权、使用权"三权分置"的演变过程，宅基地使用权制度也大致经历了自由流转、有偿使用，到限制流转、无偿使用，再到退出流转、有偿使用的过程。按照宅基地管理政策的演进脉络可分为以下几个阶段（见表4-2）。

表4-2　　　　　　　　　　中国宅基地政策演进路线

阶段	时间	政策文本名称	主要内容
私人所有、房地一体、自由流转阶段	1949年9月	《中国人民政治协商会议共同纲领》	实行农民土地所有制，保护农民已得土地的所有权
	1950年6月	《中华人民共和国土地改革法》	没收和征收得来的土地和其他生产资料，统一地、公平合理地分配给无地少地及缺乏其他生产资料的贫苦农民所有
	1950年11月	《内务部关于填发土地房产所有证的指示》	为切实保障土地改革后各阶层人民的土地房产所有权，均应一律颁发土地房产所有（证）
	1954年9月	《中华人民共和国宪法》（1954年）	国家依照法律保护农民的土地所有权和其他生产资料所有权。保护公民的劳动收入、储蓄、房屋和各种生活资料的所有权
	1956年6月	《高级农业生产合作社示范章程》	社员原有的坟地和房屋地基不必入社。社员新修房屋需用的地基，由合作社统筹解决
	1958年12月	《关于人民公社若干问题的决议》	社员个人所有的生活资料（包括房屋、衣被、家具等），在公社化以后，仍然归社员所有，而且永远归社员所有。社员多余的房屋，公社在必要时可以征得社员同意借用，但是所有权仍归原主

① 相关政策文件见诸《关于农村土地征收、集体经营性建设用地入市、宅基地制度改革试点工作的意见》《中共中央 国务院关于完善产权保护制度依法保护产权的意见》等。

续表

阶段	时间	政策文本名称	主要内容
集体所有、房地分离、无偿使用阶段	1962 年 9 月	《农村人民公社工作条例（修正草案）》	生产队所有的土地，包括社员的自留地、自留山、宅基地等，一律不准出租和买卖。社员的房屋，永远归社员所有。社员有买卖或者租赁房屋的权利
	1963 年 3 月	《中共中央关于各地对社员宅基地问题作一些补充规定的通知》	社员宅基地，包括有建筑物和没有建筑物的空白宅基地，都归生产队集体所有，一律不准出租和买卖。但仍归各户长期使用，长期不变，生产队应保护社员使用权。宅基地上的附着物，如房屋等永远归社员所有，社员有买卖或租赁房屋的权利。房屋出卖以后，宅基地的使用权即随之转移给新房主，但宅基地的所有权仍归生产队所有
	1978 年 3 月	《中华人民共和国宪法》（1978 年）	国家保护公民合法收入、储蓄、房屋和其他生活资料的所有权
	1981 年 4 月	《国务院关于制止农村建房侵占耕地的紧急通知》	农村社队的土地归集体所有。分配给社员的宅基地、自留地（自留山）和承包的耕地，社员只有使用权，不准出租、买卖和擅自转让
	1982 年 1 月	《全国农村工作会议纪要》	集体划分给社员长期使用的自留地、自留山以及宅基地，所有权仍属集体
两权分离、一户一宅、有偿使用阶段	1982 年 2 月	《村镇建房用地管理条例》	社员对宅基地、自留地、自留山、饲料地和承包的土地，只有按照规定用途使用的使用权，没有所有权。严禁买卖、出租和违法转让建房用地。社员建房用地，由省级政府规定用地限额，县级政府规定宅基地面积标准。农村社员，回乡落户的离休、退休、退职工和军人，回乡定居的华侨，建房需要宅基地的，应向所在生产队申请，经社员大会讨论通过，生产大队审核同意，报公社管理委员会批准。出卖、出租房屋的，不得再申请宅基地。集镇内非农业户建房需要用地的，应提出申请，由管理集镇的机构与有关生产队协商办理
	1982 年 3 月	《中华人民共和国宪法》（1982 年）	宅基地和自留地、自留山，属于集体所有
	1985 年 10 月	《村镇建设管理暂行规定》	村镇居民使用宅基地和建设单位使用规划区范围内的土地，应严格审批制度。严禁任何部门、单位和个人在村镇规划区范围内擅自占地建设，或直接购买、租赁和变相购买、租赁集体土地用于建设，或将自留地用于建设。各级建设主管部门应规定住宅的准建面积标准，报县以上人民政府批准后施行

续表

阶段	时间	政策文本名称	主要内容
两权分离、一户一宅、有偿使用阶段	1986 年 3 月	《中共中央、国务院关于加强土地管理、制止乱占耕地的通知》	纠正目前乡镇建设中自批自用土地、随意扩大宅基地以及买卖、租赁土地等错误做法。有关部门和地方要抓紧制定农村宅基地的用地标准
	1986 年 6 月	《中华人民共和国土地管理法》（1986 年版）	宅基地和自留地、自留山，属于集体所有。城镇非农业户口居民建住宅需要使用集体所有的土地的，必须经县级人民政府批准，其用地面积不能超过省、自治区、直辖市规定的标准，并参照国家建设用土地的标准支付补偿费和安置补助费
	1988 年 12 月	《中华人民共和国土地管理法》（1988 年修正）	与 1986 年版同
	1989 年 7 月	《国家土地管理局关于确定土地权属问题的若干意见》	非农业户口居民原在农村的宅基地，凡房屋产权没有变化的，可依法确定其集体土地建设用地使用权。通过房屋继承取得的宅基地，继承者拥有使用权
	1990 年 1 月	《关于加强农村宅基地管理工作请示的通知》	引导农民节约、合理使用土地兴建住宅，严格控制占用耕地。进行农村宅基地有偿使用试点，强化自我约束机制
	1991 年 1 月	《中华人民共和国土地管理法实施条例》（1991 年）	农村村民建住宅和城镇非农业户口居民建住宅需要使用土地的，均应经申请、讨论、批准。回原籍乡村落户的职工、退伍军人和离、退休干部，以及回家乡定居的华侨、港澳台同胞，需要使用集体所有的土地建住宅的，依照《土地管理法》规定办理
	1995 年 3 月	《确定土地所有权和使用权的若干规定》	农村居民建房占用的宅基地，按面积标准确定集体土地建设用地使用权。非农业户口居民（含华侨）原在农村的宅基地，接受转让、购买、继承房屋取得的宅基地可依法确定其集体土地建设用地使用权。空闲或房屋坍塌、拆除两年以上未恢复使用的宅基地，不确定土地使用权
	1995 年 6 月	《中华人民共和国担保法》（1995 年）	土地所有权、耕地、宅基地、自留地、自留山等集体所有的土地使用权，不得抵押
	1998 年 8 月	《中华人民共和国土地管理法》（1998 年）	宅基地和自留地、自留山，属于农民集体所有。农村村民一户只能拥有一处宅基地。农村村民出卖、出租住房后，不再批准宅基地
	1999 年 5 月	《国务院办公厅关于加强土地转让管理严禁炒卖土地的通知》	农民的住宅不得向城市居民出售，也不得批准城市居民占用农民集体土地建住宅，有关部门不得为违法建造和购买的住宅发放土地使用证和房产证

续表

阶段	时间	政策文本名称	主要内容
两权分离、一户一宅、有偿使用阶段	2000 年 6 月	《中共中央 国务院关于小城镇建设有关政策》	鼓励农民进镇购房或按规划集中建房，节约的宅基地可用于城镇建设用地。对进镇农户的宅基地，适时转换出来，防止闲置浪费
	2004 年 8 月	《中华人民共和国土地管理法》（2004 年修正）	农村村民一户只能拥有一处宅基地，其宅基地的面积不得超标。农村村民出卖、出租住房后，再申请宅基地的，不予批准
确权颁证、增减挂钩、指标流转阶段	2004 年 11 月	《关于加强农村宅基地管理的意见》	农民住宅建设按规划、有计划地逐步向小城镇和中心村集中。宅基地占用农用地计划指标和农村建设用地整理新增加的耕地面积挂钩。鼓励农民腾退多余宅基地。严禁城镇居民在农村购置宅基地
	2006 年 3 月	《关于坚持依法依规管理节约集约用地支持社会主义新农村建设的通知》	稳步推进城镇建设用地增加和农村建设用地减少相挂钩试点、集体非农建设用地使用权流转试点。坚持建新拆旧，积极推进废弃地和宅基地复垦整理
	2007 年 3 月	《中华人民共和国物权法》（2007 年）	宅基地使用权的取得、行使和转让，适用土地管理法等法律和国家有关规定
	2007 年 12 月	《国务院办公厅关于严格执行有关农村集体建设用地法律和政策的通知》	农村住宅用地只能分配给本村村民，城镇居民不得到农村购买宅基地、农民住宅或"小产权房"。农村村民一户只能拥有一处宅基地，其面积不得超标
	2007 年 12 月	《中共中央 国务院关于切实加强农业基础建设进一步促进农业发展农民增收的若干意见》	城镇居民不得到农村购买宅基地、农民住宅或"小产权房"。开展城镇建设用地增加与农村建设用地减少挂钩的试点
	2008 年 1 月	《国务院关于促进节约集约用地的通知》	鼓励提高农村建设用地的利用效率。住宅建设用地要先行安排利用村内空闲地、闲置宅基地。鼓励村民自愿腾退宅基地。严格执行农村一户一宅政策。防止产生超面积占用宅基地和新的一户多宅现象
	2008 年 7 月	《国土资源部关于进一步加快宅基地使用权登记发证工作的通知》	基本完成全国宅基地使用权登记发证工作。除继承外，农村村民一户申请第二宗宅基地使用权登记的，不予受理。严格执行城镇居民不能在农村购买和违法建造住宅的规定。对城镇居民在农村购买和违法建造住宅申请宅基地使用权登记的，不予受理

续表

阶段	时间	政策文本名称	主要内容
确权登记、用益物权改革探索阶段	2008 年 10 月	《中共中央关于推进农村改革发展若干重大问题的决定》	保障农户宅基地用益物权
	2009 年 12 月	《中共中央 国务院关于加大统筹城乡发展力度进一步夯实农业农村发展基础的若干意见》	加快农村集体土地所有权、宅基地使用权、集体建设用地使用权等确权登记颁证工作
	2010 年 3 月	《国土资源部关于进一步完善农村宅基地管理制度切实维护农民权益的通知》	原则上不再进行单宗分散的宅基地分配，鼓励集中建设农民新居。对新申请宅基地的住户开展宅基地有偿使用试点。逐步引导农民居住适度集中
	2011 年 5 月	《关于加快推进农村集体土地确权登记发证工作的通知》	加快农村集体土地所有权、宅基地使用权、集体建设用地使用权等确权登记发证工作。对涉及宅基地调整的，必须以确权登记发证为前提
	2011 年 11 月	《国土资源部、中央农村工作领导小组办公室、财政部、农业部关于农村集体土地确权登记发证的若干意见》	明确农村集体土地确权登记发证的范围。已拥有一处宅基地的本农民集体成员、非本农民集体成员的农村或城镇居民，因继承房屋占用农村宅基地的，可按规定登记发证。城镇居民在农村购置宅基地、农民住宅或"小产权房"等违法用地，不得登记发证
	2012 年 12 月	《中共中央 国务院关于加快发展现代农业进一步增强农村发展活力的若干意见》	建立归属清晰、权能完整、流转顺畅、保护严格的农村集体产权制度，依法保障农民的土地承包经营权、宅基地使用权、集体收益分配权。不得强制农民搬迁和上楼居住
三权分置、房地一体、有偿退出阶段	2013 年 11 月	《中共中央关于全面深化改革若干重大问题的决定》	保障农户宅基地用益物权，改革完善农村宅基地制度，选择若干试点，慎重稳妥推进农民住房财产权抵押、担保、转让，探索农民增加财产性收入渠道
	2014 年 1 月	《中共中央 国务院关于全面深化农村改革加快推进农业现代化的若干意见》	在保障农户宅基地用益物权前提下，选择若干试点，慎重稳妥推进农民住房财产权抵押、担保、转让
	2014 年 3 月	《国家新型城镇化规划》（2014—2020 年）	保障农户宅基地用益物权，在试点基础上慎重稳妥推进农民住房财产权抵押、担保、转让，严格执行宅基地使用标准，严格禁止一户多宅。选择不同区域不同城市分类开展试点
	2014 年 12 月	《关于农村土地征收、集体经营性建设用地入市、宅基地制度改革试点工作的意见》	完善宅基地权益保障和取得方式。对因历史原因形成超标准占用宅基地和一户多宅等情况，探索实行有偿使用；探索进城落户农民在本集体经济组织内部自愿有偿退出或转让宅基地

续表

阶段	时间	政策文本名称	主要内容
三权分置、房地一体、有偿退出阶段	2015年2月	《中共中央 国务院关于加大改革创新力度加快农业现代化建设的若干意见》	不得将农民进城落户与退出土地承包经营权、宅基地使用权、集体收益分配权相挂钩。做好承包土地的经营权和农民住房财产权抵押担保贷款试点工作
	2015年11月	《深化农村改革综合性实施方案》	宅基地制度改革的基本思路是：在保障农户依法取得的宅基地用益物权基础上，改革完善农村宅基地制度，探索农民住房保障新机制，对农民住房财产权作出明确界定，探索宅基地有偿使用制度和自愿有偿退出机制，探索农民住房财产权抵押、担保、转让的有效途径
	2015年12月	《中共中央、国务院关于落实发展新理念加快农业现代化实现全面小康目标的若干意见》	维护进城落户农民土地承包权、宅基地使用权、集体收益分配权，支持引导其依法自愿有偿转让上述权益。加快推进房地一体的农村集体建设用地和宅基地使用权确权登记颁证
	2016年11月	《中共中央 国务院关于完善产权保护制度依法保护产权的意见》	落实承包地、宅基地、集体经营性建设用地的用益物权，赋予农民更多财产权利，增加农民财产收益
	2016年12月	《中共中央 国务院关于稳步推进农村集体产权制度改革的意见》	维护进城落户农民宅基地使用权，在试点基础上探索支持引导其依法自愿有偿转让
	2016年12月	《中共中央、国务院关于深入推进农业供给侧结构性改革加快培育农业农村发展新动能的若干意见》	加快"房地一体"宅基地确权登记颁证工作。在充分保障农户宅基地用益物权、防止外部资本侵占控制前提下，落实宅基地集体所有权，维护农户依法取得的宅基地占有和使用权，探索农村集体组织以出租、合作等方式盘活利用空闲农房及宅基地，增加农民财产性收入
	2017年5月	《国土资源部关于〈中华人民共和国土地管理法（修正案）〉（征求意见稿）的说明》	探索宅基地自愿有偿退出机制。鼓励进城居住的农村村民依法自愿有偿转让宅基地使用权，实现宅基地的财产权
	2018年1月	《中共中央、国务院关于实施乡村振兴战略的意见》	探索宅基地所有权、资格权、使用权"三权分置"，落实宅基地集体所有权，保障宅基地农户资格权和农民房屋财产权，适度放活宅基地和农民房屋使用权
	2018年11月	《中共中央 国务院关于建立更加有效的区域协调发展新机制的意见》	探索宅基地所有权、资格权、使用权"三权分置"改革
	2019年1月	《中共中央 国务院关于坚持农业农村优先发展做好"三农"工作的若干意见》	坚持农村土地集体所有、不搞私有化，坚持农地农用、防止非农化。开展闲置宅基地复垦试点。开展城乡建设用地增减挂钩节余指标跨省域调剂使用
	2019年4月	《中共中央 国务院关于建立健全城乡融合发展体制机制和政策体系的意见》	稳慎改革农村宅基地制度。加快完成房地一体的宅基地使用权确权登记颁证。探索宅基地所有权、资格权、使用权"三权分置"。探索对增量宅基地实行集约有奖、对存量宅基地实行退出有偿

资料来源：笔者根据新中国成立以来历年国家相关政策和法律法规整理而得。

1. 私人所有、房地一体、自由流转（1949～1958 年）

新中国成立初期的土地改革以"居者有其屋"为目标之一，在保障农民对土地（含宅基地）所有权的基础上，农民的宅基地和住房均可"自由经营、出租和买卖"，包括农民在内的各阶层人民的房与地的所有权均受法律保护，且一律颁发土地房产所有（证）。农村宅基地产权是一种完整的产权形态，所有权和使用权高度合一且可以自由流转。这一制度安排即使在农业改造的最高阶段——高级社时期仍得以维持。1956 年《高级农业生产合作社示范章程》在明确"入社的农民必须把私有的土地和耕畜、大型农具等主要生产资料转为合作社集体所有"的同时，仍然规定"社员原有的坟地和房屋地基（宅基地）不必入社"[①]。

2. 集体所有、房地分离、无偿使用（1958～1982 年）

自人民公社时期开始，农村宅基地所有权开始陆续收归集体所有。1962 年《农村人民公社工作条例（修正草案）》（人民公社六十条）正式明确了"生产队所有的土地，包括社员的自留地、自留山、宅基地等，一律不准出租和买卖"。这一条例在禁止宅基地买卖出租的同时认可了社员对房屋的所有权，"社员的房屋永远归社员所有，社员有卖买或租赁房屋的权利"[②]，社员建房用地从集体无偿取得。需要指出的是，这一时期在农村土地所有权形态向集体所有归集的同时，农村房屋和宅基地首次发生了"房地分离"，宅基地使用权亦同时从其所有权中剥离出来："社员的宅基地，……都归生产队集体所有，一律不准出租和买卖。但仍归各户长期使用，长期不变，生产队应保护社员使用权。……房屋出卖以后，宅基地的使用权即随之转移给新房主，但宅基地的所有权仍归生产队所有。"[③] 此后更多次重申宅基地使用权归社员，但所有权归集体。由此刻画了中国农村宅基地所有权和使用权"两权分离"的权利结构雏形，其后中国农村宅基

---

① 《高级农业生产合作社示范章程》（1956 年），中国人大网，http：//www.npc.gov.cn。
②③ 《农村人民公社工作条例（修正草案）》（1961 年），http：//www.360doc.com/content/15/0121/00/8378385_442446686.shtml。

地的产权权利架构皆以此为基础而设定①。

3. 两权分离、一户一宅、有偿使用（1982～2004 年）

改革开放之后，在"宅基地所有权属于集体所有"前提下的"两权分离"产权结构形态下，主要围绕宅基地使用权有偿流转和集约利用进行探索：首先，针对 20 世纪 80 年代农村出现的"建房热"，政策制定、调整以引导农民集约利用土地修建住宅，包括加强宅基地使用审批、一户一宅、禁止二次取得宅基地、按面积标准确定集体土地建设用地使用权等。其次，国家开始探索试行农宅基地使用补偿制度，1990 年《关于加强农村宅基地管理工作请示的通知》明确进行农村宅基地有偿使用试点，"征收农村宅基地有偿使用费和超占费"。但这一探索很快又因"农民不合理负担项目"的理由而中止。再次，积极探索城市居民有偿取得农村宅基地使用权。1982 年《村镇建房用地管理条例》规定："集镇内非农业户建房需要用地的可以取得宅基地使用证。"《土地管理法》（1986 年版、1988 年版）规定"城镇非农业户口建住宅"经批准并支付一定标准补偿费可以使用一定面积的集体土地。此时，在法律法规允许的范畴下，包括宅基地在内的农村集体所有土地的使用权均可以自由转让。但 1999 年《关于加强土地转让管理严禁炒卖土地的通知》规定"农民的住宅不得向城市居民出售，也不得批准城市居民占用农民集体土地建住宅"，开始全面禁止城镇非农业居民取得宅基地，国有土地使用权转让成为唯一合法途径，宅基地使用权转让从"鼓励"变为"限制"，政策取向随之开始向"鼓励农民进镇购房或按规划集中建房"转变。

4. 确权颁证、增减挂钩、指标流转（2004～2013 年）

进入 21 世纪后，随着城市化加速带来的城市建设用地边界扩张，农民工进城居住导致的农村住房闲置以及农村耕地"红线"的硬约束，再次将存量巨大的闲置宅基地纳入土地制度改革的视野之内。这一时期的政策取向的特点是：一是城乡建设用地增减挂钩。借鉴耕地"占补平衡"经验，

---

① 其理论渊源来自马克思、恩格斯关于"生产资料公有制、生活资料个人所有制"的理论基础。

2004 年《关于深化改革严格土地管理的决定》明确了"城镇建设用地增加与农村建设用地减少相挂钩"的改革方向。随后在 28 个县（市、区）等启动城乡建设用地增减挂钩试点。在此基础上各地在现行制度框架下进行制度边际创新的尝试，包括探索实施"宅基地换房""地票交易"等，有力地推动着农村宅基地的产权变革和使用权流转。二是在成都等地循依《物权法》原则，以"确实权、颁铁证"的改革尝试赋予农村宅基地以用益物权为内涵属性的制度性创新。① 三是开始有意识引导农民集中居住和进城农民自愿退出宅基地。

5. "三权分置"、房地一体、有偿退出阶段（2013 年至今）

在体制转型过程中，宅基地产权变迁过程中始终面临着"资产属性或福利属性""财产功能或保障功能"的艰难权衡与选择。"改革、发展、稳定"的三位一体改革方法论和改革思维推动着宅基地产权形态发生进一步细化与解构。2018 年《关于实施乡村振兴战略的意见》将探索宅基地所有权、资格权、使用权"三权分置"上升为国家政策层面，"落实宅基地集体所有权，保障宅基地农户资格权和农民房屋财产权，适度放活宅基地和农民房屋使用权"②。宅基地"三权分置"制度设计的政策用意在于力图在不改变宅基地集体所有性质的前提下，既按照市场经济的要求彰显宅基地的资产属性和财产功能（放活宅基地使用权，有利于农民房地财产权益的保护和实现），又希望同时兼顾宅基地的福利属性和保障功能（保障宅基地农户资格权，农户作为农村集体组织成员获得的宅基地资格权利，本质上属于一种组织成员福利权）。在这一整体制度框架下，保障农户宅基地用益物权，防止外部资本进入控制，推动"房地一体"宅基地确权颁证，赋予农民住房财产权，探索宅基地自愿有偿退出机制，实现宅基地的财产权成为新时期宅基地制度改革和政策调整的主线。

---

① 成都等地这一制度创新和改革仍然是将城镇居民在农村购置宅基地、农民住宅或"小产权房"等定性为违法用地，排除在"确权颁证"范围之外的。

② 《中共中央、国务院关于实施乡村振兴战略的意见》，中华人民共和国中央人民政府网，http：//www.gov.cn/zhengce/2018－02/04/content_5263807.htm，2018 年 2 月 4 日。

4.3.3 集体经营性建设用地：制度变迁与政策演进

作为农村集体建设用地的重要组成部分，农村集体经营性建设用地的产权形态演变与中国工业化进程中的特定产物——乡镇（村）企业的兴衰息息相关。其内涵和外延也相对清晰，但随着乡镇企业逐步退出历史舞台以及农村建设用地资产价值的显性化使得农村集体经营性建设用地的内涵和外延都发生了很大的变化（见表4-3）。在今天加快建设城乡一体建设用地市场的背景下，农村集体经营性建设用地更是被赋予了特殊的意义，成为撬动城乡土地市场利益格局、消解土地权利不公的一个关键点。

表4-3　　　　　　　　中国农村集体经营性建设用地政策演进路线

阶段	时间	政策文本名称	主要内容
申请使用、严格控制、封闭流转阶段	1982年2月	《村镇建房用地管理条例》	农村社队企业、事业单位申请建设用地，经社员代表大会讨论通过后，报县级以上人民政府批准。对兴办砖瓦厂的用地，不得占用耕地
	1985年1月	《关于进一步活跃农村经济的十项政策》	允许农村地区性合作经济组织按规划建成店房及服务设施自主经营可出租
	1986年6月	《中华人民共和国土地管理法》（1986年）	全民所有制企业、城市集体所有制同农业集体经济组织共同投资举办的联营企业，需要使用集体所有的土地的，经批准，可以实行征用，也可以由农业集体经济组织按照协议将土地的使用权作为联营条件。乡（镇）村企业建设需要使用土地的，由县级以上地方人民政府批准
	1988年12月	《中华人民共和国土地管理法》（1988年修正）	与1986年版同
	1991年1月	《中华人民共和国土地管理法实施条例》（1991年）	乡（镇）村建设规划兴建农村集贸市场，需使用土地的，依照《土地管理法》第四十条规定办理。农村承包经营户、个体工商户从事非农业生产经营活动，确需另外使用集体所有的土地的，须向土地所在集体经济组织提出用地申请
	1992年11月	《国务院关于发展房地产业若干问题的通知》	农村集体经济组织以集体所有的土地资产作价入股，兴办外商投资企业和内联乡镇企业，须经县级人民政府批准，但集体土地股份不得转让

续表

阶段	时间	政策文本名称	主要内容
申请使用、严格控制、封闭流转阶段	1995 年 3 月	《确定土地所有权和使用权的若干规定》	全民所有制单位和城镇集体所有制单位兼并农民集体企业的，被兼并的原农民集体企业使用的集体所有土地转为国家所有。乡（镇）企业依照国家建设征用土地的审批程序和补偿标准使用的非本乡（镇）村农民集体所有的土地，转为国家所有。乡（镇）企业使用本乡（镇）、村集体所有的土地，依照有关规定进行补偿和安置的，土地所有权转为乡（镇）农民集体所有。农民集体以土地使用权作为联营条件与其他单位或个人举办联营企业的，或者以集体所有的土地的使用权作价入股，举办外商投资企业和内联乡镇企业的，集体土地所有权不变
	1995 年 6 月	《中华人民共和国担保法》（1995 年）	乡（镇）、村企业的土地使用权不得单独抵押。以乡（镇）、村企业的厂房等建筑物抵押的，其占用范围内的土地使用权同时抵押
严格限制、禁止流转阶段	1997 年 4 月	《关于进一步加强土地管理切实保护耕地的通知》	除国家征用外，集体土地使用权不得出让，不得用于经营性房地产开发，也不得转让、出租用于非农业建设。用于非农业建设的集体土地，因与本集体外的单位和个人以土地入股等形式兴办企业，或向本集体以外的单位和个人转让、出租、抵押附着物，而发生土地使用权交易的，应依法严格审批
	1998 年 8 月	《中华人民共和国土地管理法》（1998 年）	任何单位和个人进行建设，需要使用土地的，必须依法申请使用国有土地；但是，兴办乡镇企业等经依法批准使用农民集体所有的土地的除外。农村集体经济组织使用乡（镇）土地利用总体规划确定的建设用地兴办企业或者与其他单位、个人以土地使用权入股、联营等形式共同举办企业的，应申请批准；农民集体所有的土地的使用权不得出让、转让或者出租用于非农业建设；但是，符合土地利用总体规划并依法取得建设用地的企业，因破产、兼并等情形致使土地使用权依法发生转移的除外
	1999 年 5 月	《国务院办公厅关于加强土地转让管理严禁炒卖土地的通知》	乡镇企业用地要严格限制在土地利用总体规划确定的城市和村庄、集镇建设用地范围内。农民集体土地使用权不得出让、转让或出租用于非农业建设；对符合规划并依法取得建设用地使用权的乡镇企业，因发生破产、兼并等致使土地使用权必须转移的，应办理审批手续

阶段	时间	政策文本名称	主要内容
探索入市流转阶段	2003 年 1 月	《中共中央 国务院关于做好农业和农村工作的意见》	鼓励乡镇企业向小城镇集中，通过集体建设用地流转、土地置换、分期缴纳土地出让金等形式，合理解决企业进镇的用地问题，降低企业搬迁的成本
	2004 年 8 月	《中华人民共和国土地管理法》（2004 年修正）	与 1998 年版基本相同
	2004 年 10 月	《国务院关于深化改革严格土地管理的决定》	禁止农村集体经济组织非法出让、出租集体土地用于非农业建设。在符合规划的前提下，村庄、集镇、建制镇中的农民集体所有建设用地使用权可依法流转
	2005 年 10 月	《关于规范城镇建设用地增加与农村建设用地减少相挂钩试点工作的意见》	城镇建设用地增加与农村建设用地减少相挂钩的试点，通过下达一定数量的城镇建设用地增加与农村建设用地减少相挂钩的周转指标来进行。探索农村建设用地流转制度
	2006 年 8 月	《国务院关于加强土地调控有关问题的通知》	农民集体所有建设用地使用权流转，必须符合规划并严格限定在依法取得的建设用地范围内
	2007 年 12 月	《国务院办公厅关于严格执行有关农村集体建设用地法律和政策的通知》	要严禁以兴办"乡镇企业""乡（镇）村公共设施和公益事业建设"为名，非法占用（租用）农民集体所有土地进行非农业建设。任何单位和个人不得自行与农村集体经济组织或个人签订协议将农用地和未利用地转为建设用地。农村集体建设用地实行总量控制。严格控制农民集体所有建设用地使用权流转范围。符合土地利用总体规划并依法取得建设用地的企业发生破产、兼并等情形时，所涉及的农民集体所有建设用地使用权方可依法转移。不得用于商品住宅开发
	2007 年 12 月	《中共中央 国务院关于切实加强农业基础建设进一步促进农业发展农民增收的若干意见》	严格农村集体建设用地管理，严禁通过"以租代征"等方式提供建设用地
确权登记、推进入市阶段	2008 年 10 月	《中共中央关于推进农村改革发展若干重大问题的决定》	在土地利用规划确定的城镇建设用地范围外，经批准占用农村集体土地建设非公益性项目，允许农民依法通过多种方式参与开发经营。逐步建立城乡统一的建设用地市场，对依法取得的农村集体经营性建设用地，必须通过统一有形的土地市场、以公开规范的方式转让土地使用权，在符合规划的前提下与国有土地享有平等权益
	2011 年 12 月	《中共中央 国务院关于加快推进农业科技创新持续增强农产品供给保障能力的若干意见》	加快农村集体各类土地的所有权确权登记颁证，推进农村集体建设用地使用权确权登记颁证工作
	2012 年 12 月	《中共中央 国务院关于加快发展现代农业进一步增强农村发展活力的若干意见》	加快完成确权登记颁证工作。严格规范城乡建设用地增减挂钩试点和集体经营性建设用地流转。农村集体非经营性建设用地不得进入市场

续表

阶段	时间	政策文本名称	主要内容
	2013 年 11 月	《中共中央关于全面深化改革若干重大问题的决定》	建立城乡统一的建设用地市场。在符合规划和用途管制前提下，允许农村集体经营性建设用地出让、租赁、入股，实行与国有土地同等入市、同权同价。完善土地租赁、转让、抵押二级市场
	2014 年 1 月	《中共中央 国务院关于全面深化农村改革加快推进农业现代化的若干意见》	引导和规范农村集体经营性建设用地入市。在符合规划和用途管制的前提下，允许农村集体经营性建设用地出让、租赁、入股，实行与国有土地同等入市、同权同价，加快建立农村集体经营性建设用地产权流转和增值收益分配制度
	2014 年 3 月	《国家新型城镇化规划（2014—2020 年)》	在符合规划和用途管制前提下，允许农村集体经营性建设用地出让、租赁、入股，实行与国有土地同等入市、同权同价
试点流转、全面改革阶段	2014 年 12 月	《关于农村土地征收、集体经营性建设用地入市、宅基地制度改革试点工作的意见》	建立农村集体经营性建设用地入市制度。针对农村集体经营性建设用地权能不完整，不能同等入市、同权同价和交易规则亟待健全等问题，要完善农村集体经营性建设用地产权制度，赋予农村集体经营性建设用地出让、租赁、入股权能；明确农村集体经营性建设用地入市范围和途径；建立健全市场交易规则和服务监管制度
	2015 年 2 月	《中共中央 国务院关于加大改革创新力度加快农业现代化建设的若干意见》	赋予符合规划和用途管制的农村集体经营性建设用地出让、租赁、入股权能，建立健全市场交易规则和服务监管机制
	2015 年 11 月	《深化农村改革综合性实施方案》	集体经营性建设用地制度改革基本思路：允许土地利用总体规划和城乡规划确定为工矿仓储、商服等经营性用途的存量农村集体建设用地，与国有建设用地享有同等权利，在符合规划、用途管制和依法取得的前提下，可以出让、租赁、入股，完善入市交易规则、服务监管制度和土地增值收益的合理分配机制
	2015 年 12 月	《中共中央、国务院关于落实发展新理念加快农业现代化实现全面小康目标的若干意见》	总结农村集体经营性建设用地入市改革试点经验，适当提高农民集体和个人分享的增值收益，抓紧出台土地增值收益调节金征管办法
	2016 年 11 月	《中共中央 国务院关于完善产权保护制度依法保护产权的意见》	落实集体经营性建设用地的用益物权，赋予农民更多财产权利，增加农民财产收益

阶段	时间	政策文本名称	主要内容
试点流转、全面改革阶段	2016年12月	《中共中央 国务院关于稳步推进农村集体产权制度改革的意见》	在农村土地征收、集体经营性建设用地入市和宅基地制度改革试点中，探索正确处理国家、集体、农民三者利益分配关系的有效办法
	2018年9月	《国家乡村振兴战略规划（2018—2022年）》	在符合规划和用途管制前提下，赋予农村集体经营性建设用地出让、租赁、入股权能，明确入市范围和途径。建立集体经营性建设用地增值收益分配机制。稳妥有序推进农村集体经营性建设用地使用权抵押贷款试点
	2019年1月	《关于坚持农业农村优先发展做好"三农"工作的若干意见》	全面推开农村土地征收制度改革和农村集体经营性建设用地入市改革，加快建立城乡统一的建设用地市场
	2019年4月	《中共中央 国务院关于建立健全城乡融合发展体制机制和政策体系的意见》	建立集体经营性建设用地入市制度。在符合国土空间规划、用途管制和依法取得前提下，允许农村集体经营性建设用地入市，允许就地入市或异地调整入市；允许村集体在农民自愿前提下，依法把有偿收回的闲置宅基地、废弃的集体公益性建设用地转变为集体经营性建设用地入市；推动城中村、城边村、村级工业园等可连片开发区域土地依法合规整治入市；推进集体经营性建设用地使用权和地上建筑物所有权房地一体、分割转让

资料来源：笔者根据新中国成立以来历年国家相关政策和法律法规整理而得。

1. 审批使用、禁止流转（1982～1995年）

改革开放之初，乡镇企业异军突起成为中国工业化进程中一个特殊而意外的"最大收获"。为保护和鼓励乡镇企业发展，彼时的土地政策取向是在严格禁止占用耕地的前提下，为乡镇企业建设用地尽可能地开辟政策渠道。1982年《村镇建房用地管理条例》最先对兴办社队企业、砖瓦厂用地给予相应规定。《土地管理法》明确了农村集体经济组织自办企业或以土地使用权入股（联营）与他人合办企业（包括兴办外商投资乡镇企业和内联乡镇企业）、兴建农村集贸市场经履行审批手续均可使用集体经营性建设用地，但集体土地股份不得转让。在松绑集体经营性建设用地使用权的同时明确其所有权归农村集体所有。

2. 分类处置、限制流转（1995 ~ 2004 年）

20 世纪 90 年代中期乡镇企业改制潮及部分乡镇企业逐步退出历史舞台，使得农村集体建设用地产权明晰和使用权流转问题浮出水面：一是部分改制的乡镇企业用地（如被全民所有制或城镇集体所有制企业兼并）或经征地相关审批手续后转化成为国有建设用地；二是破产、兼并或抵押后闲置的乡镇企业所涉及的集体建设用地使用权转移（流转）。后者根据具体情况又分为：（1）合法流转。例如，对"乡镇企业合法合规取得的集体经营性建设用地使用权基于破产、兼并等原因"① 必须转移的可以依法转移。（2）半合法半非法。例如，农村集体经济组织以假入股假联营、真出让真出租流转集体建设用地使用权。（3）非法流转，表现为农村集体经济组织非法出让、出租集体土地用于非农业建设、以租代征等行为。这一时期的土地管理制度对农村集体建设用地取得和流转采取严格限制的政策，严格限制集体建设用地使用权流转（出让、转让、出租）用于非农业建设特别是房地产开发②。

3. 用途管制、入市流转（2004 ~ 2013 年）

进入 21 世纪后，尽管国家政策严格限制，但农村土地巨大的潜在资产价值使得集体经营性建设用地范围不断扩展，除乡镇企业闲置用地外，闲置宅基地、荒废的农村公益性用地等以隐形或半隐形方式纷纷进入集体建设用地流转市场。自下而上的诱致性制度变迁得到自上而下的强制性制度变迁的呼应，国家土地政策一方面严格限制乡镇企业用地，禁止以兴办乡镇企业理由非法占有农地进行非农建设，乡镇企业用地严格限制"在土地利用总体规划确定的城市和村庄、集镇建设用地范围内"，严格限制集体非经营性建设用地进入市场流转；另一方面开始积极探索农村集体建设用地使用权流转，特别是党的十七大赋予"圈外"——土地利用规划确定的

---

① 《中华人民共和国土地管理法》（1998 年），中国人大网，http：//www. npc. gov. cn/npc/c30834/201909/d1e6c1a1eec345eba23796c6e8473347. shtml。

② 《国务院关于深化改革严格土地管理的决定》，中华人民共和国中央人民政府网，http：//www. gov. cn/zhengce/content/2008 - 03/28/content_2457. htm。

城镇建设用地范围外或城市建设规划区外——集体经营性建设用地以与国有土地平等的权益，允许集体经营性建设用地以统一有形市场、公开规范方式转让[①]。

4. 同等入市、同价同权（2013年至今）

党的十八届三中全会将集体经营性建设用地使用权纳入直接入市交易范畴，农村集体建设用地的产权形态开始朝着与国有土地"同地、同价、同权"的方向演绎。与前相比，这一阶段集体经营性建设用地入市的政策取向特征表现为：一是充分"赋权赋能"，集体经营性建设用地可以出让、租赁、入股，集体经营性建设用地使用权及其地上建筑物所有权房地一体、分割转让，获得了与国有土地同等入市、同权同价的完整权能；二是集体经营性建设用地入市范围从"圈外"扩大至"圈内"，城市建设规划区内的集体经营性建设用地也可以直接入市，且既可以就地入市，也可以异地调整入市，城中村、城边村、村级工业园等亦可以入市，从而为解决诸多历史遗留问题打开了广阔的制度空间；三是体量规模有限的集体经营性建设用地入市为体量规模更大的农村集体建设用地（含宅基地和其他建设用地）入市发挥了制度创新"探路"作用，闲置宅基地和废弃集体公益性建设用地均可转化为集体经营性建设用地入市。

4.4 结论

综上所述，土地公有制是社会主义公有制的重要组成部分，从根本上规定着土地这一生产资料的最终归属权和最高支配权，形塑着土地市场上的整体利益格局，它体现了中国土地基本制度安排在其历史向度上的系统性、稳定性和持续性等整体特质。"土地公有制性质不改变"这一中国经济社会形态演进的刚性约束将牢牢框范与规定着中国土地制度变革的性质

---

① 胡锦涛：《高举中国特色社会主义伟大旗帜 为夺取全面建设小康社会新胜利而奋斗——在中国共产党第十七次全国代表大会上的报告》，中国人大网，http://www.npc.gov.cn，2007年10月15日。

特征、行动边界和演绎方向。

中国土地制度改革的核心主线是产权制度改革，沿着城市与农村两条并行不悖的路径演进，变革的逻辑路向是要寻找一种更有效率的产权制度安排，在国家、集体、个人之间构筑起平等的产权关系，在城市与乡村之间打通土地要素自由流动的通道。合理划设农地非农化（征地）中公权与私权的边界，合理分割集体成员与成员集体对农地（农用地、宅基地、集体经营性建设用地）的占有、使用、收益、处分等各项实际财产权利。城乡土地产权逐渐朝着产权权属愈益清晰、产权结构愈益多元、产权权能愈益完备的方向发展，产权形态演变遵从着"明晰所有权、赋予处置权、物化使用权、活化经营权、固化资格权、强化收益权"等的基本逻辑，"公共领域"范围逐渐趋于缩小，权利边界愈益清晰。

全面深化改革的新时期，经济社会发展大逻辑的纵深转换、城乡二元经济的非兼容性摩擦、主体财产权利意识的迅速觉醒等引致了中国土地管理制度约束条件的深彻改变，"三块地"联动改革将成为加快构建城乡一体建设用地市场的强有力黏合剂。相应的，"征地、宅基地、集体经营性建设用地"所牵引的土地管理制度变迁和政策变化也呈现出从板块式、碎片化管理特征向联动化、一体化方向转变的适应性调整的趋向，城乡建设用地市场结构和传统土地利益格局的生成逻辑也将随之发生深刻变化与调整。

第5章

传统农地非农化利益分配机制：
地方政府对剩余权利的获取

"城市土地属于国家所有，农村和城郊土地属于集体所有"的二元地权架构形塑了中国城乡建设用地市场结构和基本利益格局。在这种"二元并存"制度空间下，城乡土地市场化的演进呈现显著的城乡二元分割特征。

5.1 分割：传统城乡建设用地市场体系的结构性特征

基于二元土地制度的权利体系，在国家土地利用规划和用途管制的前提下，城乡建设用地的市场化进程也被分割为多个体系，沿着不同的逻辑主线演进。经过40多年的培育和发展，初步形成了"两个层次"（农地非农化土地市场、国有土地市场）、"四个市场"（体制内农地非农化市场、体制外农地非农化市场、国有土地一级市场、国有土地二级市场）组成的城乡建设用地市场体系。

5.1.1 农地非农化土地市场

城乡土地的二元权利属性决定了国有土地及集体土地之间因用途不同而存在巨大的极差地租和套利空间。不同的利益主体围绕农地非农化过程中土地增值收益的争夺与博弈推动着农地非农化沿着强制性制度变迁和诱致性制度变迁的路径演进，农地非农化市场的发展内嵌在这一双重制度变迁过程中，形成了体制内和体制外的农地非农化市场。

1. 体制内农地非农化市场

这一市场是在既有政策空间和制度约束下进行农地非农化配置的公开合法的市场，主要包括公益性征地市场及由此衍生出来的空间漂移交易市场两类①。

公益性征地市场即土地征收市场，是国家出于公共利益的需要，依法征收农村集体土地、将被征收土地的所有权由农民集体所有变性为国家所有的市场。改革开放之后相当长的一段时间里，它是实现土地在城乡之间合法流转的唯一途径，目前也仍是实现土地在城乡之间流转的最主要的合法通道。在征收市场上，市场主体包括征地者（政府是唯一合法代表）和被征地方（农村集体和个体为主），交易机制是一种行政色彩浓厚的强制性交易机制，交易对象（被征土地）的价格形成机制主要以法定的征地补偿标准为依据。

空间漂移交易市场是在传统征收市场基础上衍生出来的，以城乡建设用地增减挂钩为核心特征，以城乡建设用地指标置换为内容、以宅基地退出为关键、以土地发展权空间转移为指向的土地资源配置市场。这是在土地规划和用途高度管控、城市建设用地指标日趋紧张、农村集体建设用地低效闲置的背景下对征地制度的一种变通。根据相关利益主体对这一市场的参与（或控制）程度又具体分为政府主导的城乡建设用地增减挂钩交易市场、农民主导的新增建设用地指标交易市场、证券化的地票交易市场等，实践中的模式形态各异，如天津"宅基地换房"、成都"五白模式"、重庆"地票交易"、嘉兴"两分两换"、周口"平坟运动"等。

2. 体制外农地非农化市场

自下而上的诱致性制度变迁在突破既有制度约束、推动农地非农化

---

① 除此之外，还存在 2000 年以来经国家批准的各类农地集体建设用地流转试点市场，但是鉴于其先行先试、分散试验的特征，暂不纳入其中。

市场发展方面起着独特而不可替代的作用。与体制内农地非农化市场由政府主导不同，农村集体建设用地体制外隐形流转市场由农民（集体）所主导。

从流转主体来看，主要可分为初次流转市场和再次流转市场。其中，初次流转市场中，农村集体经济组织依据农村集体土地"两权分离"的原则，将法律明确禁止入市的集体建设用地使用权在非法市场上向各类用地主体和城市工商资本自发流转。再次流转市场主体为各类集体建设用地使用者，取得集体建设用地使用权的主体（如乡镇企业或农民）与其他市场主体进行二次流转。总体而言，集体建设用地体制外隐形流转市场主体呈多元化趋势，但现实中供给主体多以村集体为主，需求主体多以企业和城市工商资本为主。

从交易机制来看，集体建设用地体制外隐形流转市场包括（非法）出让、出租、转让、抵押、入股、联营等多种交易方式。其中，在法律空间狭窄、政策预期模糊的情况下，出租以其较低交易成本、灵活规避风险、长期稳定收益等优势而逐渐成为最常见的交易方式。从其价格形成机制来看，在不透明的"隐性交易"中，由于信息不对称、市场竞争度低、交易对象参与不充分以及其他各种非市场因素干扰，市场机制难以充分发挥作用，价格的形成过程较为混乱，价格难以反映土地的价值（包括市场价值和改变土地用途的增值价值），呈现比较典型的黑（灰）市定价特征。从利益分配机制来看，与国有建设用地市场较为成熟而清晰的围绕产权收益为核心的土地增值收益分配秩序相比，农地非农化土地市场土地增值收益分配机制和秩序相对混乱。

从交易对象来看，集体建设用地地类繁多，包括工业用地、商业用地（含房地产）、公益性用地等。按其最终用途去向大致可分为农地工业化、农地商业化和农地城镇化三类。农地工业化是在乡镇企业兴起、改制、兼并过程中，村集体以"假入股、假联营/真出租、真转让"等绕开法律限制方式流转集体建设用地使用权，以及自行投资建厂房、宿舍流转于工业企业生产经营用途。典型代表如广东南海土地股份制模式、江苏张家港永联村土地产业组合模式等。农地商业化是村集体绕开法律限制自行投资建设商业铺面出租或用于农贸市场用地等商业经营用途。典型如江苏昆山农地股份合作社模式。农地城镇化则既包括建设在集体建设用地上的房屋商品化并"体外流转"（"小产权房"），也包括以集体土地资本化、农民福利城市化为整体特征的就地城镇化，如北京郑各庄和四川双流蛟龙港。

5.1.2 国有土地市场

改革开放后城市国有建设用地有偿使用制度的建立和完善形塑了城市国有建设用地市场——以政府供应为主的国有土地一级市场、以市场主体之间转让、出租、抵押为主的国有土地二级市场①——的基本结构和层次。

1. 国有土地一级市场

城市土地一级市场是一个以土地所有者和使用者为主体、以城市国有土地（增量＋存量土地）为客体、以协议出让和"招拍挂"出让为交易机制而形成的市场。就市场主体而言，基于城市土地属于国家所有的权属，唯一的供给主体是政府，需求主体则包括公益性用地市场需求主体和经营性用地市场需求主体；就交易方式而言，城市土地一级市场的交易方式主要分为划拨、出让两种，其中土地出让又可以细划分为"协议出让"和"招标、拍卖、挂牌出让"② 等方式。划拨、协议、"招拍挂"的市场化程度各不相同，划拨仍沿用行政手段配置资源，市场化程度最低，协议次之，"招拍挂"市场化程度最高；就交易对象使用用途和期限而言，又划分为"70（居住用地）＋50（工业、科、教、文、体、卫及其他综合用地等）＋40（商、旅、娱用地）"三类，塑造了城市房地产市场的层级结构。

2. 国有土地二级市场

城市国有土地二级市场是在城市国有一级市场基础上的延伸和发展，指在城市一级土地市场上取得国有建设用地使用权的土地使用者与其他市

---

① 《国务院办公厅关于完善建设用地使用权转让、出租、抵押二级市场的指导意见》，中国政府网，http：//www.gov.cn/zhengce/content/2019-07/19/content_5411898.htm? trs＝1,2019 年 7 月 19 日。

② 《招标拍卖挂牌出让国有建设用地使用权规定》，中国政府网，http：//www.gov.cn,2007年 10 月 9 日。

场主体将其进行再次交易而形成的次级市场。就交易机制而言，交易双方可以转让、出租、抵押等方式进行交易，其中，转让的具体方式又包括"买卖、交换、赠与、出资以及司法处置、资产处置、法人或其他组织合并或分立等形式涉及的建设用地使用权转移"①。交易的主体是各类市场主体，交易的对象则是国有建设用地的使用权，"建设用地使用权转让、出租、抵押二级市场的交易对象是国有建设用地使用权"②。依据其初次取得方式，不同权能建设用地使用权转让的前置限制条件各不相同③，最终目标是建立起"产权明晰、市场定价、信息集聚、交易安全、监管有效"④的土地二级市场。

总体而言，既有制度空间和政策约束下城市化扩张下城市建设用地"供不应求"和闲置农村集体建设用地"供过于求"的悖论，形塑了改革开放中国城乡土地资源配置的非均衡态势，刻画了城乡建设用地市场运行典型的二元分割痕迹。城乡建设用地市场化发展的未来演绎图景是：以平等的产权保护——既保护所有权人权益，防止国有和集体土地资产流失，又保护市场主体平等使用和交易其使用权——为基础，以健全交易规则、规范市场秩序、畅通要素流通为重点，以缩减征地规模范围、吸纳同化农地非农化隐形市场、降低制度性摩擦成本为路径，最终趋向于构建和完善城乡一体的建设用地市场。在这一市场体系演进的过程中，不同的市场主体（政府、集体、农民、业主等）以不同的身份（产权主体、管理主体、供给主体、需求主体等）参与对共同的市场客体——土地资源的配置并分享依此带来的土地增值收益，进而不断塑造和改变着城乡土地市场的利益格局。

5.2 垄断：城乡建设用地市场化进程中的典型化特征

城乡建设用地市场化进程发轫于 1987 年深圳首次试行国有土地使用权

---

①②④ 《国务院办公厅关于完善建设用地使用权转让、出租、抵押二级市场的指导意见》，中国政府网，http://www.gov.cn/zhengce/content/2019-07/19/content_5411898.htm? trs=1，2019年7月19日。

③ 以划拨方式取得的建设用地使用权转移须符合用途管制和规划；以出让方式取得的建设用地使用权转让须符合法律法规规定和出让合同约定。

公开拍卖出让，遵循从无偿使用到有偿使用、从无限期使用有限期使用、从行政划拨到市场出让、从协议出让到"招、拍、挂"出让等转变的渐进市场化路径演绎①。与之并行的则是基于中国政治治理结构调整的财政体制改革。在财政分权过程中，地方政府作为一个逐渐分化出来的利益主体，具备了凭借其掌控的要素资源去推动现有制度框架可容纳的地方经济增长以获取最大化垄断租金的能力②。纵观这一改革历程不难发现，中国城市土地市场实质上内生于中国经济体制转型的大逻辑中。在现有土地制度和财政体制构架下，地方政府垄断成为中国城乡建设用地市场化进程中的典型化特征。

5.2.1 城乡建设用地市场化进程中的地方政府：增长导向的适应性调整主体

分权化改革中政绩评价和激励的制度设计确立了增长导向的主线，地方政府担负了企业家式创新者的角色，目标取向是使组织规则适应内外部不断变化的环境，不确定的体制转轨环境引致了地方政府从职能、目标复杂化向行为取向简单化的转变，即以增长为导向行为的适应性调整成为其实现利益最大化的一种有效策略。

在中央与地方的纵向政治委托代理契约关系中，政治委托代理是一个多任务、多目标合同，信息在传递过程中会发生累积性损失，高额信息成本导致了对代理人行为监督的困难。出于行政效率的考虑，委托人倾向于抽象一些易于测度的显性指标（GDP、税收等）考察代理人。作为理性行为主体，地方政府必然把精力放在上级政府易于观察的政绩指标上，而地方辖区的土地资源（特别是将集体所有土地变性为国有土地）恰恰在帮助地方政府实现这些显性目标上能够起到其他资源难以替代的作用，于是以谋求土地出让收益最大化以推动地方增长成为中国土地市场化进程中地方政府行为的主要驱动因素。在"地方—地方"的博弈横向契约关系中，地

---

①② 盖凯程、李俊丽：《中国城市土地市场化进程中的地方政府行为研究》，载于《财贸经济》2009 年第 6 期。

方政府间同样以地方经济增长为核心目标在土地市场领域展开横向竞争，导致了地方间竞争关系的产生。城市土地市场上地方政府的竞争主要是围绕着非流动要素（土地）对可流动性要素（资本、人才、技术等）的竞争，而招商引资是地方政府竞争中一种最典型的综合性要素竞争形式。①

纵向而言，以增长为导向的适应性调整是中国土地市场化进程以来地方政府行为演变的基本轨迹和重要特征：（1）1987年起——试点阶段。其时市场环境为"短缺经济"，地方政府注意力集中在产品市场上，主要通过经营和培育企业行为来拉动地方经济发展。（2）1994年起——全面改革时期。国有土地开始了从划拨到出让的全面转变，其时地方增长来自消费的拉动力趋弱，而对投资拉动的需求上升，工业化的加速对城市基础设施产生了极大的需求。与此同时，分税制改革弱化了地方财权、事权的非对称性。在地方财政不足以支撑巨大投资需求的条件下，土地要素正式进入地方政府的视野，经营城市（土地）资源（包括园区）成为其动员社会资本推进公共设施建设的创新性制度安排。（3）2002年起——深化改革时期。城市土地开始了从协议出让到招拍挂出让的转变，2003年起清理整顿各类园区使地方政府软约束投资行为选择的制度空间大大缩小。根据罗斯托主导产业演进理论，工业化、城市化加速将推动房地产业的蓬勃发展，而房地产业及其关联效应与地方政府目标函数具有很强的相关性，地方政府行为由此调整为围绕着城市地价房价培育为核心、以谋求土地出让收入和发展房地产业为主要内容的新的行为选择。②

5.2.2 城乡建设用地市场化进程中的地方政府："垄断"供给者和"垄断"需求者

在转轨期体制不对称、市场环境不完善的制度约束下，城乡建设用地市场分割的体系是以"农地非经征用不得入市"这一特殊的制度构件和行政化的交易机制而联结起来的。回溯中国城乡建设用地制度变迁特别是征

---

①② 盖凯程、李俊丽：《中国城市土地市场化进程中的地方政府行为研究》，载于《财贸经济》2009年第6期。

地政策演进的历程，可以梳理出贯穿于其中的三条强制性制度变迁的清晰脉络：一是确立了"征用为农地非农化唯一合法渠道"的正式制度安排。不同位阶的法律法规政策均明确集体所有土地"必须先行征用转为国有土地后才能出让"。二是将农村集体建设用地使用局限在狭小的空间内，对突破"农地非经征用不得入市出让"法律约束的其他农地转用方式如"以租代征""土地置换"等体制外制度创新予以严格限制。三是征地权力向地方充分赋权，"实行征地由地方政府统一负责的办法"。这一特殊制度构建将农村建设用地直接入市排除在城市化进程之外，制度性地割裂了城乡建设用地市场之间的有机联系和内在机理，进而奠定了地方政府在农地非农化市场以及国有土地一级市场上的主导地位。

这一地位特征有两个基本的面向：一是面向被征收农村集体所有土地的市场，地方政府成为一个特殊的"垄断"需求者；二是面向城市国有一级土地市场，地方政府转而成为一个特殊的"垄断"供给者。地方政府作为农地征用市场主要买方和城市土地一级市场主要卖方，实际上将土地市场分割成两部分：一是在农地征用市场上形成一个"类强制性买方垄断市场"；二是在国有土地一级市场上形成一个"类卖方寡头垄断市场"①。

既有政策空间和制度约束下，"农地非经征用不得入市"这一特殊的制度构件和交易机制决定了农地非农化循依"集体土地→征用→地权变性→国有土地→非农建设"的进路。换言之，农地产权性质的转变是国有土地一级市场得以形成的重要依托，是城市国有增量土地的唯一来源。在这一过程中，操控农地地权变性的主体是地方政府而非农地权属主体，不同位阶的法律法规政策对地方政府"征地权力"的共同赋予，使得地方政府享有农地非农化市场上的"绝对买方垄断地位"。地方政府对这一市场上的征收客体对象——集体所有土地转变为国有土地——的数量和价格拥有绝对的话语权。就数量而言，公共利益边界界定的模糊性使得地方政府可根据自身利益最大化考量赋予公共利益的内涵和外延以趋向自身利益目标

---

① 盖凯程、李俊丽：《中国城市土地市场化进程中的地方政府行为研究》，载于《财贸经济》2009 年第 6 期。

函数最优解的定义和解释，在实践层面表现为任意扩大征地范围、滥用征地程序、以行政权力侵犯财产权利等。

5.2.3　城乡建设用地市场化进程中的地方政府：价格规制

国有土地价格是发挥市场在土地资源配置中起决定性作用的核心机制。中国城市国有土地市场上土地价格与政府行为之间表现出强相关关系。就农地征用市场的定价机制而言，作为唯一"垄断"需求主体，地方政府倾向于采取"垄断低价"的定价策略，在实践层面表现为征地补偿标准过低、补偿机制不健全、被征地农民生活得不到保障等。就城市国有土地市场而言，表面上看，国有土地市场特别是二级土地市场发育较为成熟，土地以公开招标、拍卖和挂牌等形式出让而形成的交易价格反映了土地价值和供需情况，市场机制在城市土地交易价格行程中发挥决定性作用[1]。事实上，国有土地二级市场受一级市场的影响，而国有一级土地市场本质上是一个以政府为唯一供给主体的"类卖方寡头垄断市场"[2]。作为唯一的供应主体，地方政府既可以依托调整城市存量国有土地的布局、用途，也可以通过改变由集体所有土地"变性"而来的城市国有增量土地的供给数量、结构、出让方式，达到间接操控城市国有一级土地市场价格并进而影响二级土地市场价格的目的。[3]

城乡建设用地市场上的地方政府追求的目标是多元化的，这就决定了地方政府既不一味抬高土地价格，也不一味压低土地价格，而是根据自身的需要确定实际土地供给量来影响土地价格，通过差别（歧视）定价来实现自身效用的最大化（见图 5-1)[4]。与一般垄断市场上的垄断者不同，

---

① 一个认识上的误区是将城市土地市场化等同于城市土地出让方式的改变（即变城市土地划拨、协议出让等为招、拍、挂），但事实只要不改变地方政府在城市土地市场上的垄断地位，就无法从根本上真正提高城市土地资源配置的效率，更无法真正实现城市土地的市场化。

② 这一分析未考虑地方间竞争因素，未考虑区域差异性和地方政府异质性问题。

③ 盖凯程、李俊丽：《中国城市土地市场化进程中的地方政府行为研究》，载于《财贸经济》2009 年第 6 期。

④ 张飞、曲福田：《土地市场秩序混乱与地方政府竞争》，载于《社会科学》2005 年第 5 期。

地方政府不仅可以通过改变市场上产品（要素）的供给量来影响产品（要素）的价格，而且作为一个社会管理者，有能力通过改变市场上的需求形势（如拆迁或旧城改造来提前释放住房需求）来达到影响土地价格的目的。①

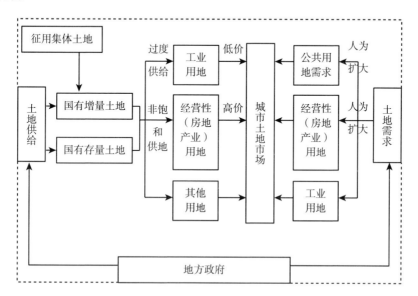

图 5 - 1　城市土地市场上地方政府价格规划示意

5.3　传统农地非农化核心利益机制：地方政府掌握了对农地非农化进程中土地"实际剩余控制权"

农地产权表面上关乎所有者与土地之间的占有和被占有的关系，实则是所有者对土地的权利关系以及由此所衍生出来的所有者与其他相关利益

① 实际经济运行过程中，一些地方政府甚至还会通过违法改变供给方式来影响土地价格，如变经营性用地招、拍、挂出让为协议出让，或利用招、拍、挂出让制度的漏洞，通过与招投标方勾结或强迫第三方（如下辖国企）的加入强行压低或抬高地价。但这种方式毕竟属于"暗箱"操作，因此地方政府更倾向于利用其在土地市场上的垄断地位对土地价格进行"合法"操纵。参见盖凯程、李俊丽：《中国城市土地市场化进程中的地方政府行为研究》，载于《财贸经济》2009年第 6 期。

主体的关系。土地上附着的利益关系受土地财产权利制度安排的制约。土地财产权利制度有效性的关键和核心在于其实际控制权及其权利束的合约安排。作为体制转型期中间扩散型制度变迁的"第一行动集团"，中国特殊的二元土地制度和权利架构使地方政府掌握了对农地非农化进程中土地"实际剩余控制权"，土地要素成为实现其效用目标函数最优化的最有力资源。

5.3.1　模糊产权、剩余索取权和剩余控制权

在巴泽尔（1997）的产权模型里，人们对资产的权利是"他们自己直接努力加以保护、他人企图夺取和政府予以保护程度的函数"[①]。昂贵的交易成本（权利获得、保护和转让的成本）使得"产权作为经济问题还从来没有被完全界定过"，无法充分界定的权利导致一部分有价值的产权总是处于"公共领域"。巴泽尔认为公共领域中的财产既可以扩大，也可以缩小，人们往往会根据自己的需要和产权界定的成本收益比较"相应地改变原来的决定，放弃某些财产，使其化为公共领域的财产；或者对现有的公共领域的财产进行重新界定，使之归于自己名下"[②]。随着市场环境或技术条件变化，资源的新价值被发掘，"在一项合同并未明确界定某些权利，而这些权利的价值又有上升时，就可能出现冲突"[③]。此时，花费代价界定产权重新变得有利可图，留在公共领域里的权利边界随之发生调整。因此，产权界定具有渐进动态演进的特征。

"GHM"模型基于不完备契约提出了与"公共领域"概念暗合的"剩余权利"。交易费用的存在导致了契约的非完备性。在不完备契约里，所有权是契约对决策权未明确的地方实施剩余控制的权利及在契约履行后取得剩余收益的权利。剩余控制权是不完全契约框架内除明确权利外的所有

---

① 巴泽尔著，费方域、段毅才译：《产权的经济分析》，上海人民出版社1997年版，第2页。

② 巴泽尔著，费方域、段毅才译：《产权的经济分析》，上海人民出版社1997年版，第159页。

③ 巴泽尔著，费方域，段毅才译：《产权的经济分析》，上海人民出版社1997年版，第94页。

其他权利，剩余索取权是指不完全契约框架中未能规定分配方式的那部分盈余的归属，在收益分配优先序列上表现为"最后的索取权"。哈特（Hart，1986）认为拥有剩余控制权则必定拥有剩余索取权，反之则不一定。控制权作为产权实现形式的集中体现，是产权之根本。任何产权和所有权的实现都必须通过控制权而完成（Grossman and Hart，1986；Hart and Moore，1990）。①

在巴泽尔产权模型和"GHM"体系基础上，李稻葵（1995）的模糊产权模型把产权（所有权）定义于最终控制权层次上，模糊产权即最终控制权的模糊性。模糊产权是一种所有者控制权缺乏保证以至于受损亦即存在效率损失的产权安排。模糊产权实际上是"灰"市场条件下不得已的产权组织安排。在"灰"市场里，某些交易行为高昂的交易费用和潜在的非法性使得模糊产权成为相对具有效率的"最不坏"的制度安排，但是这一制度安排会随着市场的成熟而变得效率低下。所以，问题的关键不在于强迫模糊的产权清晰化，而在于改造和培育市场机制。经济转型的最终目标是消灭模糊产权。

相较于巴泽尔"公共领域"基于"成本—收益"的纯技术性界定和GHM"剩余权利"强调所有者行为（能力）之于产权界定的作用，"模糊产权"考虑到了转型经济的制度条件约束，从而给出了转型经济非国有部门（乡镇企业）高效运行的逻辑化解释。然而，这一模型回避了市场环境与产权安排的内生性问题。以此为基础，我们对模糊产权作如下界定：某物有价值属性的归属因其实际最终控制权未能得以准确、及时、清晰地界定而造成利益主体竞相攫取的"公共领域"的产权现象即为模糊产权。模糊产权关系下利益相关者对最终控制权利的取得是通过协商、讨价还价甚至斗争而敲定的。当市场环境变化衍生出新的营利性财产权利束或在既定产权结构下经济当事人无法获取外部利润（潜在利润）时，会引起模糊产权重新界定的要求和实施制度创新以期外部利润内在化的努力，进而导致产权结构的变迁。②

---

①②　盖凯程、于平：《农地非农化制度的变迁逻辑：从征地到集体经营性建设用地入市》，载于《农业经济问题》2017 年第 3 期。

5.3.2 农地非农化、产权强度与产权残缺

产权界定是通过法律明确规定——实质是以社会契约形式对微观经济主体财产权利的确认和保护——财产产权主体及其拥有的财产权利范围的过程和结果的状态①。产权界定包括产权主体的确认和产权范围的确认，产权主体和范围界定的清晰度与完整性决定了产权的强度或受保护程度，而土地产权的强度主要取决于产权的可排他性、结构性、有界性和可转让性四个要素：可排他型意味着产权主人在社会可接受性和法律可许可性范围之内对土地的不受限的使用权利，并隔绝和排斥他人的介入和侵害；结构性意味着产权作为权利束，既可以包含占有、使用、处分、收益等各项具体财产权利，也可以仅指某一项具体权利，还可以分解为多种权利并统一呈现一种结构状态；有界性即某一产权的财产权利边界和权利范围问题；可转让性意味着土地权利的价值通过产权主人在一定的合约——交易双方自愿达成的土地权利转让要约规定——之下进行权利交换或重新组合（转让权表现为买卖、出租、抵押等具体权利）的过程中得以彰显。

中国农村土地产权权属与范围的界定、结构的选择、具体权利项的安排、产权的有效性和受保护程度取决于所有制偏好、体制文化环境、历史演进路径依赖等多重约束条件，反过来，农地产权的制度安排及其经济绩效也在不断修正和改变着这些约束条件，进而影响着农地产权结构的进一步选择和产权制度的演进。总体而言，农地产权的强度和受保护程度与农地产权的模糊性呈负相关关系，农地产权模糊性越强，则其产权强度越弱，产权被侵害的可能性越大；反之相则反。

在土地私有制和私有财产权利体制下，"完整的所有权"和绝对财产权利观念使得人们对土地产权的理解是"对财产的权利是唯一的、独占的所有权"（Denman，1978），土地所有权的完整既包括对财产的所有可能的具体权利——占用权、使用权、管理权、收入权、资本得益权、稳定权、遗传权、无期限权、债务权、剩余权——等各种权利的"加总"（奥

① 刘诗白：《政治经济学》，西南财经大学出版社 2008 年版，第 307 页。

洛雷，1961），也包括可以分解上述各项具体权利的权能并授权给他人使用的权利。这一"完整的所有权"意味着土地产权的最终控制权归属是清晰的，产权的保护程度是极高的，亦即体现为"风雨可进，国王军队不能进"的私有财产神圣不可侵犯性。

在公有制和公有财产权利体制下，所有制框范和意识形态偏好衍生出重公权、轻私权的社会文化传统和制度政策环境，公权和私权边界相对模糊，社会对于公权侵蚀私权边界具有较高的容忍度。基于中国土地权利结构及其制度安排"二元并存、公权私用"的特征和土地所有权与使用权——法律上保持所有权同时赋予使用权以实际经济含义的权利分离的事实，社会对于土地使用权是由其所有权所派生、所有权有权申索因使用权使用而产生的各种利益也具有相当的认可度。退一步讲，在所有权归自然人所有的前提下，土地仍可在相当程度上保证其产权不受侵害的产权强度。但是当其所有者为抽象的"国家"或"集体"时，因权利主体界定的模糊性而导致的土地产权最终控制权的"迁移"就变得极其容易。

纵向来看，农地产权制度安排的模糊性内嵌于中国农村集体土地所有制及其权利制度演进的历程中。这一产权安排的模糊性并非纯粹是基于巴泽尔意义上产权界定成本造成的，也非仅仅由于"GHM"意义上信息不对称或所有者行为能力局限导致的，更多是国家权力变量主动嵌入的结果，政府行为（能力）是产权模糊化的关键性变量，其意在为国家工业化、城市化大战略提供强有力的支撑。市场化进程中，农地所有权和使用权的分离渐成趋势，农地权利的分割与转让也愈益普遍。

横向来看，不同类型的农地产权强度又是不一样的，进而引致其受保护或被侵害的程度也是有所差异的。农用地、农建地及农转非用地的土地产权强度和权利功能呈次级递减：农用地产权改革沿循从"两权分离"到"三权分置"，在将农用地所有权和使用权分离的前提下，将承包权"物权化"，即赋予承包权占有、使用、处置（流转）、收益等逐项权能——赋予承包者以使用权、转让权和收益权——基础上对经营权进行更完整赋权，呈现明显的"弱化所有权、强化使用权"的趋势。"耕地红线"的约束使农用地产权强度越来越强是一个不争的事实。宅基地产权尽管设定了"三权分置"的改革方向，但现有政策空间下，其权能仍主要局限在占有权和使用权的保护，其转让权和收益权受到严格限制。与之相较，农地非农化用地即被征用的农村集体土地的产权强度最弱，保护程度最差。

5.3.3　征地和出让：地方政府对剩余索取权和剩余控制权的控制

若在最终控制权层面上定义农地产权（所有权），那么，农地非农化进程中的农地产权安排治理结构表面上关乎利益相关主体间责权利的配置关系，实则关乎农地被置于公共领域的"剩余权利"谁来拥有、怎样拥有以及如何行使等的一系列契约化安排①。基于缔约或信息成本、所有者能力、政府行为等因素，问题的关键并不在于如何通过何种契约化约定厘定各利益主体的权利边界，而在于不完备契约条件下无法明确的"剩余权利"（剩余控制权和剩余索取权）的归属问题。

在模糊产权制度环境下，农地产权权利束各个具体的权利（权能）必然"以分散的或以各种排列组合的形态，落入不同利益主体的手中"②。作为体制转型期一个以增长导向为利益目标函数最优解的适应性调整主体，地方政府由此作为一个楔入变量，凭借其在土地市场的"垄断"地位，在农地"剩余权利"的分配中嵌入进来。杨瑞龙（1998）认为分享剩余索取权的地方政府在转型期扮演了制度变迁中"第一行动集团"的角色，而中国特殊的二元土地产权制度和城乡间非对称的土地权利架构使得土地市场上的地方政府个性特征更为鲜明，在农地非农化过程中掌握了土地的实际最终剩余控制权。③ 这一事实是通过如下两个不完全"隐性契约"完成的。

1. 中央政府——地方政府不完全"隐性"契约Ⅰ：地方政府对城市国有土地剩余索取权的"获取"

财政包干体制下中央对地方"剩余分享"激励的制度规则设计使得双

---

① 黄砺、谭荣：《中国农地产权是有意的制度模糊吗?》，载于《中国农村观察》2014年第6期。

② 杨继瑞：《我国城市土地使用制度创新的目标模式及基本框架》，载于《财贸经济》1994年第6期。

③ 盖凯程、于平：《农地非农化制度的变迁逻辑：从征地到集体经营性建设用地入市》，载于《农业经济问题》2017年第3期。

方搭建起一种政治治理结构中的"委托—代理"关系。"分税制"改革大大削弱了这一合约结构的稳定性，中央事权下放与财权上收所造成的地方财权和事权的错配，严重削弱了代理人（地方政府）的积极性。为了稳定"委托—代理"关系、纾解地方财政压力，双方选择通过重新分割城市国有土地产权、调整土地权利束组合以重订一份"隐性"激励合约[①]：即调整双方对国有土地占有、使用、收益、处分权的分配关系。中央保留法律意义上的所有权（代表身份），仅保留少部分收益权和最终处置权[②]；地方则实际上拥有剩余的使用、收益和转让权[③]。

这一权利切割和重分若仅限于国有存量土地，显然不足以纾解地方财政压力。于是，国家在"征地为农用地转用建设用地唯一合法渠道"的制度框架下，征地权逐级下放给地方政府直至市县级，转让权的严格限制使农地不可能直接入市，农地交易只能通过地方政府才能完成，地方政府进而拥有了改变农村集体所有土地权属性质的能力，事实上掌控了可改变农村集体土地所有权和使用权的权利。20 世纪 90 年代中后期之后的城市化过程中，地方政府这一行政权力受到国家相关制度安排和政策设定的保护，农地未经征用入市、"以租代征"等绕开现行征地制度空间的行为均被严格禁止，而土地储备制度等配套制度更进一步强化了地方政府在土地市场上的掌握权利。如是，通过调整中央与地方对城市国有土地（存量土地和增量土地）控制权的配置关系和权利束的合约安排，使得政治治理结构中各治理主体的权利边界得以重新划定，从而稳固了双方的"委托—代

---

① 盖凯程、于平：《农地非农化制度的变迁逻辑：从征地到集体经营性建设用地入市》，载于《农业经济问题》2017 年第 3 期。

② 主要体现在国家对土地的总体利用规划编制和农地转用审批手续，《土地管理法》第四十四条规定："涉及农用地转为建设用地的，应当办理农用地转用审批手续。"国家对土地转用实施总量控制并进行指标管理。没有农用地转用指标，严禁农地转化。

③ 在土地出让收益分配中，1994 年之前，国有土地出让收入为中央和地方财政共享，扣除20% 城建开发费用后，剩余的土地收入由中央财政和地方财政分别按照 40% 和 60% 的比例分成。1994 年之后，国有土地有偿使用收入列入地方固定项收入，土地出让收入全部归地方政府——土地出让总价款纳入地方财政专户、土地出让净收益纳入地方财政管理支配和使用，土地出让收支实行预算内和预算外两条线管理。中央对这一权利的剩余分享主要体现在城市增量国有土地（新增建设用地）有偿使用费上，中央与地方按照 3∶7 的比例分享。1998 年和 2004 年的《土地管理法》均明确规定："新增建设用地的土地有偿使用费，百分之三十上缴中央财政，百分之七十留给有关地方人民政府，都专项用于耕地开发。"

理"关系①。在这一关系下，由于地方政府具备了低价征收集体土地和高价出让国有土地的权力，进而成为农地非农化过程中土地增值收益的主要获得者。

进一步看，"国有土地归国家所有、所有权由中央政府代表国家行使、使用权由地方政府代表中央占有、征地权由地方政府代表国家行使"的多层体制与权利架构下，城市国有土地所有权主体高度抽象的模糊性使其事实上处于一种模糊产权状态。在关乎其控制权配置和权利束的合约安排中，城市国有土地所有权的行使事实上由代理人（县级以上地方政府）受委托人（中央政府）的委托来进行的。国有土地使用权是具有占有权、使用权、处分权和收益权的准所有权，成为一种"完整使用权"，大大模糊了国有土地所有权和使用权的边界。② 城市土地所有权主体权属不清晰，名义上土地归国家所有，但由于各级地方政府存在各自相对独立的地方利益倾向，所有权主体虚化和抽象化导致所有权内容发生转移，使其实际"剩余索取权"转移到地方政府手中并深化为事实上的地方所有。分税体制下的地方政府借口财权和事权的错配，通过与中央讨价还价取得了城市土地价值的剩余索取权：通过征用变农村集体土地为增量城市土地，通过出让变土地出让金为预算外收入，地方财政取向由此具备了浓厚的土地财政色彩。③

2. 地方政府——微观经济主体的不完全"隐性"契约Ⅱ：地方政府对农村集体土地剩余控制权的"获取"

模糊产权是一种所有者控制权缺乏保证以至于受损的产权安排。由于制度环境变化或政策空间调整，新营利性资本产权束由于未得到最终控制权层面的明晰界定而导致其有价值属性的归属流于公共领域进而被各个利益主体竞相获取。当在模糊产权环境下出现多个产权主体时，产权（所有权）的实现是通过协商或谈判来确定的，结果剩余控制权必然落在谈判力较强的产权主体手里。

---

①③ 盖凯程、于平：《农地非农化制度的变迁逻辑：从征地到集体经营性建设用地入市》，载于《农业经济问题》2017年第3期。

② 李俊丽：《我国城市土地市场政府行为研究综述》，载于《商业时代》2011年第5期。

在现行农地产权形态下，农民缺乏对土地财产权利的实际控制能力。地方政府对土地剩余控制权的控制是通过与其他产权主体（企业、城镇居民、农民）的谈判来完成的。由于招商引资与地方经济增长核心利益目标函数的高度一致性，企业往往在这一争夺和谈判中占据优势（低地价招商引资），因此地方政府对土地剩余控制权的强化只能在对辖区居民和辖区农民的协商或谈判中完成。[1]

在城市国有土地出让过程中，地方政府强化对土地控制权的掌握主要是通过促进城市国有土地数量和规模增长来实现的。城市土地数量和规模越大，则地方政府的实际控制权就越大。城市土地数量和规模的扩大有内涵式及外延式两种方式：内涵式主要通过国有存量土地的整理、拆迁；外延式则主要通过征地、变农村土地为城市增量国有土地。[2] 鉴于城市土地财产权利比较清晰的边界、城市土地市场公开透明的价格机制以及城镇居民较强的财产权利保护意识，地方政府与这一产权主体的谈判与协商也并不占优势，城市拆迁往往面对较高的成本。地方政府围绕土地剩余控制权争夺及其与辖区城镇居民的利益博弈中更多是通过"垄断"一级市场、以高地价传导高房价、以高房价带动高地价的"正反馈机制"实现的。

地方政府对土地剩余控制权的最终"控制"是通过与农民（集体）产权的谈判来完成的。农地非农化的唯一变现渠道是政府征用，其背后隐含着国家土地用途管制的双重含义：第一层是所有制管制；第二层是土地用途的管制。这一双重管制在面向农民（集体）时是一种硬约束，而在面向具有征地权的地方政府时则又是一种软约束。地方政府运用征地权不仅可以改变农村集体土地的所有制性质，而且可以在城市化扩张中改变农地的非农化用途。对农民而言，农村集体土地的所有制管制及其转用用途管制的硬约束，大大降低了农地产权的可排他性，模糊农地产权主体与范围的有界性，固定了农地财产权利变现通道，弱化了农地产权的强度。这一现

---

① 盖凯程、于平：《农地非农化制度的变迁逻辑：从征地到集体经营性建设用地入市》，载于《农业经济问题》2017 年第 3 期。

② 盖凯程、李俊丽：《中国城市土地市场化进程中的地方政府行为研究》，载于《财贸经济》2009 年第 6 期。

象在征用农地补偿标准上展露无遗：不难发现，无论是征用农地补偿费抑或是安置费，均是基于农地的实物形态进行实物补偿，而非基于农地的产权形态进行财产价值补偿，故而农地一经征用变为建设用地之后，农民（集体）初始产权主体再也无法分享因用途改变而产生的土地增值极差收益。

农地非农化过程中的地方政府具有多重身份和多个角色，既可以是产权主体和市场主体，又可以是公共利益主体和管理主体，地方政府可随时根据自身利益最大化原则自由切换自己的角色，例如，在征地市场上它以公共利益主体的身份出现，在城市国有一级市场上又以市场出让主体身份出现。作为谈判力较弱的产权主体，农民（集体）往往无法形成对话的力量或有效的集体行动，无力制约地方政府对土地实际最终控制权的掌握。地方政府由此成为农地非农化过程中土地产权的实际"最终剩余控制者"。[①]

5.4 空间漂移交易市场利益机制的核心特质：地方政府对剩余权利的获取

城市化进程中，在耕地红线不能突破、城市建设用地指标日趋紧张、农村集体建设用地低效闲置的多重约束条件下，为了缓解城市建设用地紧张的难题，国家尝试在既有的制度约束和政策空间内寻求城乡建设用地资源配置的新路径，从而催生出以城乡建设用地增减挂钩为政策工具、以城乡建设用地指标置换为内容、以宅基地退出为关键、以土地发展权空间转移为内涵属性的农地使用权空间漂移交易机制。这一制度内的边际创新在特定时期起到了提高土地资源优化配置和利用效率、促进农民土地增值收益分享的积极效应。但在城乡建设用地市场政府垄断大格局以及城乡建设用地同地不同权的歧视性制度安排未发生根本性改变的前提下，农地非农化中的农地剩余控制权利仍牢牢地掌握在地方政府手中。

---

① 盖凯程、于平：《农地非农化制度的变迁逻辑：从征地到集体经营性建设用地入市》，载于《农业经济问题》2017 年第 3 期。

5.4.1 空间漂移交易的典型类型：基于不同利益主体介入的程度

空间漂移交易市场发育始于 2004 年国务院"鼓励农村建设用地整理，城镇建设用地增加要与农村建设用地减少相挂钩"[1] 的城乡建设用地增减挂钩政策指向和次年国土资源部根据推行的江苏、天津、山东、浙江、安徽五地城乡建设用地增减挂钩试点实践[2]。根据这一政策工具，成都和重庆两地依托全国统筹城乡综合配套改革试验区，探索出了可复制、可推广的城乡建设用地使用权空间交易的新模式。在各试点地方的示范效应下，试点范围外的其他地方积极尝试绕开政策约束，积极推行这一交易机制。体制内外的制度创新不断推动着城乡建设用地资源动态优化配置的制度变迁。尽管各地的实践操作模式特点各异，但其核心机制都是对低效闲置的农村建设用地（主要是宅基地）进行整理和复垦，增加耕地面积，进而将复垦整理增加的耕地数量等量折算成为新增建设用地指标，最终转化成为城市新增建设用地。

根据相关利益主体对这一市场的参与（或控制）程度及其空间漂移的范围，又具体分为政府主导城乡建设用地增减挂钩交易市场、农民主导新增建设用地指标交易市场、证券化地票交易市场等类型，实践中的模式形态和特征各异，根据其典型性和代表性，以及本书课题组在调研视域的范围之内，我们将之作如图 5－2 所示划分。

图 5－2 中，根据不同模式的增加挂钩机制的特点，基于土地资源要素配置的空间距离和空间交易市场化的程度，以"天津模式"为代表的宅基地换房增减挂钩机制和以"成都模式Ⅰ"为代表的指标挂钩机制，以地方政府为主导，市场化程度较低，而以"成都模式Ⅱ"和"重庆模式"以农民为主导，市场化程度较高。

---

① 《国务院关于深化改革严格土地管理的决定》，2004 年 10 月 21 日。
② 《关于规范城镇建设用地增加与农村建设用地建设相挂钩试点工作的意见》《城乡建设用地增减挂钩试点管理办法》明确定义，城乡建设用地增减挂钩政策是依据土地利用总体规划，将若干拟整理复垦为耕地的农村建设用地地块（即拆旧地块）和拟用于城镇建设的地块（即建新地块）等面积共同组成建新拆旧项目区（以下简称"项目区"），通过建新拆旧和土地整理复垦等措施，在保证项目区内各类土地面积平衡的基础上，最终实现增加耕地有效面积，提高耕地质量，节约集约利用建设用地，城乡用地布局更合理的目标。

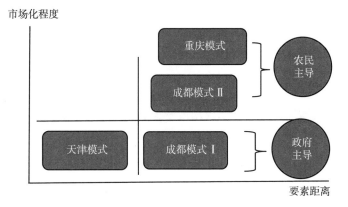

图 5 – 2   城乡建设用地增加挂钩典型模式

1. 政府主导城乡建设用地增减挂钩模式

政府主导城乡建设用地增减挂钩以"天津模式"和"成都模式 I"为典型代表。

天津模式以滨海新区国家综合改革配套试验区为依托，以国家首批城乡建设用地增减挂钩试点区为契机推行的政府主导型农村集体建设用地置换模式。这一模式以天津华明镇为首批试点镇试点以宅基地换房建设示范小城镇，试点成功后在天津全域推广，继而被其他城市所仿效。

成都模式 I 以四川郫县（现为成都郫都区）"指标挂钩"模式为代表，与宅基地换房、撤村并居等局限在"就地"置换不同，这一模式突破空间区位闲置，在增减挂钩项目区内，在政府的行政主导下进行"点对点"的"补新占旧"土地置换。

2. 农民（集体）主导城乡建设用地增减挂钩模式

农民（集体）主导城乡建设用地增减挂钩模式以"成都模式 II"和"重庆模式"为代表。

成都模式 II 的典型案例包括都江堰天马镇金陵村金陵花园项目、郫县古城镇指路村"五自模式"① 等。尽管其具体操作特点各不相同，但均是

---

① 该村按照"自我融资、自我整理、自我建设、自我开发、自我收益"的"五自"模式，进行土地综合整理、农民新居建设。

在成都"确权颁证、还权赋能"农地产权制度改革中，在农地确权基础上，充分发挥农民（集体）的自主意识和主体作用，以农民（集体）为宅基地换房和增减挂钩的土地整治项目实施主体。

重庆模式即地票交易，是对新增建设用地指标交易的升级版。地票即农村集体建设用地（包括宅基地、乡镇企业用地和农村其他公益性用地）复垦为农用地后用于建设的用地指标，是一种交易制度较为完善、突破远郊区与近郊区地理区位分割和空间限制、实物资产证券化和市场化程度较高的城乡建设用地地权交易模式，其交易主体以农村基层组织为供给主体，以土地储备机构和其他用地主体为需求主体。

5.4.2　空间漂移交易市场的定价机制：差异性

城市化进程加快引致了农村集体建设用地流转的加速，进而催生出以政府主导和以农民（集体）主导的农地使用权空间漂移交易机制。从资源配置角度审视，这些以城乡建设用地增减挂钩为政策工具的地权交易模式在一定程度上促进了城乡土地集约利用，但不同利益主导的交易模式的定价机制以及由此所引致的收益分配模式有着显著的差异性。

政府主导城乡建设用地增减挂钩的空间交易市场在一定程度上改变了传统城乡二元化的土地规划和利用模式，打破了土地征用市场上地方政府对被征地对象的单方面强制性、行政化"垄断低价"定价的机制，将政府作为一个相对独立的市场主体引入到市场中来，无论是"宅基地换房""撤村并居"，还是"指标挂钩"，其定价机制实质上是一种以政府为主导、政府与农民（集体）自愿协商的农村集体建设用地市场化定价方式，以之对农村集体建设用地土地资产进行评估，进而通过置换来实现农地资产价值。

然而，"宅基地换房"的核心是以什么样的置换标准来"置换"，"指标挂钩"的关键是以什么样的价格来"挂钩"。实际上，增减挂钩由当地政府组织，农民能否参与以及参与程度均取决于地方政府，缺乏足够话语权和定价权。在实践中，我们可以看到既有地方为确保试点成功，提高置换标准和补偿水平的；也有地方为节余更多建设用地指标，低估指标价值、变相降低置换标准或补偿价格，强制拆村并居和集中居住的赶农民

"上楼"等现象。

与之相比，农民（集体）主导城乡建设用地增减挂钩空间交易市场更强调农民（集体）和其他市场主体的作用，这一市场上，农村集体建设用地供给者和城市建设用地需求者等各类市场主体（农民、集体资产公司、集体经济组织、金融机构、各类用地需求者、土地储备机构）在交易中介结构（农村产权交易所或地票交易机构）围绕用地指标进行较为充分的市场化竞价、对价，进而实现城乡要素优化组合和城乡土地资源的优化配置。

在都江堰天马镇金陵村金陵花园项目、郫县古城镇指路村"五自模式"中，可以看到，农民（集体）是土地整治和增减挂钩的"第一行动集团"，同时担保公司、农商行、邮储行等金融机构也在融资担保中介入进来，地方政府退出项目实施主体，更多是以政策保障主体身份出现。节余建设用地出让通过农村产权交易所进行市场对价。

重庆地票交易模式以证券化而非实物化资产交易向市场化更进一步，地方政府制定统一的城建建设用地挂钩指标基准交易价格并实行最低保护价格，在此基础上，申让方持经过复垦、验收而产生的城乡建设用地挂钩指标凭证（地票）在农地交易所进行拍卖、其他市场主体公开竞购而形成市场对价。

综上所述，不难看出，无论政府主导或农民主导的城乡建设用地增减挂钩的空间交易市场价格形成机制，是决定城乡建设用地增减挂钩项目实施过程中各方利益分配格局的关键性机制。相较而言，农民（集体）主导城乡建设用地增减挂钩空间交易市场首先发生在农村土地产权制度改革的先行区，如成渝等地。这些地方对农地实施的"确权颁证"改革切实塑造了农民权利主体地位，以农民主体的宅基地换房和增减挂钩的土地整理过程中，更为市场化的定价机制确保了土地增值收益更多留在集体，一定程度上规避了政府主导增减挂钩中地方与农民利益的冲突。

5.4.3 空间漂移交易市场的核心利益机制：对剩余权利的分配

在城乡土地权利平等格局和城乡建设用地功能趋同的统一、开放、竞争、有序的市场体系尚未形成的前提下，作为对既有制度约束下城乡建设用地资源配置的边际创新，以城乡建设用地增减挂钩为政策导向的空间漂移交易市场并未从根本上改变农地非农化中收益分配问题的实质。

1. 空间漂移交易与征地：同态一体的制度性联结

表面上看，空间漂移交易与传统土地征收市场区别显著：在市场参与主体上，传统征地市场上的唯一需求主体是地方政府，供给主体则主要为城市近郊区农民（集体）；空间漂移交易市场的需求主体既包括地方土地储备中心，也包括各类市场用地者，供给主体则既包括城市规划区内的农民（集体），也包括规划区外的边远地区农民（集体）。在交易对象上，传统征地市场的交易对象主要是城市规划区内的近郊农村集体土地，包括农用地、集体建设用地和其他未利用土地；空间漂移交易市场的交易对象则包括了城市规划区内（外）的近郊和远郊农村集体建设用地（宅基地为主）。在交易机制或程序上，传统征地包括告知、确认、批准、登记、听证、补偿安置、实施等行政化程序；空间漂移交易程序则主要包括宅基地复垦、节余指标、指标交易、指标落地等环节。

进一步分析，空间漂移交易市场以城乡建设用地增加挂钩为政策工具，而这一政策工具的实质性意义在于赋予了地方政府以将增减挂钩配置的土地以"从低发展权配置的农用地转变为高发展权配置的建设用地的权利"。[①] 这一政策的逻辑起点虽始于农村集体建设用地（主要是宅基地整理节余出指标），但其最终的落脚点却终于城市新增建设用地（实质上是在国家下达建设用地指标之外的额外的征地指标）。在宅基地整理节余的新增建设用地指标无法直接转化为新增集体经营性建设用地指标的情况下，其新增建设用地指标的最终落地仍需通过征地转化为城市建设用地来完成。

无论是政府主导的"宅基地换房""撤村并居""集中居住"，还是农民（集体）主导的"指标挂钩""土地整治""地票交易"，其背后的政策依据皆是城乡建设用地增减挂钩政策，而城乡建设用地增减挂钩政策背后

---

① 宋志红：《中国农村土地制度改革演进：思路、难点与制度建设》，中国人民大学出版社 2017 年版，第 291 页。

的理论依据是土地发展权理论，实质是建设用地开发利用形态的转变。增减挂钩中产生的新增建设用地指标本质上是土地发展权——即从农村集体建设用地转变为城市建设用地，亦即同一块土地从低强度开发使用形态转变为高强度开发利用形态在农民与地方政府之间的重新分配和切割。

2. 空间漂移交易机制的产权解释：双重"隐性契约"的修正

（1）中央政府——地方政府不完全"隐性"契约Ⅰ的校准。

为保持"分税制"框架下中央与地方政治委托代理关系和治理结构合约的稳定性，央地双方选择通过重新分割城市国有土地产权、调整土地权利束组合以重订一份"隐性"激励合约。这一权利切割和重分在"征地为农用地转用建设用地唯一合法渠道"的制度约束下，地方政府由此具备了谋求土地出让预算外收入最大化、无限扩张征地数量与规模的行为取向，因征地引发对耕地红线和粮食安全问题与中央政府战略利益目标函数非一致性愈益显现。

空间漂移交易机制意味着央地双方在不改变既有权利束合约关系的前提下对这一契约进行了微调：中央一方面不断硬化耕地红线的硬约束，加大惩戒力度；另一方面又运用创新性政策工具引导地方的注意力转向农村存量闲置低效的宅基地资源，以期将城乡建设用地的增与减进行挂钩和平衡。从其理论根据上分析，实质是中央对农用地（耕地）部分使用权与处置权回收的同时对宅基地使用权和处置权的进一步下放，重新厘定和细化了各治理主体对不同类型农地的产权形态和权利边界，从而相应地规范和约束地方征地行为。

（2）地方政府——微观主体的不完全"隐性"契约Ⅱ的调整。

农地产权（所有权）的实现在模糊产权环境下是通过协商或谈判来确定的，结果剩余控制权必然落在谈判力较强的产权主体（地方政府）手里。[1] 农地非农化演化过程中始终贯彻着地方政府和农民（集体）两大利益主体间利益博弈这一主线，进而决定了其在土地市场上的利益结构和力

---

[1]　盖凯程、于平：《农地非农化制度的变迁逻辑：从征地到集体经营性建设用地入市》，载于《农业经济问题》2017年第3期。

量对比；反过来，这一利益结构和力量对比状况的变化也会改变土地市场上的利益结构和力量对比，进而产生利益调整的诉求。于是，在地方政府与辖区微观主体的不完全"隐性"契约Ⅱ中，除了传统征地模式下的被征地农民这一微观主体，又加入了新增建设用地指标供给主体（增减挂钩和土地整治项目实施主体，包括农民、集体或集体组织等）等新的微观主体变量进来。

这一契约修正背后的内在演变机制或决定性因素是中国农地产权制度的深刻演进和深度调整，以"确权颁证、还权赋能"为指向的农地产权制度深化改革不断厘清各利益主体的权利边界，压缩了农地产权的模糊空间，增强了农地产权的强度。反映在地方政府与被征地农民的不完全"隐性"契约中，农民谈判力的上升使得地方政府的征地成本越来越高[①]。反映在地方政府与增减挂钩中土地整理项目实施主体——农民的不完全"隐性"契约中，农民的议价能力越来越强，而地方政府的定价空间相应地则在不断压缩。正因为如此，我们看到，农村产权制度改革较为彻底的地方——如推行农地确权改革的成渝等地城乡建设用地增减挂钩的市场化程度就越高；反之则相反。

3. 空间漂移交易利益机制的实质：地方政府对剩余权利的获取

空间漂移交易机制本质上是在政府对农村集体建设用地特别是宅基地用途高度计划管制体制下对征地制度的一种变通。在"中央与地方""地方与微观主体"的不完全隐性契约中，尽管参与农地非农化资源配置的制度约束空间在不断调整，参与利益博弈的主体结构、数量及力量对比皆在不断变化，农民（集体）的参与度和谈判力不断上升，农地转用增值收益分配中的份额不断增加，但在农村新增建设用地指标须经征地方可落地的制度空间下，地方政府拥有一定主动权。

在增减挂钩和土地整治项目实施过程中，表面上看，项目区农民是主要的利益获取者，改善了居住条件，获得了财产性权益，复垦耕地也仍保

---

① 一方面，征地安置补偿费标准越来越高；另一方面，以土地发展权为内涵、以区片综合地价为定价参考的提升征地补偿标准的征地价格补偿机制也在不断推升征地成本。

留在集体。地方政府是利益受损者，往往需要为宅基地复垦、建设新居、修建基础设施垫付巨资。但事实上，地方政府对增减挂钩普遍持欢迎态度，并在这一过程中获取了因增减挂钩而创造出来的巨大财富。增减挂钩机制的本质是：减的是宅基地面积，增的是耕地面积，一增一减节余出来的指标转化为新增建设用地指标被地方政府获取并通过地方辖区异地征地（空间漂移）的方式最终将其转化为城市新增建设用地。

基于国家对城市建设年度用地指标的高度计划性管制，增减挂钩是绕开这一管制；增加建设用地指标供给的唯一合法途径，增减挂钩获取的新增建设用地指标越多，则地方政府获益越大。如此一来，"征地出让收益—征地成本＞增减挂钩项目拆旧建新的成本"就成为地方政府热衷于推动宅基地集约整理、扩大增减挂钩规模、获取更多新增指标的动力。

在政府主导的城乡建设用地增减挂钩中，模式中以成都模式Ⅰ为例，成都郫县第一个城乡增减挂钩项目区——唐元镇长林村通过复垦耕地，节约263亩新增建设用地指标向近郊区（郫县犀浦、友爱镇）"挂钩"出让，获地价款11亿元，其中，长林村农民获得0.55亿元（包含村庄整治、拆旧建新等费用），被征地两镇农民获征地补偿费0.8亿元；剩余9.65亿元，约60%为各级政府所得（税费形式）；剩余40%为郫县政府所得；农民所得只占总价款的12%①。

在市场主导的城乡建设用地增加挂钩中，尽管市场主体的多元化、交易机制的市场化以及农村产权交易所等交易平台的搭建等大大提升了农民的议价空间，增加了其在土地增值收益分配中的谈判能力，也在一定程度上压缩了地方政府获得土地增值剩余权利的空间。然而，农民作为增加挂钩项目实施主体的议价能力仅限于农村产权交易市场范围内，而对于土地增值收益的最终实现环节——新增指标通过征地落地转化为城市新增建设用地（部分）在国有土地一级市场上的出让则"鞭长莫及"。从土地发展权的角度看，实施土地整治的村组农民将被整理部分宅基地的发展权还原为强度更低的耕地发展权，而转化为新增建设用地的更高强度的发展权则转移给了地方政府手里。

---

① 周其仁：《城乡中国》，中信出版社2017年版，第350页。

5.4.4 传统农地非农化核心利益机制：地方政府行为逻辑和双重效应

1. 传统农地非农化进程中的地方政府：行为取向

地方政府各种经济行为相互联系，互为因果，统一于其自身利益最大化的谋取过程中，最终目标取向则都是为了促进地方经济增长（见图 5 - 3）。具体而言，土地收益为基础设施建设拓宽了融资渠道，改善城市基础设施环境则可以提升城市土地价值，从而利于获得更多土地收益；招商引资是地方政府基础设施投资决定的重要因素，从其最终目标取向来看，低地价招商引资与高地价出让土地并不矛盾，只是将土地出让金的一次性收入转化为更为长期的税收收入以更加持续地强化地方财政收支能力。此外，城市基础设施建设投资为城市地产和房产创造了巨大的利润升值空间，房地产业的繁荣反过来又强化了其土地创收行为，进而强化了其财政支出和投资能力。[①]

2. 传统农地非农化进程中的地方政府：双重效应

在经济转型和体制改革过程中，地方政府在农地非农化土地市场上扮演着产权主体、管理主体和市场主体等多重角色，这就决定了其不仅是中国经济转型期的一个特殊的行为主体，更是中国土地市场化进程中一个特殊的行为主体[②]：一方面，一个社会契约性质赋予地方政府以地方公共利益代理人身份；另一方面，基于中国政治治理结构调整的分税制又将其塑造成为一个相对独立的利益主体。这一行为主体的双重特征使其在农地非农化市场和城市国有土地一级市场上的行为效应往往表现出明显的双重性。

[①] 需要注意的是，由于土地市场的区域异质性，不同地域的土地资源配置在几种目标的实现中具有不同的比较优势。现实中，不同地域或层级的政府主体会采取相对不同的行为选择来实现自身利益的最大化。参见盖凯程、李俊丽：《中国城市土地市场化进程中的地方政府行为研究》，载于《财贸经济》2009 年第 6 期。

[②] 盖凯程、李俊丽：《中国城市土地市场化进程中的地方政府行为研究》，载于《财贸经济》2009 年第 6 期。

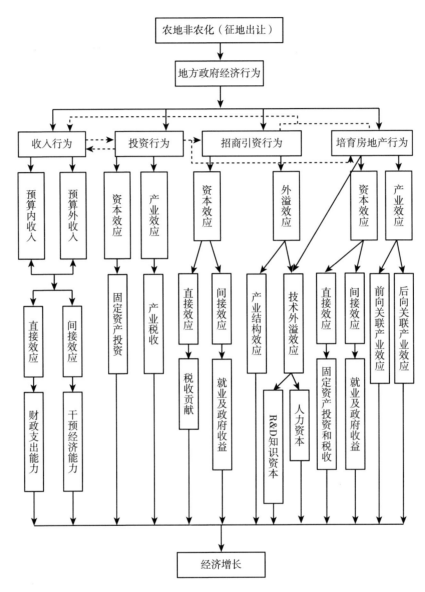

图 5 - 3　城市土地出让中地方政府经济行为、经济增长效应机制

一方面，其行为取向客观上起到了推动经济增长、改善基础设施、拓宽弥补财政短缺等积极作用。地方政府以土地财政强化自身收入支出能力并以之推动基础设施投资、招商引资和培育地方房地产业构成为推动地方数量型经济增长的重要因素，如图 5 - 4 所示，地方 GDP、基本投资、房地产投资、FDI 和土地出让金预算外收入各变量之间具有较高的拟合度。

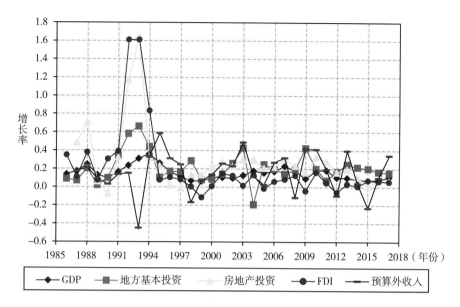

图 5 - 4   1985～2018 年中国各种经济参数变动趋势

资料来源：数据均摘自《中国统计年鉴》。由于《中国统计年鉴》在 2003 年后不再公布基本建设投资数据，2004～2017 年基本建设投资由《中国统计年鉴》中"电力、燃气及水的生产和供应业""交通运输、仓储和邮政业""电信和其他信息传输服务业""水利、环境和公共设施管理业"四项投资之和加总得来；由于《中国统计年鉴》在 2010 年后不再公布政府预算外收入，2011～2017 年地方政府预算外收入由地方政府性基金替代，并在 1995～2010 年地方政府预算外收入中加入了国有土地出让金收入。

另一方面，其行为选择又往往以宏观经济体非平稳运行、土地要素价格机制扭曲、土地资源浪费、累积金融风险、损失社会公平、加剧市场分割和社会发展不平衡为代价的。动态考察，可以发现地方土地财政与地方 GDP 增长之间"短期正相关、长期负相关"的非线性倒"U"型关系。为了验证这一点，笔者基于一个时间序列数据样本（1998～2017 年）[①] 分析地方政府土地财政与经济增长的关系。基于研究目的及假说，计量模型设定主要着眼于土地财政是否会对经济增长潜力造成影响。基本的计量模型设定如下：

$$pgdp_t = \beta_0 + \beta_1 landrely_{t-1} + \beta_2 (landrely_{t-1})^2 + \varphi X_t + \mu_t \qquad (5-1)$$

---

① 之所以选择以 1998 年为起点，原因有二：一是 1998 年《中华人民共和国土地管理法》对于其后中国土地市场的演绎路径和发展逻辑起着至关重要的作用；二是土地财政与中国房地产市场的发育具有高度的同频性，而中国房地产市场向纵深发展恰恰发轫于 1998 年前后。

其中，下标 t 表示年份；$pgdp_t$ 为经济增长率，即人均 GDP 增长率；$landrely$ 是地方土地财政规模①，同时以其平方项变量检验土地财政规模与经济增长之间极值拐点。X 为控制变量，根据相关经验研究的成果主要包括：全要素增长率（$tfpr$）、基建投资增长率（$insfrastructurer$）、地方财政支出占 GDP 比重（$governmentratio$）、房地产投资/GDP（$estateratio$）、第三产业产值占 GDP 比重（$thirdratio$）、FDI/GDP（$fdiratio$）、城镇化水平（$urbanratio$）；μ_t 为随机误差项。实证结果如表 5 - 1 所示。

表 5 - 1　　　　　　　　数量型经济增长模型结果估计

自变量	模型 1	模型 2	模型 3	模型 4	模型 5
$landrely_{t-1}$	0.412 ** (2.45)	0.378 ** (2.53)	0.459 *** (4.00)	0.433 *** (4.04)	0.470 *** (3.32)
$landrely_{t-1}^2$	- 0.747 * (- 2.01)	- 0.689 * (- 2.08)	- 0.564 ** (- 2.22)	- 0.551 ** (- 2.33)	- 0.597 * (- 1.89)
$tfpr$	1.159 *** (5.92)	1.181 *** (6.54)	1.216 *** (9.00)	1.238 *** (9.83)	1.204 *** (7.96)
$governmentratio$	- 0.447 ** (- 2.76)		0.425 (1.46)	0.320 (1.16)	0.490 (1.36)
$insfrastructurer$	- 0.0785 ** (- 2.58)	- 0.148 *** (- 3.35)	- 0.0925 *** (- 4.46)	- 0.134 *** (- 4.27)	- 0.0966 *** (- 3.91)
$governmentratio^2$		- 1.028 ** (- 2.96)			
$insfrastructurer^2$		0.230 * (1.98)		0.144 (1.67)	
$estateratio$			- 1.718 *** (- 4.21)	- 1.508 *** (- 3.78)	- 1.676 *** (- 3.54)
$fdiratio$			- 1.956 * (- 2.17)	- 1.776 * (- 2.10)	- 2.202 * (- 1.88)
$thirdratio$					0.00505 (0.16)
$urbanratio$					- 0.0817 (- 0.43)
$\_cons$	0.127 *** (4.96)	0.0864 *** (7.09)	0.143 ** (2.41)	0.145 ** (2.64)	0.167 * (1.94)
曲线关系	倒 U 型	倒 U 型	倒 U 型	倒 U 型	倒 U 型
拐点或门限值	0.276	0.274	0.407	0.393	0.394
N	19	19	19	19	19

注：* $p < 0.10$，** $p < 0.05$，*** $p < 0.01$。

---

① 用土地出让收入与地方财政总收入的比值表示。

从回归结果来看，土地财政的一次项显著为正，二次项显著为负。表明地方经济增长速度先是随着土地财政规模增长而同向增长，后随着土地财政规模进一步扩大而减速，土地财政对经济增长的作用机理呈现出"先促进、后制约"的倒"U"型性状。1998～2008 年我国土地出让收入在地方政府财政总收入中的占比平均只有 18.1%，远低于 27.4% 的门限值，其间土地财政对我国经济总量增长具有显著的促进作用；但从 2009 年起，我国土地出让收入在地方政府财政总收入中的占比迅速攀升并超过拐点，土地财政对经济增长的制约效应开始显现。但随着传导变量的添加，土地财政的拐点值出现波动，其中加入外商直接投资与房地产投资两个变量后，拐点值增大，说明其造成土地财政对经济增长的制约效果延迟显现，发生明显的时间滞后。

5.5 结论

中国土地市场化改革实质上内生于中国经济体制转型的大逻辑中。在现行土地产权制度空间和土地政策约束下，地方政府成为中国土地市场化进程中的一个内生性构成要素，对土地要素资源的配置方式、效率和特征发挥着关键性影响。

我国城乡建设用地市场二元结构和模糊的产权制度环境塑造了非均衡的土地利益分配机制。在征地出让过程中地方政府获得了绝大部分农地非农化的增值收益和极差地租。土地权益的错配导致土地交易中权力（租金）代替了权利（租金），增加了市场交易成本，耗散了土地资源利用的潜在租金，潜伏了效率与公平的双重损失①。

经过理论与现实两个层面的比照，发现地方政府的行为取向其实是在现行农地非农化制度框架下的一种自我适应性调整和理性反应，但在土地要素市场发育尚未成熟的条件下，其行为选择的理性必然"异化"为行为

---

① 盖凯程、于平：《农地非农化制度的变迁逻辑：从征地到集体经营性建设用地入市》，载于《农业经济问题》2017 年第 3 期。

结果的非理性，这与其在农地非农化市场和城市国有一级市场上特殊的地位与身份有着直接的关系，地方政府有足够的能力对地方土地资源进行符合自身效用最大化的配置。下一步的改革中，着眼点在于通过土地产权制度和相关体制机制的完善，矫正其在土地市场上的身份地位，发挥其正面效应，抑制其负面效应，通过合理的激励机制设计将其适应性调整策略有效纳入从增长导向向全面协调可持续发展导向转换的轨道上来①。

---

① 盖凯程、李俊丽：《中国城市土地市场化进程中的地方政府行为研究》，载于《财贸经济》2009 年第 6 期。

第 *6* 章

农地非农化制度变迁：
剩余控制权转移与利益关系重构

新时期农村土地制度改革的核心要义是通过制度调整与优化来改革土地增值收益分配模式和分配机制，重塑土地利益关系。在二元架构和非对称的土地权利制度框架内作为生产力主体的农民（集体）能否真正获得土地（承包地、宅基地和其他集体建设用地）财产权利，并在农民这一层面上真正实现土地产权剩余控制和土地价值剩余索取权的统一，是未来农村土地制度改革的聚力点。①

6.1 集体经营性建设用地入市的动力机制：制度变迁的视角

6.1.1 制度变迁：动力、过程与模型

诺斯认为，制度之于社会的作用，在于人们通过建立一个互动的稳定结构——尽管这一结构并非总是有效的——来降低不确定性。这一稳定性无法改变制度处于动态性变迁这一历史事实。从历史的维度观察，制度变

---

① 盖凯程、于平：《农地非农化制度的变迁逻辑：从征地到集体经营性建设用地入市》，载于《农业经济问题》2017 年第 3 期。

迁速率快且频繁；从现实的维度观察，制度的边际创新则又是缓慢的，呈现渐进而又连续的特征。在制度创新的"诺斯模型"里，作为"一系列用来确定生产、交换与分配基础的政治制度与法律规则"①，制度安排——支配经济单位之间可能合作与竞争的方式的变化则意味着制度的创新。

制度创新的内生动力来自外部条件（包括市场环境、技术条件等）改变引致了新的潜在利润的出现，在制度创新的预期收益高于预期成本（制度变革的机会成本或损失、润滑制度变革摩擦的阻力成本或违法成本、组织实施成本等）的经济利益驱动下"第一行动集团'继而'第二行动集团"为追求贴现的潜在利润而进行的外部利润内部化的努力，进而推动既有的制度结构和产权结构发生改变的过程。在这一过程中，经济活动中的相关利益主体（个人、团体和政府等）为追逐潜在利润，力图在制度创新过程中降低摩擦成本或实施成本，在微观层面上通过重构不同主体的权责利以及相应拓展或压缩其行为空间，有效激励或约束主体行为；在宏观层面上以期获得最大化的政治、经济和社会效益，降低社会利益冲突。

制度的创新是一个"均衡—非均衡—均衡"的行为均衡的动态过程，制度均衡意味着既有制度结构下人们已经俘获要素资源所有潜在利润的全部增量，或者捕捉新的潜在利润的成本过高限制了改变现状的动力。但是在经济社会体制演进过程中，随着外部条件的改革、交易费用的降低、外部性内部化、新技术应用及其规模报酬等引致的新的"潜在利润"的出现，会对既有制度结构产生压力，导致制度非均衡状态的出现，继而产生"帕累托改进"的制度创新空间，成为制度变迁的诱致性因素。

制度变迁本质上是一个效率更高的制度对旧有制度的替代、转换或交易过程，具体而言，是在制度供给与需求非均衡或不匹配的状态下，利益主体为追求潜在获利机会而推动的制度创新和新旧制度自发交替过程。从制度创新的主体、诱因和特征来看，可将之划分为强制性制度变迁和诱致性制度变迁两种类型（林毅夫，1991）。诱致性制度变迁来自基层主体自下而上的边界创新和增量调整行为，主要动力来自微观经济主体对潜力利

---

① 科斯等：《财产权利与制度变迁：产权学派与新制度学派译文集》，上海三联书店1991年版，第379~380页。

润的捕获。强制性制度变迁是以政府为变迁主体通过法律法规政策实施的自上而下的制度结构优化调整，其动力来自国家对社会宏观整体利益和长期收益最大化的追求。在分税制改革中，地方政府作为一个逐渐分化出来的利益主体，具备了凭借其掌控的要素资源去推动现有制度框架可容纳的地方经济增长以获取最大化垄断租金的动机和行为能力，由此而成为一个特殊的制度变迁主体，成为沟通权利中心设置的制度供给意愿与微观主体的制度创新需求的中间环节，从而形成了一种区别于供给主导型与需求诱致性制度变迁方式的中间扩散型制度变迁方式①。

6.1.2 集体经营性建设用地隐形流转：需求诱致性制度变迁

改革开放之初，我国农村土地制度的变迁主要是一种"自上而下"的供给主导型制度变迁方式，亦即强制性制度变迁。尽管家庭联产承包责任制带有典型的自下而上的诱致性制度变迁特征，但总体而言，改革之初的微观主体财产权利特征并不显著，微观主体的制度创新需求尽管强烈，但须获得权力中心的特许方可变为现实，面临着较高的进入壁垒。随着改革的深入，特别是企业、农户等微观财产权利主体的形成，"群众首创"的需求诱致性制度变迁方式逐渐成为推动农村土地制度改革与创新的一种强有力的方式，其中的一个典型表现就是农地非农化进程中绕开正式制度安排的农村集体土地隐形流转市场。

改革开放之后相当长一段时期内，政府主导的农地非农化的正式制度安排只有"凡变为城市建设用地须经过征用转为国有制"这一种制度设计，与之相配套的是，国家对农村集体建设用地的流转采取严格限制的政策，严控集体建设用地使用权自发流转于非农业建设特别是房地产开发以及"以租代征"等非法行为。20 世纪 90 年代中期乡镇企业改制潮及部分乡镇企业逐步退出历史舞台使农村集体经营性建设用地使用权流转问题逐渐凸显出来，除了破产、兼并或抵押后闲置的乡镇企业所涉及的集体建设

---

① 杨瑞龙：《我国制度变迁方式转换的三阶段论——兼论地方政府的制度创新行为》，载于《经济研究》1998 年第 1 期。

用地使用权可依法依规转移（流转）外，其他皆受到严格限制。但城市化逐渐显化了农村集体土地巨大的潜在资产价值，在追逐巨大潜在利益的诱惑下，农民（集体）自发绕开现有法律规定，推动集体经营性建设用地等以隐形或半隐形方式纷纷进入集体建设用地流转市场，集体土地非法用于工矿仓储用途屡见不鲜，集体土地上建商品房（小产权房）遍地开花，更涌现出了如北京郑各庄、成都蛟龙港、温州龙港等在农村集体土地上建城市的整体就地城市化等模式，流转主体、形式、用途各具特色，催育出了一个庞大的农村集体建设用地隐形流转市场，农村集体建设用地流转的实践将既有农地制度管理框架和法律约束远远地抛诸身后，这是一种典型的需求诱致性制度变迁方式。

6.1.3 集体经营性建设用地整体合法入市：强制性制度变迁和诱致性制度变迁的兼容

传统农地非农化的治理结构符合国家正式法律安排的只有一种，即通过国家征用农民集体土地。农村集体经营性建设用地合法入市——通俗地说，"就是不征收了"（陈锡文，2014）的实质性意义在于在政治决策和法律规范层面上突破了凡变为城市建设用地须转为国有制的制度设计，为打破传统农地非农化利益分配格局、形成市场化农地转用机制准备了条件，是一种典型的制度创新。[1]

如前所述，中国农地制度变迁始终都围绕着对外部利润的激烈争夺而展开[2]。制度创新的诱因是基于外部利润的存在。市场环境的变化（市场规模、技术条件、要素相对价格等）引致了传统制度环境下当事人无法获取的外部利润（潜在利润），进而诱致经济当事人实施制度创新以使外部利润内部化的努力[3]。城市化加速凸显了集体建设用地的巨大增值空间，

---

[1] 盖凯程、于平：《农地非农化制度的变迁逻辑：从征地到集体经营性建设用地入市》，载于《农业经济问题》2017年第3期。

[2] 钱忠好、牟燕：《中国土地市场化改革：制度变迁及其特征分析》，载于《农业经济问题》2013年第5期。

[3] 科斯等：《财产权利与制度变迁——产权学派与新制度学派译文集》，上海人民出版社2002年版，第282页。

被土地权利意识迅速唤醒的农民（集体）追求将这一潜在利润显性化的动机成为推动集体建设用地直接入市的原动力。农民（集体）基于追求潜在的制度创新净收益而成为第一行动集团，当预期收益大于预期成本时，就会在正式制度之上进行规避征地侵害、获取潜在利润的边际创新（Davis & North，1979）。绕开正式制度安排推动集体建设用地直接入市交易成为其最优选择，具有典型的诱致性特征。①

起初，这一自下而上的需求诱致性制度变迁遇到了自上而下的供给主导的强制性制度安排的进入壁垒，局部的制度创新与既有整体制度安排产生了冲突和摩擦，国家对这一制度创新也缺乏足够的制度供给意愿，表现为以频频出台的城乡土地管理政策限制和约束集体建设用地流转。究其根由，其时国家的制度供给成本收益函数里，耕地红线约束、农地非农化次序、土地市场秩序及以征地维持传统增长模式等因允纳集体建设用地直接入市冲击产生的整体成本远高于其带来的局部收益。政府垄断建设用地市场的农地非农化制度成为传统发展模式下之于政府利益最大化的最优制度安排。

但是，经济社会环境的深刻变化、农村集体土地隐形流转蔓延、传统农地非农化机制与经济发展方式转变的非兼容特征等不断改变着国家的制度供给成本收益函数，在预期效益（既包括经济效益，也包含社会效益；既包括显性效益，也包括隐性效益）和预期成本（传统征地制度供给衍生的经济社会风险和成本不断上升）的对比关系发生改变的情况下，国家开始积极介入和主动推动集体建设用地制度流转。自下而上的需求诱致性制度变迁最终得到了自上而下的供给主导的强制性制度变迁的回应。

中央政府（第二行动集团）② 力图将农村集体建设用地自发入市行为纳入正规制度创新范畴：一是通过允许合法的地方试点或成立试验区③试

---

① 盖凯程、于平：《农地非农化制度的变迁逻辑：从征地到集体经营性建设用地入市》，载于《农业经济问题》2017 年第 3 期。

② 中央政府作为制度供给方推动集体建设用地入市，预期成本包括：非法改变农地用途风险、土地市场失序风险、地方债务及金融风险等；预期收益包括：非农建设用地资源高效配置、农村经济长期发展、宏观经济增长、促进社会公平等经济社会效益。

③ 如 2000 年前后，国土资源部先后在芜湖、苏州、湖州、南海、顺德等地推动集体建设用地流转试点；2007 年国家批准设立成渝"统筹城乡综合配套改革试验区"。

错以测算新制度的运行成本和收益；二是通过立法提供正式制度供给，以降低交易成本，将制度创新的外部利润内部化。[①] 具体实践中，又划分为三个阶段：一是局部试点阶段。从 20 世纪 90 年代广东南海、江苏苏州和安徽芜湖集体建设用地流转试点开始，试点范围不断扩大，其他省市相继跟进，形成了各具特色的集体建设用地试点流转实践模式（见表 6 - 1）。二是全域试点阶段。2015 年 1 月国家出台"三块地"改革试点工作意见，在前期 15 个集体经营性建设用地试点实践基础上，进一步拓围增量，选取的北京大兴等 33 个试点县市区，涵盖了全国 31 个省、自治区、直辖市，带有典型的全域试点特征，充分考虑了区域异质性等因素。三是经过近 5 年的封闭试点，2019 年修订的《中华人民共和国土地管理法》最终正式明确了农村集体经营性建设用地合法入市的法律依据、程序、范围和形式，并于 2020 年在全国范围正式实施。集体经营性建设用地入市已然成为一种全国性的新的正式制度安排。

表 6 - 1　　　　　部分省市区集体建设用地入市地方实践试点

政策文件	对象范围	相关规定
《苏州市农村集体存量建设用地使用权流转管理暂行办法》（1996 年）	城市规划区外集体建设土地	除宅基地外的农村集体建设用地使用权可有偿、有限期转让、折价入股、交换、出租等方式流转
《芜湖市农民集体所有建设用地使用权流转管理办法（试行）》（2000 年）	行政区域试点乡镇集镇范围内的建设用地	集镇范围内的建设用地可在不改变集体所有权性质下办理集体土地使用手续；乡镇政府统一开发，以招标拍卖方式提供集体建设用地使用权
《安徽省集体建设用地有偿使用和使用权流转试行办法》（2002 年）	试点乡镇	集体建设用地使用权可以转让、抵押、出租，宅基地使用权可以流转
《广东省集体建设用地使用权流转管理办法》（2005 年）	全域	集体建设用地使用权可以出让、出租、转让、转租、抵押等；宅基地使用权可随地上附着物转让、出租和抵押

① 盖凯程、于平：《农地非农化制度的变迁逻辑：从征地到集体经营性建设用地入市》，载于《农业经济问题》2017 年第 3 期。

政策文件	对象范围	相关规定
《宿迁市农村集体建设用地使用权流转管理办法（试行）》（2006 年）	中心城市规划区以外的集体建设用地使用权流转	出让、出租、抵押集体建设用地使用权，必须经本集体经济组织村民会议三分之二以上成员或者三分之二以上村民代表的同意。通过出让、转让和出租等流转方式取得的集体建设用地使用权在使用年限内可以转让、出租、抵押或用于其他合法的经济活动，但不得用于房地产开发建设和住宅建设
《湖北省农民集体所有建设用地使用权流转管理试行办法》（2006 年）	全域	集体建设用地使用权可以出让、出租、转让、转租和抵押
《湖南省集体建设用地管理暂行办法》（2008 年）		集体建设用地可以出让、出租、入股等

资料来源：根据各地集体建设用地管理办法整理而得。

纵观农村集体经营性建设用地入市的制度创新和演进路径，遵循着先诱导后强制、先需求后供给、先地方后中央、先局部后整体、先试点后推广的渐进性演进路径。既有制度的低效率和非均衡性，以及经济社会深度转型引致的潜在获利机会使集体经营性建设用地入市的初始阶段的制度创新具有典型的诱致性制度创新特征，继而自下而上的局部性制度创新与自上而下的整体性制度安排的内在矛盾和张力使各行动集团寻求更为基础性、兼容性、全局性的集体建设用地流转制度安排。政府主导的强制性制度创新（如对试点流转的程序、范围、形式等的规范）因素逐渐融入其中并逐渐取代诱致性制度创新成为主导，两种制度创新共同推动农村集体建设用地流转制度从非均衡走向新的均衡，实现了新的制度安排，形成了新的制度结构。

6.1.4 集体经营性建设用地而非全部集体建设用地整体入市：制度变迁的局部均衡

农村集体经营性建设用地合法入市并不意味着农地市场性流转这一整体制度变迁过程已经完成，由于农村集体经营性建设用地市场性流转而达成的新的制度均衡只是一种局部均衡而非整体均衡。广义地看，农村集体建设用地既包括经营性建设用地，也包括公益性建设用地，还包括体量巨大的宅基地①。农村集体经营性建设用地在全国范围内合法入市，仍面临着土地有效供给不足的制约。体量规模有限的集体经营性建设用地入市为体量规模更大的农村集体建设用地（特别是宅基地）入市发挥了制度创新"探路"作用。实践中，农村集体建设用地流转中也仍然存在将闲置宅基地和废弃集体公益性建设用地整理、转化为集体经营性建设用地入市的巨大渴求。②但是，从供给侧的制度创新维度看，国家对此持较为审慎的态度，这一集体经营性建设用地入市外延的扩展仍受到严格的约束和进入壁垒。③

制度变迁本质上是一个利益重构的过程，相关利益主体间的力量比对及其利益耦合度决定了制度创新的基本维度。在集体建设用地增值收益的争夺中，不同利益主体根据制度创新的预期成本收益选择符合自身利益的行动方案，推动着农地非农化模式的渐进变迁。改革的决策过程，"其实是社会中各种互相冲突的力量互相抗衡和妥协的过程"④。"农村集体经营性建设用地合法入市"作为一个新的有效制度形成的缔约过程，本质上是各个利益主体（中央、地方、农民集体与个体）围绕着潜在利润进行反复利益博弈进而达成的新的利益均衡和行动选择集。将农村集体建设用地合法入市范围仅仅限定为农村集体经营性建设用地而非全部（包括宅基地）

---

① 从体量和规模上看，集体经营性建设土地只是农村集体建设用地的一小部分。2019 年 9 月 27 日，农业农村部部长韩长赋在国新办发布会上给出一个测算数据，全国农村集体经营性建设用地有 4200 多万亩。截至 2014 年，全国农村集体建设用地面积约为 3 亿亩，集体经营性建设用地仅占 10% 多一点，且从区位上看，真正能够入市的集体经营性建设用地主要集中在少数发达地区，中西部面临着无地可供的局面。

② 宋志红：《集体经营性建设用地入市改革的三个难点》，载于《行政管理改革》2015 年第 5 期。

③ 2019 年 5 月《中共中央 国务院关于建立健全城乡融合发展体制机制和政策体系的意见》明确了宅基地进一步"放活"、集体经营性建设用地入市"扩量"。允许村集体在农民自愿前提下，依法把有偿收回的闲置宅基地、废弃的集体公益性建设用地转变为集体经营性建设用地入市。但在 2019 年 9 月，中农办和农业农村部下发《关于进一步加强农村宅基地管理的通知》，进一步严格约束了借流转之名违法违规圈占、买卖宅基地。强调不得以各种名义违背农民意愿强制流转宅基地和强迫农民"上楼"，不得违法收回农户合法取得的宅基地，不得以退出宅基地作为农民进城落户的条件。

④ 盛洪：《关于中国市场化改革的过渡过程的研究》，载于《经济研究》1996 年第 1 期。

则是对土地发展权市场交换域和政治权力域混合域博弈参数调整的结果，是一个嵌入了政治过程变量①（稳定与发展、效率与公平、利益与风险）的强制性和诱致性制度变迁妥协兼容的结果。②

在国家的制度供给成本收益函数视域里，作为农村集体建设用地的主体部分，农村宅基地使用权流转的制度创新程度取决于其"二维功能"（生产要素功能、社会保障功能）与经济社会发展水平的耦合度及其所产生的预期收益与预期成本的匹配度。在计划经济时期，"居者有其屋"的理念使农村宅基地的社会保障功能成为制度设计的最重要考量，宅基地的生产要素功能被严格拒斥于制度设计的范畴之外。市场化改革激活了宅基地内生的生产要素功能，农村宅基地的生产要素功能与社会保障功能的内在矛盾开始显现。特别是城市化快速推进不断释放城市土地价值、激活农村土地资源价值，随着农民进城步伐的加快，农村宅基地低效闲置浪费问题日益突出，宅基地财产价值的实现迫切需要将其作为一种生产性要素参与市场化配置之中。但在目前经济社会生产力发展水平尚不足以支撑构建城乡一体社会保障体系"保护网"，以及避免陷入发展中国家城市化进程中的"贫民窟陷阱"等约束条件下，农村宅基地的社会保障功能仍是制约其生产要素功能释放的一个主要解释变量，微观主体和中央政府围绕农村宅基地财产功能与社保功能的不同偏好及趋向使得宅基地使用制度的变迁将是一个长期而曲折的复杂动态博弈过程。

围绕宅基地"二维功能"的博弈也投射在国家对宅基地制度创新的设计上。当下农地宅基地"三权分置"改革意图通过"保障宅基地农户资格权"和"放活宅基地使用权"来兼顾宅基地的社会保障功能及生产要素功能，事实上是意图在不改变权利总量的前提下期望通过权利细分来达到兼

---

① 对集体建设用地入市，学界主流研究路径是基于诱致性制度变迁范式，研究结论是主张集体建设用地整体入市。但是，诱致性制度变迁理论的局限性在于它忽略了决定制度变迁的政治过程。纯粹考察资源配置效率，允许集体建设用地特别是规模庞大的宅基地整体入市而非规模较小的集体经营性建设用地入市显然更宜于社会整体效率的提高，但由于决定制度变迁的行为主体之间存在明显的利益冲突，须将社会风险考虑在内，因此，帕累托式的社会结果未必能自然地产生。参见姚洋：《中国农地制度：一个分析框架》，载于《中国社会科学》2000 年第 2 期。
② 盖凯程、于平：《农地非农化制度的变迁逻辑：从征地到集体经营性建设用地入市》，载于《农业经济问题》2017 年第 3 期。

顾二者的目的①。从法律层面上的正式制度供给来看，宅基地使用权的"体内流转"被允纳，而"体外流转"仍被严格限制；从政策层面上的边际创新制度供给来看，既要继续完善一户一宅制度，同时又允许进城农民自愿有偿退出宅基地。未来可预期的是，一方面，农民（集体）作为"第一行动集团"在集体经营性建设用地入市的巨大收益效应诱惑下会主动推动经营性建设用地外延和范围的拓展，即不断地将宅基地整理转化为经营性建设用地入市，进而推动宅基地使用制度的变迁；另一方面，制度供给方在严格限制宅基地非法入市的同时，通过渐进地将闲置、废弃宅基地（包括部分公益性建设用地）依法依规"扩量"和转化为增量集体经营性建设用地，然后推动其有序入市流转，最终实现进城农民在城镇生活有保障基础上、基于土地财产价值实现的自愿退出。由此，从农村集体经营性建设用地入市向农村集体建设用地入市，制度创新的局部均衡方有可能最终扩散为整体均衡。

6.2 农地非农化制度变迁的核心逻辑："剩余控制权"的转移

6.2.1 集体经营性建设用地入市：农地产权体系的重构

产权界定是一个明确产权主体及其拥有的财产权利范围的过程和结果状态，实质是以社会契约形式对微观经济主体财产权利的确认和保护。中国农地产权制度变革的深刻含义在于通过谨慎而连续的试错试验以期探寻一种更有效率的产权制度安排，构建起国家、集体、农民之间的平等的产权关系，在农民集体和集体农民之间合理地分割和有效界定农村集体土地（包括农用地、集体经营性建设用地、宅基地等）的占有、使用、收益、处分权在内的各项实际财产权利，从而塑造公有制度前提下的市场经济微观财产权利主体，以之构筑和夯实社会主义市场经济的微观经济基础。

构成土地产权完整权利束的占有、使用、收益、处分权在各利益主体间的调整和分配历来都是中国农地产权制度改革的核心主线。农村集体建设用地的产权权能随着乡镇企业的兴起而拓展，随着征地制度的推行而收缩，特别是1998年《中华人民共和国土地管理法》关于"农村集体所有的土地的使用权不得出让、转让或者出租用于非农业建设"在制度设计上大大收缩了农村集体经营性建设用地使用权的流转空间。2004年土地作为"地根"成为国家宏观调控工具箱的工具，以及农用地转为集体建设用地的年度指令性计划管理则进一步收缩了农用地转化为集体经营性建设用地的空间，集体新增经营性建设用地的依法取得几无可能。从其土地产权的权能来看，农村集体经营性建设用地近乎"集体所有、集体使用"[1]的特征使其使用权权能不仅远低于国有城市建设用地的使用权权能，也低于农村承包地经营权的权能。

党的十八届三中全会将集体经营性建设用地使用权纳入直接入市交易范畴，农村集体建设用地的产权形态开始朝着与国有土地"同地、同价、同权"的方向演绎。与前一阶段相比，这一阶段集体经营性建设用地入市的政策取向特征表现为：一是充分"赋权赋能"，集体经营性建设用地可以出让、租赁、入股，集体经营性建设用地使用权及其地上建筑物所有权房地一体、分割转让，获得了与国有土地同等入市、同权同价的完整权能；二是集体经营性建设用地入市范围从"圈外"扩大至"圈内"，城市建设规划区内的集体经营性建设用地也可以直接入市，且既可以就地入市，还可以通过使用权空间漂移异地调整入市。这就意味着集体经营性建设用地的产权形态逐渐突破了"集体所有、集体使用"的束缚，按照"落实所有权、拓展使用权"的两权分离的改革思路对其产权体系进行权能的充分切割和结构的重新划分。

就其占有权能而言，农村集体经济组织作为农村集体经营性建设用地的所有权人，既有权力依法出让或出租集体经营性建设用地的使用权，

---

① 1998年《土地管理法》第六十条规定："农村集体经济组织可与其他单位、个人以土地使用权入股、联营等形式共同举办企业外，集体建设用地使用权不得出让、转让、出租和抵押。"几乎就是"集体所有、集体使用"。参见叶兴庆：《农村集体产权权利分割问题研究》，中国金融出版社2016年版，第49页。

又有权力解除土地使用权出让合同的权利，还有权力在出让后集体经营性建设用地使用权到期灭消的基础上依法依规收回集体经营性土地使用权①。对于受让方主体而言，则有对取得的集体经营性建设用地进行依法占有、使用、收益和部分处置的权利。例如，依法再次流转集体经营性建设用地使用权。就其使用权能而言，集体经营性建设用地的出让方主体、受让方主体、继次出受让主体等所有权和使用权人皆可以被赋予在符合国家土地用途管制和总体规划前提下通过工矿仓储商服业等经营性用途挖掘集体经营性土地使用价值的权利，从而获取经营性收入。就其收益权能而言，所有权在土地增值收益分配中的地位得到极大彰显，建立兼顾国家、集体和个人三方利益的土地增值收益分配机制，有利于消解以往以政府利益导向的利益机制弊端，有利于矫正农村集体建设用地隐性非法流转的利益机制扭曲。就其处置权能而言，仿制国有建设用地的处分权利体系，农村集体经营性建设用地所有权人既可以通过入股联营方式，也可以通过出让、出租、抵押等方式对其使用权进行合宜处置，农地转让权权能充分完整。集体经营性建设用地使用权人还可以对依法获得出让的集体土地进行二次处置，包括转让、转租、抵押、互换、出资、赠与等（见表6-2）。

表6-2　　　　　　　农村集体经营性建设用地产权体系切割

项目	所有权	初次使用权		继次使用权	
		出让	出租	转让	转租
占有	流转合同期满依法依规依约无偿收回土地使用权	出让最高年限参照同类用途的国有建设用地出让标准执行，排他性支配权	出租最高年限参照同类用途国有建设用地出租标准执行，排他性支配权	参照同类用途的国有建设用地转让标准执行，但应剔除初次出让已占用年限的排他性支配权	参照同类用途国有建设用地标准执行，但应剔除初次出租已占用年限的排他性支配权

---

① 2019年《土地管理法》第六十六条规定，有下列情形之一的，农村集体经济组织报经原批准用地的人民政府批准，可以收回土地使用权：（一）为乡（镇）村公共设施和公益事业建设，需要使用土地的；（二）不按照批准的用途使用土地的；（三）因撤销、迁移等原因而停止使用土地的。依照前款第（一）项规定收回农民集体所有的土地的，对土地使用权人应当给予适当补偿。

续表

项目	所有权	初次使用权		继次使用权	
		出让	出租	转让	转租
使用	集体经济组织用于工矿仓储、商服等经营性用途，禁止用于商业性房地产开发	符合土地利用总体规划和城乡规划的工矿仓储、商服等经营性用途，禁止商业性房地产开发	符合土地利用总体规划和城乡规划的工矿仓储、商服等经营性用途，禁止商业性房地产开发	符合土地利用总体规划和城乡规划的工矿仓储、商服等经营性用途，禁止商业性房地产开发	符合土地利用总体规划和城乡规划的工矿仓储、商服等经营性用途，禁止商业性房地产开发
收益	市场经营性收益，如出让金、租金、分红等收入	市场经营性收益，包括出让金、租金、分红等收入	市场性经营收益	市场性经营收益	市场性经营收益
处分	本集体经济组织成员村民会议 2/3 以上成员或 2/3 以上村民代表的同意方可出让、出租集体经营性建设用地	出让、出租等方式交由单位或者个人使用。签订书面合同，载明土地界址、面积、动工期限、使用期限、土地用途、规划条件和双方其他权利义务	不得流转	可再次转让、互换、出资、赠与或者抵押。但法律法规另有规定或者土地所有权人、土地使用权人签订的书面合同另有约定者除外	不得流转

资料来源：《中华人民共和国土地管理法》（2019 年）。

6.2.2 从征地到集体经营性建设用地入市："剩余控制权"的转移

农地非农化模式变迁中，农地产权主体能在多大程度上分享农地非农化引致的契约未能明确的增值盈余（剩余索取），是由农地实际最终控制权的制度安排决定。在模糊农地产权的"剩余权利"中，"剩余控制权"——特别是农地使用权的可转让或授使他人行使的权利——起着更为关键的作用。理论上，界定清晰的剩余控制权（转让权）决定了剩余索取权（收益权）的清晰界定，反之则不一定。

纵观农村集体建设用地入市的政策演进脉络，从 1998 年《土地管理法》严禁农村集体建设用地"出让、转让或者出租用于非农业建设"，到2004 年国务院《关于深化改革严格土地管理的决定》"在符合规划的前提下，村庄、集镇和建制镇重大农民集体所有建设用地的使用权可以依法流转"；从党的十七届三中全会"集体（建设）土地和国有土地同地、同价、同权"，再到党的十八届三中全会"在符合规划和用途管制前提下，允许农村集体经营性建设用地出让、租赁、入股，实行与国有土地同等入市、同权同价"。在集体建设用地的产权结构变迁中，其权能逐渐从占有、使用、收益权利逐步拓展到了占有、使用、收益、处置权利[1]。这一过程中，农村集体建设用地的产权残缺性不断得以弥补，产权权利束的完整性不断得以增强，其内含的各项权利界定和实施的完全性不断得以完善[2]。

集体经营性建设用地入市，与国有建设用地同地、同价、同权，其突破性意义在于剥离了国家意志之于农地所有权的强制性依附，解除了农民（集体）土地财产权益损害的制度屏蔽，实现了土地"剩余控制权"对农民（集体）的赋予，从而真正构建起国家、集体和个人间平等的产权关系。"同等入市"，意味着农村集体经营性建设用地享有与国有建设用地进入市场的平等地位，可在更广的范围、用途及更多市场主体间进行市场交易。"同权同价"，意味着集体经营性建设用地享有与国有建设用地相同的权能，具体表现为在土地一级市场上可租赁、出让、入股，在土地二级市场上可租赁、转让和抵押等[3]。

这一制度创新基于农村集体建设用地的用益物权特性，在既有权属基础上扩大权能，明确赋予了农民（集体）以集体经营性建设用地处置权、抵押权和转让权。赋予了转让权，意味着集体土地资源具备了通过市场交换转化为资本的变现渠道；赋予了抵押权，集体土地才能有效地融入金融市场获得金融资源的获取权[4]。集体经营性建设用地自发入市进行市场对价，多个农民（集体经济组织）作为供地主体，改变了现行城市土地一级

---

① 伍振军：《农村集体经营性建设用地的政策演进与学术论争》，载于《改革》2014 年第 2 期。

② 冀县卿、钱忠好：《农地产权结构变迁与中国农业增长：一个经济解释》，载于《管理世界》2009 年第 1 期。

③ 姜大明：《建立城乡统一的建设用地市场》，载于《中国国土资源报》2013 年 11 月 22 日。

④ 我国相关法律规定：乡、村企业建设用地使用权以及耕地、宅基地、自留地、自留山的集体土地使用权不得用以抵押。

市场政府"垄断"供应格局，必然增强农民在围绕土地增值收益争夺中的讨价还价能力和议价权，继而改变和重塑土地利益格局。①

6.2.3 从征地到集体建设用地整体入市："剩余控制权"的渐进转移

农地制度调整和变革的根本在于产权制度改革，其实质是农民的权利及其利益的承认、赋予、保障和实现问题。回望农村土地产权制度的每一步改革及其深化过程，体现出的正是不断扩展农民土地权利和土地权能的改革逻辑，实质是承认、赋予、维护和发展农民土地权利及其利益实现机制重构的过程。可以预期，2020 年《中华人民共和国土地管理法》正式实施之后，由农民（集体）自发推动的集体经营性建设用地入市将成为中国农村土地制度变革进程中最靓丽的一道风景线。

在具体改革实践中，由于集体经营性建设用地的异质性、土地增值来源的多样性和土地产权转移过程的复杂性，决定了土地增值收益分配模式的多元化，但其遵从的核心逻辑是土地产权"剩余控制权"和土地价值"剩余索取权"从（地方）政府向农民（集体）的转移②。然而，这一产权重构的过程注定将漫长而复杂，这是由中国农村经济体制渐进式改革的大逻辑决定的：一方面，因为集体经营性建设用地体量的有限性，由集体经营性建设用地入市到集体建设用地整体入市将是一个稳妥而审慎的漫长演进过程；另一方面，传统征地模式的彻底退出也需要一定的"制度调适期"。2019 年新修订的《土地管理法》的一大突破是对政府征地所依据的"公共利益"的边界通过类举方式予以界定③，有利于防止政府滥用征地权

---

① ② 盖凯程、于平：《农地非农化制度的变迁逻辑：从征地到集体经营性建设用地入市》，载于《农业经济问题》2017 年第 3 期。

③ 2019 年新修订的《土地管理法》第四十五条规定："为了公共利益的需要，有下列情形之一，确需征收农民集体所有的土地的，可以依法实施征收：（一）军事和外交需要用地的；（二）由政府组织实施的能源、交通、水利、通信、邮政等基础设施建设需要用地的；（三）由政府组织实施的科技、教育、文化、卫生、体育、生态环境和资源保护、防灾减灾、文物保护、社区综合服务、社会福利、市政公用、优抚安置、英烈保护等公共事业需要用地的；（四）由政府组织实施的扶贫搬迁、保障性安居工程建设需要用地的；（五）在土地利用总体规划确定的城镇建设用地范围内，经省级以上人民政府批准由县级以上地方人民政府组织实施的成片开发建设需要用地的；（六）法律规定为公共利益需要可以征收农民集体所有的土地的其他情形。"

随意征收农民土地，但是这一规定在明晰了公共利益外延的同时同样包含了一定的模糊性空间，例如在"公共利益"六类情形中，"成片开发建设"组织实施的主体为地方政府，这就为地方政府保留了继续延续传统征地模式的权利和空间。

以地方政府和农民（集体）为核心的利益集团围绕农地"剩余控制权"的利益分割和博弈仍将继续，中央政府视域下的"农民收入持续提高"和"地方财政收入水平不降低"的两大利益目标函数决定了这一剩余控制权转移的速度、节奏和规模。随着新的变量的加入，如城乡社会体系的健全、央地财权与事权的优化匹配、房地产税等新税种的建立等，地方政府对农地剩余控制权的逐渐退出和农民（集体）对农地剩余控制权的逐步掌控交替进行，农地剩余控制权从地方政府向农民（集体）的转移将是一个不可逆的演进过程。

6.3 农地非农化制度变迁深层逻辑释解：供给侧结构性改革的应有之义

改革开放以来，国家经济社会发展取得了举世瞩目的成绩。然而，随着经济体制转型迈入深水期，特别是金融危机后世界经济周期性调整与中国阶段性因素叠加促动中国经济进入增速回落的新常态时期。传统粗放式发展方式使得经济运行的深层次矛盾逐渐浮出水面，集中体现在供给侧结构性失衡、有效供给不足及资源要素低效扭曲配置。供给侧结构性改革的重要内容之一和应有之义是解决土地市场机制失灵及土地要素扭曲配置。农地非农化剩余权利转移和利益机制调整的深刻内涵是土地资源配置和利用方式的变化，这一变化是内嵌于中国经济发展方式从高速度增长到高质量发展转变的大逻辑之中的。

6.3.1 高质量发展对土地要素配置方式提出新要求

国民经济发展既是资本、劳动、土地及其他自然资源等物质要素投入数量的函数，也是生产过程中技术进步和经济运行赖以依存的制度环境质量的函数[①]。中国传统经济发展方式呈现出比较典型的、以生产资料和劳动力的数量型投入而实现的外延式扩大再生产特征。改革开放之后相当长的一段时期内，这一外延式扩大再生产模式充分利用了既有生产资料和劳动力的禀赋优势，并依此带动了社会生产力的快速发展。技术进步性和要素投入高效性再传统发展模式下更多是作为外生性变量局部地发挥作用。将全要素生产率分解为代表技术进步效应和要素配置效率的结构效应[②]，可以看出（见图 6 - 1），1998 ~ 2014 年，中国全要素生产率总体呈现停滞甚至下降态势。其中，要素流动性与配置效率持续恶化（结构效应）是全要素生产率长期陷入增长停滞的重要原因。

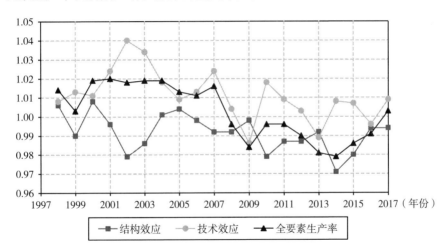

图 6 - 1　中国省际全要素生产率的测算与分解

资料来源：基于 DEA 的非参数 Malmquist 指数法测算，固定资本存量采用张军（2004）方法估算，各省从业人员来源于各地区统计年鉴和《新中国六十年统计资料汇编》。

随着资源要素"瓶颈效应"的逐步显现，经济发展方式转变亟须摆脱以要素投入为主的传统粗放、外延式高速增长模式，进入到以创新驱动为主的现代集约、内涵式高质量发展路径，克服主要依靠要素数量投入带来

---

① 洪银兴：《资源配置效率和供给体系的高质量》，载于《江海学刊》2018 年第 5 期。

② 蔡跃洲、付一夫：《全要素生产率增长中的技术效应与结构效应——基于中国宏观和产业数据的测算及分解》，载于《经济研究》2017 年第 1 期。

的规模报酬递减问题[1]，实现国民经济可持续、内生性创新发展。"加大结构性改革力度，矫正要素配置扭曲，扩大有效供给，提高供给结构适应性和灵活性，提高全要素生产率"[2] 也因此成为符合中国发展阶段与现实国情的实现经济发展方式转变与增长动能转换的最优选择和有效途径。土地作为经济社会发展的重要生产资料和载体，具有要素、资产及金融等多重功能属性，其配置方式与配置结构对中国经济发展路径选择具有关键性作用，因而是供给侧结构性改革改善要素配置的重要内容。

6.3.2 从征地出让到集体经营性土地入市：土地资源配置机制由行政主导向市场决定的转变

改革开放以来，中国通过推动体制转型、制定市场规则及微观主体培育等方式逐步构建起成熟的产品市场和比较完善的劳动、资本等要素市场[3]，实现了相关要素的市场化配置。与之形成鲜明对比的是，土地要素市场的市场体系建构和市场化程度远低于其他生产要素市场（见图6-2）。

在传统征地制度安排下，地方政府居于对土地要素配置起决定性作用的核心地位：首先，利用农村集体土地非农化转用市场垄断需求者身份在土地征用权泛化中不断扩大征地范围以获取农地非农化增值收益，造成城乡涉农产业与非农产业间土地要素错配[4]。其次，利用城市土地市场垄断供给者身份针对不同行业采取差异化供地策略以实现自身收益最大化，造成城市第二、第三产业间土地要素错配[5]。最后，由于新增用地的软约束和低成本特征，由地方政府主导的城市化偏好于城市增量建设用地的外延扩张而非存量建设用地的优化利用，进而偏好于"摊大饼"式的城市化外延扩张模式，城市建成面积迅速膨胀（见图6-3）。

---

① 陈昌兵：《新时代我国经济高质量发展动力转换研究》，载于《上海经济研究》2018年第5期。

② 《习近平总书记在2015年中央经济工作会议上讲话》，http://finance.people.com.cn/n1/2015/1222/c1004-27958807.html。

③ 黄珂、张安录：《城乡建设用地的市场化整合机制》，载于《改革》2016年第2期。

④ 主要表现为建立在高土地资源消耗基础上的外延式城市化发展路径、耕地资源流失破坏严重以及农村内部宅基地和集体经营性建设用地大量闲置浪费等。

⑤ 主要表现为工业用地低价无限供给，商住用地高价限量供应，不同用途间土地要素比价关系严重扭曲，导致土地要素粗放浪费与紧缺不足并存。

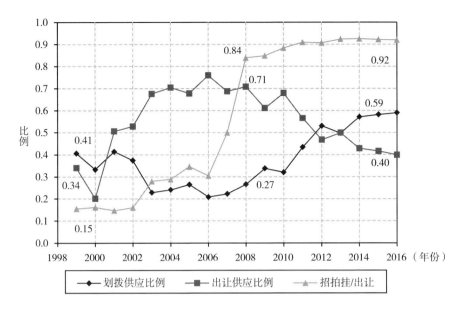

图 6 - 2　地方政府主导的城市一级土地要素市场发育程度

资料来源：《中国国土资源年鉴》（1999～2017 年）。1999～2003 年的《中国国土资源年鉴》没有将协议和招拍挂出让的面积、收入拆分，因此采用的是宗数之比，其余年份均为面积之比。

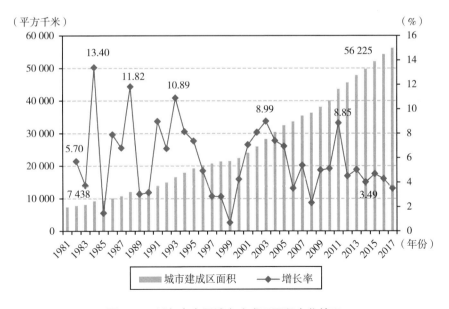

图 6 - 3　近年来中国城市建成区面积变化情况

究其根由，在城市化进程中，"农地非经征用不得转用"的特殊交易装置类似于计划经济下工农业产品"剪刀差"价格机制和"统销统购"模式，既造成了农地非农化市场价格机制的扭曲，也间接导致了城市国有土地市场价格机制（过低工业用地价格、过高经营性用地价格）的扭曲。传统土地资源低成本的配置机制无法对土地要素的高强度消耗形成有力约束，反过来加剧了土地的耗竭式投入和浪费式利用，弱化了土地资源的配置效率。党的十八届三中全会以来所推动的"三块地"改革和2019年新的《土地管理法》对这一改革的法律确证，实质性意义在于突破了传统政府主导的农地非农化模式，将土地要素配置由政府征收转为集体经营性建设用地直接入市，放手让企业和农民（集体）等微观经济主体在充分的市场竞争中根据边际产出与价格成本调配土地要素在不同产业、部门间的投入数量和比例[①]，充分发挥市场对土地资源配置与要素结构优化的决定性作用，提高经济发展的效率和质量。

6.4 农地非农化制度变迁的目标指向：收益分配体系的重构

增值收益分配是农村集体经营性建设用地制度市场化运作的核心利益机制。土地产权市场由分割走向整合及相关要素的重新组合有力地推动着农地资产性权能和经营性权能制度的统一，农村集体经营性建设用地地权流动性的充盈则会有力地推动着土地资产配置效率和土地利益分配结构的合理化。[②] 农村集体经营性建设用地土地增值收益的分配，就其分配主体而言，主要涉及土地所有者（成员集体、集体成员）、土地使用者和土地管理者（政府）等核心利益主体；就其分配内容而言，主要包括两部分：一是集体经营性建设用地以出让、出租、入股等方式初次入市取得的市场

[①] 一般认为生产要素在各个产业、部门与企业间的边际产出均相等时资源才达到最优配置，否则就意味着存在着资源错配与效率损失，可以通过结构性优化进行帕累托改进。

[②] 程世勇：《城市化进程中的农村建设用地流转：城乡要素组合与财富分配结构的优化》，经济科学出版社2012年版，第219页。

性净收益（扣除取得成本和土地开发支出），如出让金、租金和股利等。二是出让（租）后的集体经营性建设用地二次转让（租）环节的市场性净收益，如转让金、（转）租金、股利等。就其分配关系来看，主要涉及宏观、中观、微观三个不同层面的分配关系的安排问题。宏观层面上，主要涉及政府与农民（集体）的利益均衡问题；中观层面上，主要涉及不同区域农民（集体）之间的利益均衡问题；微观层面上，主要涉及农民集体和农民个体之间的利益均衡问题。

6.4.1 集体经营性建设用地入市收益分配关系：宏观层面

集体经营性建设用地入市收益宏观层面分配关系涉及的核心问题是政府是否应该作为收益分配主体直接参与集体经营性建设用地入市收益的分配，继而由之衍生出来的政府应以何种方式（调节金还是增值税）参与分配，以及不同层级政府参不参与和以何种比例参与分配等问题，其背后隐含的深层含义是"涨价归公""涨价归私"，抑或"公私兼顾"。

基于马克思的地租理论，如果剥离地租形式的资本主义社会制度依托，单纯从地租的形式来看，集体建设用地的地租形式也可划分为极差地租（级差地租Ⅰ和极差地租Ⅱ）和绝对地租。就集体经营性建设用地入市流转的收益分配，一种代表性观点认为，按照初次分配基于产权归属和充分保障集体成员财产权的原则，绝对地租和部分极差地租Ⅰ对应的收益应归农村集体经济组织所有，部分极差地租Ⅰ和极差地租Ⅱ对应的收益应归集体土地使用者所有。政府作为非产权主体，不应直接参与集体土地流转收益的分配，而是以管理者身份通过税收参与二次分配。另一种观点则与之针锋相对，认为绝对地租对应的收益归土地所有者，极差地租Ⅰ和部分极差地租Ⅱ对应的收益应归地方政府所有，剩余部分极差地租Ⅱ对应的收益归集体土地使用者所有。理由是除了区位差异性因素之外，集体经营性建设用地入市的增值收益从其成因来看，是源自地方政府对于配套基础设施的巨大投入，因而，地方政府有权利参与集体经营性建设用地入市流转收益。

从实践上看，国家层面上已有的正式制度安排是以允许各级政府按照收益共享的原则、以土地增值收益调节金的方式参与对集体经营性建设用地入市的收益分配①，且政府既参与初次入市环节的土地增值收益分配，又参与再次转让环节的增值收益分配；既可以以"费"的形式参与分配（按照集体经营性建设用地入市增值收益的 20%～50% 征收），还可以以"税"的形式参与分配。按照《农村集体经营性建设用地土地增值收益调节金征收使用管理暂行办法》的规定，除调节金外，还有"按集体经营性建设用地入市成交价款的 3%～5% 的税金。"②

从各地农村集体建设用地市场性流转增值收益分配的具体实践来看，主要分两种情况：一种是地方政府不直接参与土地增值收益分配，而是主要以土地管理者的身份以"费"或"税"的形式间接介入。例如，重庆垫江规定集体建设用地入市（出让、转让或出租）的增值收益一律归属农村集体经济组织，作为农村集体财产，但应向政府按收益总额 2% 缴纳工作经费；再如，广东全域规定集体建设用地流转增值收益应参照国有建设用地增值税标准缴纳增值税。另一种是地方政府直接参与土地增值收益分配。具体而言，又细化为三种具体形式：一是政府主要参与集体建设用地初次入市流转增值收益的分配，如深圳等地；二是政府主要参与集体建设用地流转继次入市流转增值收益的分配，如上海等地；三是政府既参与初次入市环节的土地增值收益分配，又参与再次转让环节的增值收益分配，如苏州等地。

总体上观察，绝大部分地方政府在制定集体建设用地流转政策时有较为强烈的意愿倾向于直接参与集体建设土地增值收益分配，但不同地区在哪级政府参与分配的差异性较大。关于参与分配的政府层级，分为两种主要情况：一是市、区（县）、镇（乡）三级均参与分配，如江苏苏州、无锡，安徽芜湖、池州等地；二是县（区）级以上政府不参与分配，仅镇

---

① 2016 年财政部和国土资源部联合下发的《农村集体经营性建设用地土地增值收益调节金征收使用管理暂行办法》第四条规定："农村集体经济组织通过出让、租赁、作价出资（入股）等方式取得农村集体经营性建设用地入市收益，以及入市后的农村集体经营性建设用地土地使用权人，以出售、交换、赠与、出租、作价出资（入股）或其他视同转让等方式取得再转让收益时，向国家缴纳调节金。"第二十一条规定："在契税暂无法覆盖农村集体经营性建设用地入市环节的过渡时期，除本通知所规定的与土地增值收益相对应的调节金外，须再按成交价款的 3%－5% 征收与契税相当的调节金。"

② 《农村集体经营性建设用地土地增值收益调节金征收使用管理暂行办法》，http://www.mof.gov.cn/gp/xxgkml/szs/201606/t20160606_2510597.html。

（乡）级政府参与分配，如江苏宿迁等地。[①]

关于不同利益主体参与分配关系上，主要分为土地所有者和政府之间的分配比例及政府内部不同层级之间的分配比例，各地实践差异性较为明显（见表 6-3）。以农地集体建设用地流转较为典型的几个试点地方来看：江苏苏州规定，集体建设用地初次流转，政府与土地所有者按照 3:7 比例分享土地流转收益。政府分得的土地增值收益在市、郊区（县）、镇（乡）三级政府之间分成：市政府定额按"1.5 元/每平方米"标准收取，其余在郊区（县）、镇（乡）之间按 3:7 分成[②]。集体建设土地继次流转增值收益也实行郊区（县）、镇（乡）3:7 分成。安徽芜湖规定集体建设用地初次流转增值收益在土地所有者、市政府、郊区（县）政府、镇（乡）政府之间按 2:1:2:5 的比例分成，继次流转则按累进制征缴增值收益。浙江湖州则规定，集体建设用地流转增值收益在农村集体经济组织和镇（乡）政府之间按 9:1 比例分成。

6.4.2　集体经营性建设用地入市收益分配关系：中观层面

考虑到不同区域（位）农村集体经营性建设用地的异质性，"区际公平"成为集体经营性建设用地入市收益分配合理与否的一个重要考量。中国农村地域广阔，农地资源禀赋迥异，东中西部的经济社会生产力发展水平、市场发育程度、地方财政收入水平各不相同，上述异质性因素会导致不同区域的集体经营性建设用地价值在实现过程中的巨大差异。就某一区域内部而言，尽管设计了集体建设用地使用权的空间漂移和异地调整入市等平衡机制，但这一机制的出发点更多是基于可入市集体建设用地资源的稀缺性。由此而衍生出来的问题是：集体建设用地入市增值收益的分配不仅关乎政府和农民（集体）的利益分割，还关乎城郊农民（集体）与远郊农民（集体）、发达地区农民（集体）与欠发达地区农民（集体）、鼓励

---

① 王文等：《中国农村集体建设用地流转收益关系及分配政策演进》，经济科学出版社 2013 年版，第 49 页。
② 《苏州市农村集体存量建设用地使用权流转管理暂行办法》，载于《中国土地》2000 年第 11 期。

开发主体功能区农民（集体）和限制开发主体功能区农民（集体）之间等不同群体的利益补偿和利益均衡问题。

这一问题的核心和实质是土地发展权的配置归属问题。基于土地发展权理论范式，土地发展权的界定决定着因土地用途改变而发生的增值收益分配趋向问题。由于土地发展权并不同于土地占有、使用、收益和处分等权利束，而是基于土地用途改变（通常是从低强度利用形态向高强度利用形态的改变）使得这些权利束在纵向向度和形态维度上的变化，所以土地发展权的界定和归属无论在实践中还是在理论上分歧较大。从世界各国实践来看，土地发展权的界定和归属主要有两种观点：一种是"权利归属论"，即土地发展权与其他权利一样自然归属于土地所有权人，如美国；另一种是"国家归属论"，即因土地用途改变而发生的土地发展权的初始归属主体应是国家，如英国。从学术界已有观点来看，土地发展权的归属也有两种不同的理论观点：一种认为农地发展权是独立的财产权，其初始权利理应属于国家，开发利用应先向国家购买发展权，即"涨价归公"；另一种则认为发展权也是一种主体财产权，理应归属土地所有者即农民（集体）所有，即"涨价归农"。土地发展权如何界定和归属衍生出不同的农村集体建设用地入市增值收益分配逻辑。

进一步看，问题的关键还在于，由于我国对土地开发与利用实行严格的总体规划和用途管制，人为规划和界设用途的差异性决定了农地发展权利用形态与开发强度存在巨大的差异，例如，在现有的主体功能区国土空间开发结构下，不同的主体功能区农地发展权强度差异明显，优化开发功能区农地发展权强度较大，重点开发功能区次之，限制和禁止开发功能区最弱。再如，国家实行基本农田永久保护制度，农产品主产区农地发展权利用形态被严格限制在农用用途上，是一种低强度利用形态，增值空间非常有限；相较而言，处在城市化地区功能区的农地发展权利用形态和开发空间弹性极大，由此带来的增值空间巨大。

无论农地发展权如何界定和归属，不同区域农民（集体）作为土地所有权拥有者的权益是平等的，不应因国家土地规划和用途管制而有所歧视和差别。类似于跨区域、流域的区域生态补偿问题，一个区域的生态保护（破坏）导致的正（负）向外溢效应会传递给其他区域，按照"谁保护、谁受益，谁破坏、谁补偿"的原则，应在国家层面建立区际转移支付的生态补偿机制。同样地，因国家规划而被永久限制在农业领域、丧失土地发展权的农民为国家粮食安全做出了贡献，应通过类似于生态区际补偿的机制来予以补偿。这就需要通过变土地增值收益调节金为土地增值税，通过合理的土地增值税收体系建立起集体经营性建设用地入市增值收益分配的区际利益协调平衡机制，通过税收和转移支付等方式对因区域差异性因素导致的土地增值收益分配不公予以调节，平衡好城郊农民（集体）与远郊农民（集体）、发达地区农民（集体）与欠发达地区农民（集体）、鼓励开发主体功能区农民（集体）和限制开发主体功能区农民（集体）之间等不同群体的利益关系问题。

6.4.3 集体经营性建设用地入市收益分配关系：微观层面

基于集体经营性建设用地入市的突破性意义在于农地剩余控制权从地方政府向农民（集体）的转移，故而理论研究和实践探索的重心更多聚焦于如何合理界定政府与农村土地所有者之间的权利边界及分配关系，较少关注农地入市增值收益在成员集体和集体成员之间的分配关系。

考虑到区域的异质性，由于不同地区的区域经济社会发展水平、市场化发育程度、微观农村经济组织结构的经济绩效及农民自组织能力和乡村治理结构的有效性等因素各有差异，各微观行为主体博弈能力有强有弱，在实际土地利益分配过程中各地集体和个人间增值收益分配比例不尽相同，各地对于集体建设用地流转增值收益的用途去向的规定也各有差异。[①]

从各地先行实践试点来看，尽管规定各不相同（见表 6-3），但集体土地流转增值收益主要用途是发展集体经济、公益事业、基础设施建设、集体成员就业生活安置和偿还村集体债务等。大多对集体建设用地流转增值收益优先用于农民社会保障做出了比较明确的约束性规定。例如，《北京市农民集体建设用地使用权流转试点办法》（2003 年）规定了集体建设用地流转收

---

① 盖凯程、于平：《农地非农化制度的变迁逻辑：从征地到集体经营性建设用地入市》，载于《农业经济问题》2017 年第 3 期。

益必须提取一定比例投入农村社保，剩余部分专项用于农村基础设施、兴办集体公益事业等支出。《广东省集体建设用地使用权流转管理办法》（2005年)、《南京市集体建设用地使用权流转管理办法》（2011 年）规定集体建设用地流转收益纳入农村集体资产统一管理，其中50%以上专款专项用于集体成员社会保障。《成都市集体建设用地使用权流转管理暂行办法》（2007 年）也明确集体建设用地使用权流转收益优先用于农民社会保险。《洛阳市集体建设用地使用权流转管理暂行办法》（2012 年）更是规定出让、出租集体建设用地使用权收益不低于60%专项用于集体成员的社保支出。

表 6 - 3　　　　　　部分省市（区）农村集体建设用地流转收益分配情况

地区		关于流转收益分配的相关规定	文件
北京	北京市	因政府公共投资带来集体土地增值的地区，区县人民政府可征收公共设施配套费，其征收总额不超过交易指导价的10%，具体分配比例由区县政府制定；有条件的区县可以免除公共设施配套费。集体经济组织取得的土地流转收益，提取一定比例作为农村社保投入外，其他专项用于农村基础设施、兴办集体公益事业等支出	《北京市农民集体建设用地使用权流转试点办法》(2003 年)
河北	河北省	集体建设用地使用权出让、出租取得的土地收益属所有权人所有，其他单位和个人不得截留或者挪用。未涉及具体分配问题	《河北省集体建设用地使用权流转管理办法》(2008 年)
江苏	苏州市	集体建设用地第一次流转时，流转方须向政府缴纳土地流转收益，缴纳标准按苏州市政府确定的最低保护价的30%收取。集体建设用地出租或按年租制方式流转的，流转方每年向政府按年租金30%的标准缴纳土地收益。流转收益实行市、县级市（郊区）和乡（镇）政府三级分成：苏州市政府定额按每平方米收取1.5 元人民币，其余按县级市（郊区）30%，乡（镇）政府70%的比例分成。集体建设用地再次流转，流转方必须向政府缴纳土地流转增值费，增值额在20%以内的免交增值费，超过部分按30%收取增值费。集体建设用地增值费，实行县级市（郊区）和乡（镇）政府二级分成，分成比例依次为30%、70%。集体土地所有权者取得的土地收益，主要用于发展农村经济、基础设施的投资和安置农民的就业和生活	《苏州市农村集体存量建设用地使用权流转管理暂行办法》(1996 年)
		实行年租制的，每公顷租金不低于6 万元，政府、集体经济组织与农民的收益，原则上按 2：4：4 比例分配。各地可根据集体建设用地所在区域政府和集体经济组织的基础设施投入大小及级差地租的高低现状，对分配比例进行适当浮动调节，但农民的土地收益原则上每年每公顷不低于2.4 万元。以集体经济组织入股方式流转的可以实行保底分红也可按一定的补偿标准先行补偿安置后，视年盈利收益情况进行分红。土地使用权入股保底分红的，农民每年每公顷的收益不得低于1.8 万元；先一次性补偿再分红的，对农民的一次性补偿每公顷不得低于15 万元，每年每公顷分红不得少于 1.05 万元	《关于开展城镇规划区内集体建设用地使用权流转试点的实施意见》(2002 年)

地区		关于流转收益分配的相关规定	文件
江苏	南京市	集体建设用地使用权首次发生流转，所有权属镇街农民集体的，土地流转收益全部留镇街集体经济组织；所有权属村或村民小组农民集体的，土地流转收益全部留村或村民小组农民集体。通过流转方式获得的集体建设用地使用权经原批准机关批准再次流转，土地增值收益由原土地使用者与土地所有者协议分配，但土地所有者分配额不得低于50%。集体建设用地流转收益必须由镇街集体资产管理部门实行专户存储，其中镇街集体土地流转收益专项用于土地资源的开发、经济发展和公益事业建设；村、组集体取得的土地流转收益，专项用于原被占地村、组村民基本生活、社会保障和经济发展，不得平调或挪作他用。由市、区、县国土资源局在办理手续时收取土地流转收益金，采用租赁、入股方式流转的，由流转双方合同约定	《南京市集体建设用地使用权流转管理办法（试行）》（2004年）
		流转集体建设用地使用权所取得的土地收益应当纳入农村集体资产统一管理，其中50%以上应当纳入专户管理，专款用于本集体经济组织成员的社会保障安排，不得挪作他用。区县政府可按一定比例，从土地流转收益中提取城乡统筹配套建设资金，专项用于农业农村发展，具体比例由区县研究确定	《南京市集体建设用地使用权流转管理办法》（2011年）
	宿迁市	集体土地所有者出让、出租集体建设用地使用权所取得的土地收益纳入农村集体财产统一管理，乡（镇）、村、组参与分配，市、区不参与分配。土地所有者分成不得低于流转所得的80%。集体经济组织的流转收益应用于集体经济组织成员生产、生活或为其经济组织成员缴纳养老保险金和用于建立土地流转风险基金。集体建设用地使用权出让、转让和出租的，应依法缴纳有关税费。集体建设用地使用权转让发生增值的，应当参照国有土地增值税征收标准，向土地所在区人民政府缴纳。集体建设用地使用权因转让、出租等发生增值收益的，增值净收益的30%归土地所有者，70%归集体建设用地使用者	《宿迁市农村集体建设用地使用权流转管理办法（试行）》（2006年）
	无锡市	集体土地所有者出让、出租集体建设用地使用权所取得的土地收益，主要归集体土地所有者，市、市（县）、区人民政府可以收取不超过10%的土地收益。归集体土地所有者的土地收益应纳入集体资产统一管理，其中60%以上应当专款用于本集体经济组织成员的社会保障，不得挪作他用。集体建设用地使用权转让、出租收益除按规定缴纳的税费外，其余归原土地使用者所有	《无锡市体建设用地使用权流转管理暂行办法》（2007年）
山东	临沂市	农民集体所有建设用地使用权首次流转，土地使用权在一定年限内一次性转移的，按每平方米3～5元一次性缴纳；土地使用权租赁和作价出资（入股）的，按每年每平方米0.4～0.6元一次性或逐年缴纳。再次流转产生的增值收益：增值额未超过扣除项目金额50%，按增值额的20%缴纳；增值额超过扣除项目金额50%、未超过扣除项目金额100%，按增值额的30%缴纳；增值额超过扣除项目金额100%以上，按增值额的40%缴纳。市、县国土资源行政主管部门按收益总额的2%提取业务经费。提取业务经费后的资金按照"谁所有，谁投入，谁受益"的原则，三区范围之内的乡镇农民集体所有的土地，按乡（镇）80%、区10%、市10%分配；村农民集体所有的土地，按土地所有者80%、乡（镇）10%、区5%、市5%分配。各县的乡镇农民集体所有的土地，按乡（镇）80%、县20%分配；村农民集体所有的土地，按土地所有者80%、乡（镇）10%、县10%分配	《临沂市集体建设用地使用权流转管理暂行办法》（2001年）

地区		关于流转收益分配的相关规定	文件
山东	威海市	新增集体建设地使用权首次流转的流转收益，由市、市（区）、镇、土地所有者按照1：1：3：5的比例分成。存量集体建设地使用权流转收益根据其所有权归属，分别归镇人民政府或村民委员会所有。首次流转后再次流转的，应向政府缴纳土地增值收益。增值额在20%以内的免缴增值收益，增值额在20%以上的部分按40%的比例缴纳增值收益。土地增值收益的缴纳人，由流转合同约定。该收益由县级市区人民政府与中心镇人民政府按3：7的比例分成。市、县级市区、镇集体建设地流转收益纳入财政专户管理，实行专款专用；返还给村的土地收益由村民委员会管理使用，用于发展本村经济	《威海市中心镇集体所有建设用地使用权流转管理暂行办法》（2002年）
	烟台市	土地使用者除向上地所有者支付不低于征地补偿标准的一次性土地补偿费外，应向市、县（市）人民政府缴纳土地流转收益，按市、县（市）、乡（镇）、村1：2：5：2比例分配。市、县（市）人民政府的土地流转收益用于耕地开发。乡（镇）人民政府和土地所有者的土地流转收益主要用于发展农村经济、基础设施投资和安置农民的就业和生活	《烟台市集体建设用地使用权流转管理试行办法》（2011年）
河南	河南省	集体建设用地使用权流转收益主要用于集体经济的发展、公益事业投入和农民生活的安置补偿。集体建设用地使用权流转增值收益中的10%归当地人民政府；其余90%归土地所有者和土地使用者，具体分配比例由市、县（市）人民政府确定。政府所得收益中60%归乡镇政府，40%归市或县政府	《河南省农民集体所有建设用地使用权流转管理若干意见》（2003年）
	安阳市	所有者和管理者收益都按4：6的比例进行分配，农民宅基地的流转收益按所有者和管理者8：2的比例分配。之后，新增建设用地的所得收益按所有者和原承包经营户8：2的比例分配，存量建设用地的所得收益归所有者所有；农民宅基地流转的所得收益按所有者和原农户2：8的比例分配	《安阳市集体建设用地使用权流转管理办法》（2003年）
	鹤壁市	集体建设用地使用权流转发生增值的，土地增值收益中的10%归当地人民政府，其中70%归乡镇政府，30%归县、区人民政府，主要用于对集体建设用地流转的管理；其余90%归土地所有者和原土地使用者，其中土地所有者所分比例最高不超过25%，主要用于各项基础设施建设和社会福利事业	《鹤壁市农民集体所有建设用地使用权流转管理试行办法》（2006年）
	洛阳市	集体土地所有权人出让、出租集体建设用地使用权所取得的收益，归拥有集体土地所有权的集体经济组织成员集体所有，纳入其集体财产统一管理。其中60%以上专项用于本集体经济组织成员的社会保障支出。集体建设用地转让和转租的收益，归原集体建设用地使用权人。集体建设用地有偿使用收益，优先用于发展壮大集体经济的原则。集体建设用地使用权出让、出租、转让和转租，应当依法缴纳有关税费；集体建设用地使用权转让发生增值的，应当参照国有土地增值税征收标准，依法缴纳土地增值收益	《洛阳市集体建设用地使用权流转管理暂行办法》（2012年）

续表

地区		关于流转收益分配的相关规定	文件
广东	广东省	集体土地所有者出让、出租集体建设用地使用权所取得的土地收益应当纳入农村集体财产统一管理，其中50%以上应当存入银行（农村信用社）专户，专款用于本集体经济组织成员的社会保障安排，不得挪作他用。集体建设用地使用权出让、转让和出租的，应当向土地行政主管部门申报价格，并依法缴纳有关税费。集体建设用地使用权转让发生增值的，应当参照国有土地增值税征收标准，向市、县人民政府缴纳有关土地增值收益	《广东省集体建设用地使用权流转管理办法》（2005年）
	广州市	集体土地所有权人出让、出租集体建设用地使用权所取得的收益，归拥有集体土地所有权的集体经济组织成员集体所有，纳入其集体财产统一管理。其中50%以上应专用于本集体经济组织成员的社会保障支出，不得挪作他用。集体建设用地转让和转租的收益，归原集体建设用地使用权人；出让、租赁合同另有约定的，依照约定。集体建设用地有偿使用收益扣除集体经济组织成员社会保障支出后，剩余部分的使用，优先用于发展壮大集体经济。集体建设用地使用权出让、转让、出租和转租，应当依法缴交有关税费；集体建设用地使用权转让发生增值的，应当依法缴交土地增值收益	《广州市集体建设用地使用权流转管理试行办法》（2011年）
	顺德市	集体建设用地流转时，土地所有者或使用者必须向政府一次性缴纳土地流转收益金：流转年限为国有土地使用权出让最高年限的，按基准地价或宗地评估价的10%计收；流转年限低于国有土地使用权出让最高年限的，按对应年期的基准地价或宗地评估价的10%计收。集体建设用地再次流转，土地流转方须向政府缴纳土地流转增值费，缴纳标准按增值部分的20%计收。政府收取的集体建设用地流转收益金、补地价款和土地增值费，实行市、镇（区）两级分成（大良区除外），分成比例为市占40%，镇（区）占60%	《顺德市集体所有建设用地使用权流转管理暂行办法》（2002年）
安徽	安徽省	集体建设用地使用权出让的，土地所有者应按照土地出让金或者标定地价的10%向市、县人民政府缴纳土地增值收益；集体建设用地使用权租赁、作价出资（入股）或者联营的，土地所有者应当按照每年收取的租金额、作价出资（入股）或者联营取得的收益额的10%，向市、县人民政府缴纳土地增值收益。集体建设用地使用权转让发生增值的，应当参照国有土地增值税征收标准，向市、县人民政府缴纳土地增值收益。土地收益专项用于本集体经济组织发展生产和被安置人员的生活补助	《安徽省集体建设用地有偿使用和使用权流转试行办法》（2002年）
	芜湖市	农民集体所有建设用地使用权首次流转时，土地使用者应当向市、县人民政府缴纳一定比例的土地流转收益，缴纳标准由芜湖市人民政府土地行政主管部门制定。农民集体所有建设用地再次流转产生的增值收益，参照国有土地增值税征收标准缴纳土地增值收益。2002年调整了土地流转收益关系，市政府退出分配，改为土地所有者与乡（镇）、县政府按5∶4∶1分成	《芜湖市农民集体所有建设用地使用权流转管理办法（试行）》（2001年）

续表

地区		关于流转收益分配的相关规定	文件
辽宁	大连市	集体建设用地使用权首次流转时，土地使用人应向土地所有权人支付土地收益；再流转的土地增值收益，应按规定比例交与土地所有权人，具体比例按国家和省有关规定办理。集体建设用地使用权流转，当事人应按规定缴纳有关税费。集体建设用地使用权流转的土地收益归集体建设用地所有权人所得，主要用于土地开发整理和村镇公益事业的投资，为农民参加养老保险的投资，其中为农民参加养老保险部分不得低于土地收益的50%。具体参保办法另行制定	《大连市集体建设用地使用权流转管理暂行办法》(2004年)
陕西	咸阳秦都	土地流转收益在土地所有者和镇政府之间分配，乡镇政府分配比例一般为10%~15%。区国土资源局收取5%的业务费。再次流转产生的增值收益，参照国有土地增值税征收标准缴纳土地增值收益	《秦都区农民集体所有建设用地使用权流转管理办法（试行）》(2005年)
湖北	湖北省	集体建设用地使用权出让、转让的，应依法缴纳有关税费。集体建设用地使用权转让发生增值的，其收缴和使用管理办法，按照国家有关规定执行。集体土地所有者取得的土地收益应当纳入农村集体财产统一管理，专项用于本集体经济组织成员的社会保障、被安置人员的生活补助、发展生产、偿还村集体债务等，不得挪作他用。未涉及具体分配比例问题	《湖北省农民集体所有建设用地使用权流转管理试行办法》(2006年)
四川	成都市	集体建设用地使用权初次流转收益大部分归集体经济组织所有，县、乡政府可按一定比例从流转收益中提取为城乡统筹配套建设资金用于农业农村发展。集体建设用地使用权初再流转的收益，土地使用者与集体土地所有者有约定的从其约定，没有约定的归土地使用者所有。农户房屋（含宅基地）转让的，转让收益大部分归农户所有，县、乡政府可按一定比例从流转收益中提取为城乡统筹配套建设的资金用于农业农村发展，具体比例由区（县）研究确定。集体经济组织应按省、市有关农村集体资产管理的相关规定统一管理集体建设用地使用权流转收益，并有优先用于农民的社会保险	《成都市集体建设用地使用权流转管理暂行办法》(2007年)
浙江	湖州市	集体建设用地使用者向集体土地所有者缴纳的土地收益（或租金），遵循"谁所有，谁收益"的原则，除应依法上缴的国家税费外：集体建设用地属乡（镇）农民集体所有的，土地收益全部纳入乡（镇）集体土地资金专户；属村或村民小组农民集体所有的，乡（镇）留15%，土地所有者为85%。集体建设用地使用收益主要用于对原承包农户的补偿、土地资源的保护开发、基础设施和公益事业建设以及本集体经济组织范围内成员的社会保障	《湖州市区农村集体建设用地使用管理试行办法》(2001年)
	杭州市	集体建设用地使用权人向集体建设用地所有权人缴纳的土地收益或租金，除依法上缴国家外，应遵循"谁所有，谁收益"的原则，归村集体经济组织所有，纳入农村集体财务收支统一管理。集体建设用地使用收益主要用于对原承包农户的补偿、土地资源的保护开发、基础设施和公益事业建设以及村集体经济组织成员的社会保障。集体建设用地使用权人按《合同》约定再次进行流转所产生的收益，属集体建设用地使用权转出方投资建设的地上建筑物产生的收益归转出方所有，其他在再次流转中产生的增值部分按《合同》约定进行分配	《杭州市人民政府关于开展集体建设用地流转试点工作的实施意见》(2012年)

资料来源：根据各地关于集体建设用地流转管理制度整理而得。

从已有先期探索成员集体和集体成员内部的增值收益分配结构或比例关系的"三块地"的试点实践来看，东中西部、发达地区和欠发达地区的规定差异性较为明显。江苏昆山实行"4：3：3"模式，即集体建设用地流转收益的 40% 直接分红，30% 用于集体经济积累与再生产，30% 用于集体公共服务和开支。广东佛山实行"6：4"模式，即集体土地收益 60% 用于入股分红，剩余 40% 用于集体自留资金发展集体经济。贵州湄潭则规定集体成员所得不低于净收益的 50%，成员集体留存则不少于 30%。四川郫县实行"2：3：5"模式，即收益 20% 用于现金分红，30% 用于村集体公益金，剩余 50% 以公积金形式归属集体资产管理公司。四川泸县实行"2：2：5：1"，即增值收益 20% 直接分红，20% 用于基础设施投资，50% 作为村集体经济发展基金，10% 作为员工收入奖励。山西泽州和湖北沙洋均实行"7：3"，即所得增值收益 70% 直接分配给农民，剩余 30% 留存集体。

6.5　结论

各利益相关主体围绕争夺土地增值收益的互动博弈推动着农村土地制度的变迁。农村集体经营性建设用地合法入市突破了凡变为城市建设用地须转为国有制的制度框架，为打破传统农地非农化利益分配格局、形成市场化农地转用机制准备了条件，是一种典型的制度创新。制度变迁本质上是一个利益重构的过程，相关利益主体间力量比对及其利益耦合度决定了制度创新的基本维度。将农村集体建设用地合法入市范围仅仅限定为农村集体经营性建设用地而非全部（包括宅基地）则是对土地发展权市场交换域和政治权力域混合域博弈参数调整的结果，是一个嵌入了政治过程变量（稳定与发展、效率与公平、利益与风险）的强制性和诱致性制度变迁妥协兼容的结果。①

---

① 盖凯程、于平：《农地非农化制度的变迁逻辑：从征地到集体经营性建设用地入市》，载于《农业经济问题》2017 年第 3 期。

以农村集体经营性建设用地入市为突破，推动集体建设用地循序合法入市，这一改革举措的实质性意义在于将错配的农地剩余控制权和剩余索取权还原给农民（集体），将其塑造成为真正的市场财产权利主体，继而从其从被动的间接分配主体变为主动的直接分配主体，无疑将改变既有农地非农化模式下土地增值分配关系的生成逻辑，在极大程度上消解土地市场权利二元、市场进入不平等及由此带来的土地利益分享不公的弊端。

由于集体经营性建设用地的异质性、土地增值来源的多样性和土地产权转移过程的复杂性，决定了土地增值收益分配模式的多元化，但其遵从的核心逻辑是土地产权剩余控制权和土地价值剩余索取权从（地方）政府向农民（集体）的转移。集体经营性建设用地合法入市的实质是各利益主体土地利益关系的重构。制度的重新设计安排以其配给交易功能和分配性质相应地拓宽或压缩相关主体的利益空间，改变其行为逻辑，引发新的利益调整，最终演绎的方向朝着有利于促成"初次分配体现效率、二次分配体现公平"的分配价值取向，有利于促成"初次分配依产权，二次分配靠税制"的分配体系，有利于促成"各依其权，各获其利"的新型利益分配模式和格局。①

---

① 盖凯程、于平：《农地非农化制度的变迁逻辑：从征地到集体经营性建设用地入市》，载于《农业经济问题》2017 年第 3 期。

第7章

集体经营性建设用地入市风险:
宏观·中观·微观

  土地制度是中国经济社会有序运行的重要载体和基础性制度安排,农地制度创新是中国全面深化改革关键而敏感的领域。独特的土地制度安排曾是过去四十年来中国经济高速增长与社会历史转型的重要推动力,但这种城乡二元分割的"以地谋发展"制度框架在从"乡土中国"向"城乡中国"的历史转型中逐渐潜伏了效率与公平的双重损失,推动集体建设用地入市改革的历史时机和社会条件已然成熟。但市场化本身所固有的"脱嵌风险"、既有农地非农化制度安排的"路径依赖"性质和自我反馈增强机制,以及不同利益主体在这一制度创新过程中的"非适应性预期"等都将增加这一制度变迁的不确定性,制度秩序交替的不确定性也将大大增加农地制度创新的摩擦性成本。新《中华人民共和国土地管理法》正式实施后,大规模集体经营性建设用地直接进入市场必然会对现有土地市场秩序及其利益分配格局造成巨大冲击①,继而触发风险。因而亟须在风险识别基础上剖析风险生成逻辑及各类风险间传导机制,进而构建起科学合理的风险预警机制和防控体系,以有效规避集体建设用地入市可能带来的各种风险,降低土地制度改革的不确定性。

---

  ① 据国土资源部调查推算,2013 年中国农村集体建设用地面积达 3.1 亿亩(其中经营性建设用地面积 4200 万亩),2015 年中国城市建成区面积约 7350 万亩。换言之,虽然农村集体经营性建设用地只占集体建设用地的 13.5%,但其面积却已经超过全国城市建成区的一半。另有 2 亿多亩存量集体建设用地(宅基地、集体公益性建设用地)会以各种改头换面的方式转化入市。

7.1　集体经营性建设用地入市风险：一个分析框架

制度变迁的本质是在既有约束条件和外部环境发生改变后对制度均衡解的一次重新求解。制度变迁过程中的风险本质上是一种逆向偏差，即在制度的替代、转化和交易过程中因未来预期的不可预测性所导致的实际效果偏离预期效果的程度。集体经营性建设用地入市的制度创新及政策调整的初衷是继续在城市化和土地要素集约利用之间寻求一个合宜的均衡解，目标是以之推动和促进城乡建设用地市场的一体化与融合发展。这一改革涉及土地市场上的重大利益调整，在实践推进过程中由于产权安排不合理、市场发育不充分、法律体系不完善及相关配套制度不健全等多方影响，利益主体的行动空间与行动策略选择可能导致实践效果与政策预期相背离，并对国家、区域和农民（集体）造成不可逆损害，制约土地资源的高效利用与城乡居民福利水平的帕累托改进。

中国农地非农化制度变迁的"路径依赖"性质既源自我国以公有制为主体、兼顾效率与公平的社会主义基本经济制度和宪法秩序的内在规定性，也内嵌于由中国特殊二元土地产权制度和城乡间非对称的土地权利架构而生成的"土地—财政—金融'三位一体'"城市化模型和地方增长导向发展逻辑之中。从某种意义上来说，集体经营性建设用地入市意味着重构了一个内在不断产生关联效应的复杂经济系统，表现为对现有土地制度安排与利益分配格局非线性替代的复杂博弈的动态过程。因而集体经营性建设用地入市可能诱发的诸多风险同入市改革一样并不是独立非相关的，而是有着相互触发内在逻辑的传导机制和系统性。

基于此，我们以"公有制性质不能改变、耕地红线不能突破、农民权益不能受损"为基本维度，从宏观、中观、微观三个层面出发，构建一个集体经营性建设用地入市风险理论分析框架（见图7-1）。从征地到集体经营性建设用地入市的农地非农化制度变迁中内嵌着一个土地增值收益从地方政府向农民（集体）转移的核心逻辑[①]。增值收益转移，一方面对地

[①]　盖凯程、于平：《农地非农化制度的变迁逻辑：从征地到集体经营性建设用地入市》，载于《农业经济问题》2017年第3期。

方政府"土地财政"收入模式造成巨大冲击，可能相继诱发宏观层面的财政风险、债务风险和金融风险；另一方面对当前乡村治理结构与农民（集体）自治能力提出挑战，进而激发微观层面的"代理人风险"和"内部人控制"及由此而引发的集体资产流失风险。与此同时，区域、村组间土地禀赋资源分布不均引起的增值收益分配失衡又可能诱发中观层面的农民群体收入分化风险。而集体经营性建设用地入市对农村土地资产价值的显化又可能诱使相关经济主体突破既有政策空间和制度约束而产生机会主义行为，继而诱发新型房地产泡沫风险、耕地资源破坏风险、农业生产率停滞风险和粮食安全风险等系统性风险。

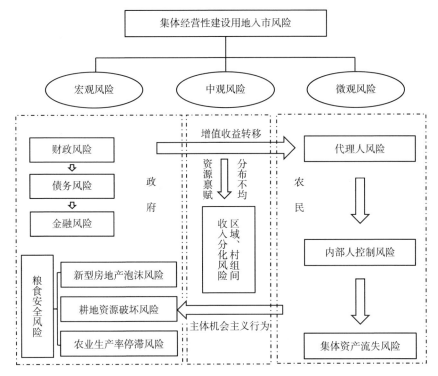

图 7-1　集体经营性建设用地入市风险分析框架

7.2　集体经营性建设用地入市：宏观风险

农村集体经营性建设用地与国有土地同权同价、同等入市重塑了传统征地制度下地方政府与农民集体之间非均衡的利益分配格局，但这种由失衡向均衡回归的动态过程存在着诱发宏观经济系统性风险的可能性。根据风险触发行为主体异质性可以将宏观层次风险分为两个不同的逻辑演进向度：一个向度是地方政府"土地财政"收入下降可能触发的财政风险及其向纵深传导引发的债务风险和金融风险；另一个向度是农民集体土地资产价值显化可能诱发的农地非农化与耕地非粮化风险及其汇集形成的粮食安全风险（见图7-2）。而这两类风险最终都可能演化为挑战国家安全底线的系统性风险，其妥善化解也都有赖于中央政府适时协调干预。

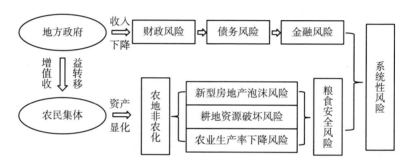

图7-2 集体经营性建设用地入市宏观风险演进示意

7.2.1 财政风险

中国地方政府财政收入的主要构成包含地方公共预算收入、地方性基金收入及中央返还（含转移支付）等。其中，地方性基金收入主要为土地出让金收入，土地财政在地方政府财政总收入中长期占据了重要地位。[①]自分税制改革以来，地方政府在传统征地制度下通过垄断城市土地供应市场与农村土地需求市场，成功开辟出一条"以地生财"的收入渠道，形成了以获取高额农地非农化增值收益为典型特征的土地财政模式。20世纪90

---

① 2010~2017年地方政府一般公共预算收入和政府性基金收入的比例关系大致为1.6:1，而土地出让金收入在政府性基金收入中占比高达81.9%，土地出让金收入在地方政府财政总收入中的平均占比为32%。

年代中后期，全国土地出让收入占地方财政总收入比重稳定在 6% 左右，但其所占份额在 2000 年之后迅速攀升：从 2001 年开始以年均 70% 以上的速度迅速增加到 2003 年的 27.86%，到 2013 年这一比重达到 36.93% 的极大值。虽然此后土地出让收入所占比重有所下降，尤其是 2015 年降到 25.12% 的低点。但据国土资源部发布的《2017 中国土地矿产海洋资源统计公报》显示，2017 年全国范围内出让国有建设用地使用权面积共达 22.54 万公顷，出让合同价款高达 4.99 万亿元，占政府性基金收入的 85.26%，所占财政总收入比重回升到 33.31%。此外，还有与土地相关的税收收入和非税收入①，与国有土地使用权出让金收入共同构成由地方政府控制与支配"土地财政"收入（见表 7-1、图 7-3）。

表 7-1　　　　　　　　1995~2017 年地方政府财政收入状况

年份	地方政府公共预算收入（亿元）	地方政府政府性基金收入（亿元）	国有土地使用权出让收入（亿元）	土地出让收入/政府性基金收入（%）	土地出让收入/财政总收入（%）
1995	2985.58	2508.93	420.00	16.74	7.64
1996	3746.92	3294.68	349.00	10.59	4.96
1997	4424.22	4109.27	428.35	10.42	5.02
1998	4983.95	3425.84	507.70	14.82	6.04
1999	5594.87	3669.05	514.33	14.02	5.55
2000	6406.06	4174.37	595.58	14.27	5.63
2001	7803.30	5248.89	1295.89	24.69	9.93
2002	8515.00	6455.79	2416.79	37.44	16.14
2003	9849.98	9608.74	5421.31	56.42	27.86
2004	11893.37	10760.67	6412.18	59.59	28.30
2005	15100.76	11025.40	5883.82	53.37	22.52
2006	18303.58	14018.41	8077.64	57.62	24.99
2007	23572.62	18506.67	12216.72	66.01	29.03
2008	28649.79	16384.96	10259.80	62.62	22.78
2009	32602.59	23242.17	17179.53	73.92	30.76

① 如城镇土地使用税、土地增值税、耕地占用税、房产税、契税、新增建设用地有偿使用费、耕地开垦费、闲置土地费、土地复垦费、土地和房地产登记交易手续费等。

续表

年份	地方政府公共预算收入（亿元）	地方政府政府性基金收入（亿元）	国有土地使用权出让收入（亿元）	土地出让收入/政府性基金收入（%）	土地出让收入/财政总收入（%）
2010	40613.04	34341.97	27464.48	79.97	36.64
2011	52547.11	39178.93	32126.08	82.00	35.02
2012	61078.29	35396.20	28042.28	79.22	29.07
2013	69011.16	49450.49	43745.30	88.46	36.93
2014	75876.58	51361.19	40479.69	78.81	31.81
2015	83002.04	39558.88	30783.80	77.82	25.12
2016	87239.35	43575.31	36461.68	83.68	27.87
2017	91469.41	58640.48	49997.07	85.26	33.31

资料来源：地方财政公共预算收入来自《中国统计年鉴》；1995～2000年国有土地出让金收入来源于许友传《中国地方政府债务的结构性风险》（发表于《统计研究》2018年第2期）；2000～2013年、2016年国有土地出让金收入来自《中国国土资源年鉴》；2014年、2015年、2017年国有土地出让金收入来自《中国统计年鉴》；2010～2017年地方政府性基金收入来自财政部地方政府性基金收入决算表；1995～2009年地方政府性基金收入为《中国统计年鉴》中公布的地方政府预算外资金收入与国有土地使用权出让金收入之和。地方政府财政总收入=一般公共预算收入+政府性基金收入（由于2010年前政府性基金收入数据在公开资料中并未公布，因此用"国有土地出让金收入+地方政府预算外资金收入"近似替代"政府性基金收入"）。

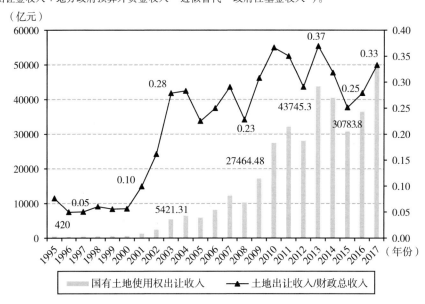

图7-3 国有土地出让收入及其在地方政府财政总收入中占比（1995～2017年）

"土地财政"的实质是地方政府利用农村集体土地"所有权主体虚置、使用权用途管制限制、转让权非经征用不得入市的约束"[①]，以及城市建设用地市场化"招拍挂"有偿使用制度，低价征用、高价出让，获取农地非农化增值收益，并通过基础设施建设投资、招商引资、培育房地产等行为进一步获取城市经营收入及地方经济增长的过程。在符合规划和用途管制前提下，允许农村集体经营性建设用地以出让、租赁、入股等方式入市，实行与国有土地同权同价、同等入市，将大幅压缩农地非农化过程中地方政府的征地范围与垄断利润空间，减少地方政府土地出让金收入，进而对其土地财政收入数量及其整体财政收入格局造成严重冲击。有学者通过对政府征收与集体经营性建设用地入市两种农地非农化方式的土地增值收益分配对比研究表明，地方政府在集体经营性建设用地入市过程中所获增值收益份额相较于征地制度下获得的收益比例大幅下降，前者在征收高比例调节金情况下为36%、低比例调节金情形下仅为16%，而后者高达77%。[②] 在替代性税源尚未建立的情况下，土地财政收入大幅萎缩将导致地方财权和事权再次错配，极大限制地方政府对基础设施、教育、科技等地方公共产品的投入，进而严重影响地方政府履行公共管理与公共服务的基本职能。

7.2.2　债务风险

在财政分权体制背景下，地方政府为谋求本地经济快速发展大规模进行城市基础设施投资与开发区建设，使其公共财政收支结构长期处于非均衡状态。对于地方而言，弥合这一非均衡状态和财政收入不足，除了需要依靠中央政府转移支付及税收返还之外，一个重要的渠道就是依靠外部融资，进而形成了地方债务。

自分税制改革以来，地方政府公共预算收入约占其预算支出的60%[③]，

① 盖凯程、于平：《农地非农化制度的变迁逻辑：从征地到集体经营性建设用地入市》，载于《农业经济问题》2017年第3期。

② 谢保鹏等：《土地增值收益分配对比研究：征收与集体经营性建设用地入市》，载于《北京师范大学学报》（自然科学版）2018年第3期。

③ 姜子叶、胡育蓉：《财政分权、预算软约束与地方政府债务》，载于《金融研究》2016年第2期。

在进入 21 世纪后有持续下降的趋势（见图 7 - 4）。从 2000 年开始，我国地方政府债务余额以年均近 29% 速度快速增长，2009 年增幅更是高达 62.14%，截至 2014 年末地方政府债务存量为 15.41 万亿元，债务负债率达到二十年来极大值 24.22%。2015 年开始我国经济发展进入"三去一补"新常态，虽然地方政府债务余额增速大幅下降，2016 年甚至为 - 4.32%，但到 2017 全国地方政府债务余额仍高达 16.47 万亿元，相当于当期全国 GDP 的 20.07%（见表 7 - 2）。

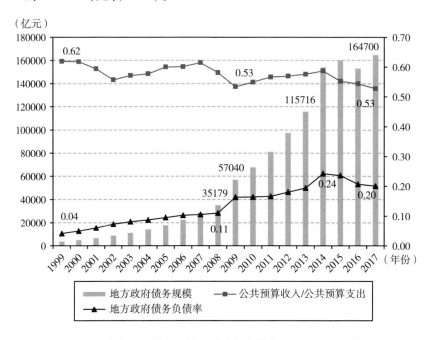

图 7 - 4　地方政府债务规模及其债务负债率（1999 ~ 2017 年）

表 7 - 2　　　　　　　　　1999 ~ 2017 年地方政府负债状况

年份	中央税收返还和转移支付（亿元）	地方政府公共财政预算支出（亿元）	地方政府可偿债资金收入（亿元）	地方政府债务规模（亿元）	地方政府债务负债率（%）
1999	3992.00	9035.34	1065.86	3722.20	4.11
2000	4748.00	10366.65	1382.99	4963.86	4.95
2001	61180.00	13134.56	2082.63	6618.53	5.97
2002	7353.00	15281.45	3003.34	8836.68	7.26

年份	中央税收返还和转移支付（亿元）	地方政府公共财政预算支出（亿元）	地方政府可偿债资金收入（亿元）	地方政府债务规模（亿元）	地方政府债务负债率（％）
2003	8261.41	17229.85	6302.85	11158.67	8.12
2004	10407.96	20592.81	8120.70	14112.47	8.72
2005	11484.02	25154.31	7314.29	17832.76	9.52
2006	13501.45	30431.33	9451.34	22536.33	10.27
2007	18137.89	38339.29	15587.94	28482.48	10.54
2008	22990.76	49248.49	12651.86	35178.66	11.01
2009	28563.79	61044.14	17301.77	57039.90	16.34
2010	32341.09	73884.43	26534.18	67778.27	16.41
2011	39921.21	92733.68	31860.72	81223.90	16.60
2012	45361.68	107188.30	27293.91	97428.24	18.03
2013	48019.92	119740.30	41036.04	115715.50	19.44
2014	51591.04	129215.50	38731.82	154074.30	24.22
2015	55097.51	150218.80	18664.57	160074.30	23.60
2016	59810.00	160351.40	23159.67	153164.00	20.67
2017	65051.78	173228.30	33289.92	164700.00	20.07

注：地方政府债务负债率＝地方政府债务规模/全国 GDP。

资料来源：地方财政公共预算数据源自《中国统计年鉴》；中央税收返还和政府转移支付来源于《中国财政年鉴》；地方政府可偿债资金收入＝地方政府公共财政预算收入－地方政府公共财政预算支出＋中央对地方的税收返还和转移支付＋土地出让金收入；1999～2013 年地方政府债务规模来源于许友传《中国地方政府债务的结构性风险》（发表于《统计研究》2018 年第 2 期）；2014～2016 年来源于《中国财政年鉴》；2017 年来源于时任财政部部长肖捷于公开媒体披露。

而地方政府到期债务偿还与利息支出又主要依靠土地出让收入来维持收支平衡。据审计署 2013 年审计报告显示，截至 2012 年底，审计的 11 个省级、316 个市级、1396 个县级政府承诺以土地出让收入偿还的债务余额为 3.49 万亿元，占省市县三级政府负有偿还责任债务余额（9.36 万亿元）的 37.23%[①]；在已公布政府性债务审计结果的 23 个省份中，浙江省的

① 中华人民共和国审计署：《审计结果公告 2013 年第 32 号》《全国政府性债务审计结果》。

"土地偿债在政府负有偿还责任债务中占比"最高（达66.27%），北京市规模最大（3601.27亿元），土地财政依赖度最低的山西省也有20.67%的债务要靠土地出让收入偿还[①]；根据相关数据统计，以2017年为例，中央向地方转移支付和税收返还共计6.51万亿元，地方政府公共预算收入和财政支出分别为9.15万亿元和17.33万亿元，当年地方财政收支差额达到1.67万亿元，加上国有土地使用权出让收入4.99万亿元，全国地方政府可偿债资金收入为3.33万亿元，为同期债务余额的20.21%。在土地税收征管体系不健全的情况下，全面允许集体经营性建设用地与国有土地同权同价、同等入市必然会对城市土地供应方式与增值收益分配格局形成冲击，地方政府从农地非农化过程中获取的土地财政收入也将大幅下降，极可能进一步引发地方政府的债务风险。

7.2.3 金融风险

面对纵向政绩考核与横向发展竞争压力，财权与事权不对等的地方政府纷纷通过组建各种城投、项目建设公司等融资平台筹集预算外发展资金以进行城市基础设施投资和开发区建设。在银行贷款、发行"城投债"与资本市场融资三种主要债务资金来源中，银行贷款所占比重最高，是地方政府债务融资的主要方式。[②]而土地使用权抵押与政府信用担保又是融资平台获得银行贷款的常用方式。如图7-5所示，根据对全国84个重点城市土地抵押贷款和抵押面积指标的重点监测，2009～2015年土地抵押贷款总额依次为2.59万亿元、3.53万亿元、4.8万亿元、5.95万亿元、7.76万亿元、9.51万亿元、11.33万亿元，6年间增长4.37倍；相应的，土地抵押面积逐年递增，依次为21.7万公顷、25.82万公顷、30.08万公顷、34.87万公顷、40.39万公顷、45.1万公顷、

---

① 刘德炳：《我国23个省份"土地财政依赖度"排名报告》，载于《中国经济周刊》2014年第14期。

② 截至2014年末，在地方政府15.41万亿元的债务存量中，只有1.06万亿元是通过发行债券的方式募集，其余14.34万亿元都是通过融资平台银行贷款等非债券方式举借的存量债务。

49.08 万公顷，6 年间增长 126%（见图 7-5）。即使最近在各地蓬勃兴起的政府和社会资本合作（PPP）项目，其中接近 90% 的资金都是需要政府承担偿还或担保责任的银行贷款①。另外，从银行等金融机构角度来看，相对于风险更大的民营企业，商业银行更愿意将贷款提供给不具有破产机制的地方政府，从而造成金融资源高度集中于有政府信用担保且坏账率较低的政府融资平台②。例如，2017 年中国工商银行、中国农业银行、中国银行和中国建设银行四大国有银行平均持有政府债券金额约占其总资产规模的 14%③。

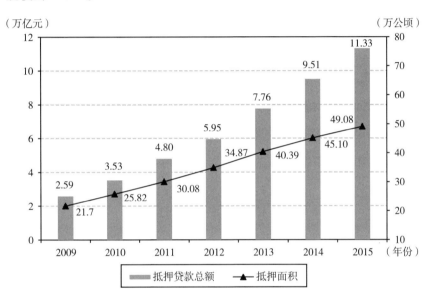

图 7-5　84 个重点城市土地抵押贷款和
抵押面积变化情况（2009~2015 年）

资料来源：历年《中国国土资源年鉴》。

---

① 魏伟、陈骁、张明：《中国金融系统性风险：主要来源、防范路径与潜在影响》，载于《国际经济评论》2018 年第 3 期。

② 唐云锋、刘清杰：《地方政府债务诱发金融风险的逻辑与路径》，载于《社会科学战线》2018 年第 3 期。

③ 根据四大国有银行 2017 年度报告整理得来。从 2014 年开始，地方政府通过发行置换债券的方式将原有地方融资平台高利率、短久期的银行贷款置换为低利率、长久期的银行债务，这虽然大大减轻了地方政府的债务利息负担、有效缓解了偿债压力，但却降低了银行资产的收益率并拉长了债务期限，增加了银行的资产负债表压力。

地方政府基础设施建设投资对土地收益权质押贷款的过度依赖及银行贷款等金融资源于地方政府高度集中，意味着"以地融资"的杠杆效应运用实际上存在地方政府债务诱发潜在金融风险的逻辑。集体经营性建设用地直接入市极可能对城市土地价格造成强烈的外生冲击，而土地价格下降，一方面会通过影响银行的资产负债表造成金融部门的杠杆率上升和信贷紧缩[①]，另一方面则会通过影响地方政府土地出让收入触发债务违约风险造成银行等金融机构坏账率上升；信贷紧缩与利率上升又会通过影响社会总需求进一步压低土地价格，进而加重地方政府偿债压力，在经济中形成债务风险和金融风险相互强化的正反馈机制。

7.2.4 新型房地产泡沫风险

集体经营性建设用地入市突破了凡变为城市建设用地须转为国有制的制度设计，形成了农地非农化的市场化转用机制，农村集体土地资产价值将在完善的市场竞争中充分显化。其巨大的增值溢价空间必然吸引大量城市资本下乡"圈地"，进而可能引发新型房地产泡沫风险。由于当前农村基层自治机制缺失和农民自组织能力涣散，农民集体议价能力屡弱，在入市交易中存在着外部资本通过低价大量获取农民手中资产化的集体建设用地使用权而投机获利的可能性。[②] 在相关配套法律政策不完善、制度规则不健全的情形下，城市工商资本的大量涌入极可能在农村掀起一场新的"圈地运动"，而集体建设用地入市则可能演变为资本与权力相勾结共同瓜分集体资产的"盛宴"[③]。

农村集体经营性建设用地大规模入市，理论上短期内能带来溢价空间最大的用途便是房地产建设投资，趋利性质的外部经济主体获得集体建设用地使用权后必然有以各种名义突破用途管制用于房地产开发的冲动，进

---

① 李玉龙：《地方政府债券、土地财政与系统性金融风险》，载于《财经研究》2019年第9期。

② 陈伯君、钟怀宇：《国企改革对农村土地改革的启示与镜鉴》，载于《探索》2008年第3期。

③ 夏方舟、严金明：《农村集体建设用地直接入市流转：作用、风险与建议》，载于《经济体制改革》2014年第3期。

而可能引发新型乡镇房地产泡沫风险。

7.2.5　耕地资源破坏风险

在中国工业化与城市化进程中，与城市数量和用地面积增长形成鲜明对比的是耕地资源快速消失。1985～1994 年十年间全国城市数量由 324 个增加到 622 个[①]，增长了近 1 倍，31 个特大城市主城区占地规模扩大了 50.2%[②]。与此同时，全国耕地面积减少了近 5000 万亩，其中因非农建设占用耕地 2960 万亩[③]。为了防范城镇化加速发展阶段严峻的耕地流失风险，中国全面修订《土地管理法》并从 1998 年开始实行"最严格的耕地保护制度、最严格的节约用地制度和最严格的土地管理制度"[④]，严控城乡建设用地规模、严守耕地面积红线。然而在城市化与工业化高速发展推动下，即使国家关闭了除征地以外其他所有农地非农化转用通道，仍然有大量集体土地通过隐形市场非法入市流转转用。1998～2007 年十年间中国耕地面积实质减少了 1 亿多亩（见图 7－6）[⑤]。根据《中国国土资源公报》等数据显示，2012～2017 年，我国耕地面积平均每年减少 100 万亩，而建设用地面积则以每年 800 万亩的速度增加。与之相应的是，耕地面积的不断缩减，加上农村承包经营权流转而带来的农地"非粮化""非农化"倾向，使粮食生产的压力开始逐年增加。

---

① 孙佑海：《〈土地管理法〉1998 年修订之回顾》，载于《中国环境法治》2008 年第 1 期。

② 国家土地管理局保护耕地专题调研课题组·《近年来我国耕地变化情况及中期发展趋势》，载于《中国社会科学》1998 年第 1 期。

③ 高富平：《重启集体建设用地市场化改革的意义和制度需求》，载于《东方法学》2014 年第 6 期。此文认为 1986～1995 的十年间中国耕地面积共减少了近 1 亿亩，虽然其中有 7000 多万亩是因退耕还林、还草等农业结构调整占用和灾害损毁等原因造成的。但周其仁等学者并不认可耕地面积十年减少 1 亿亩的说法，认为这里面有很大的统计误差。从本文收集的数据来看也并不支持这一说法，具体情况有待于进一步考证。

④ 夏方舟、严金明：《农村集体建设用地直接入市流转：作用、风险与建议》，载于《经济体制改革》2014 年第 3 期。

⑤ 2008 年之后的数据表明，在全面取消农业税之前，由于各地的瞒报、漏报或隐而不报使得约有 2 亿亩土地长期未纳入统计口径之内，而农业税的取消使这部分隐性的土地显性化。

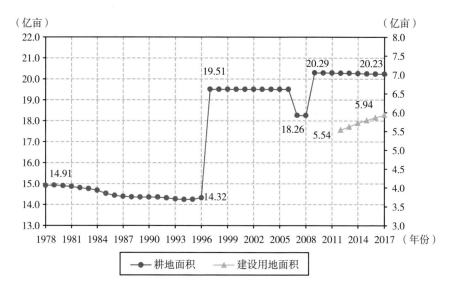

图 7-6　中国历年耕地和建设用地面积变动趋势（1978~2017 年）

资料来源：2002~2017 年耕地数量摘自《中国农村统计年鉴》；1978~1986 来源于《中国统计年鉴》；1987~1996 年摘自《中国农业年鉴》（其中 1987~1990 年数据出现异常，采用国土资源部数据替代；1997~2002 年数据各年鉴中数据缺失，而 2002~2016 年数据各年鉴均显示为 19.51 没有变化，也可能为异常值）；2012~2017 年建设用地面积摘自国土自然资源部发布的历年《国土资源公报》（2017 年更名为《中国土地矿产海洋资源统计公报》）。

　　允许集体经营性建设用地与国有土地同权同价、同等入市就意味着在征地制度之外打开了一条集体土地入市转用的合法通道（见图 7-7）。

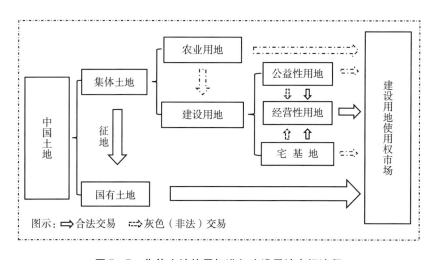

图 7-7　集体土地使用权进入建设用地市场流程

在此轮改革中还"允许村集体在农民自愿前提下，依法把有偿收回的闲置宅基地、废弃的集体公益性建设用地转变为集体经营性建设用地入市"①，这不仅意味着增强了集体经营性建设用地入市改革与宅基地制度改革和征地制度改革的整体性与协同性，还意味着大大增加了农村集体土地管理压力与耕地流失风险。入市改革的政策预期是在控制农村建设用地软约束粗放投入以规避耕地资源枯竭的基础上提高城乡集体建设用地利用效率。然而在市场逐利性驱使下，"合法交易空间一旦打开，灰色交易也会趁机而入"②，相关利益主体会试图摆脱现有制度约束产生寻租与攫取"剩余权力"的行为。在当前市场环境中农业尤其是粮食种植业的比较收益长期偏低，入市则为集体建设用地带来巨大的增值溢价空间，相同禀赋条件下的土地在"种庄稼"和"种房子"之间可能产生数十倍甚至数百倍的价值落差。在集体土地台账模糊、地籍管理混乱、土地用途管制不规范的情况下，面对巨大的利益诱惑，农民个体甚至农村集体经济组织都会产生非法转用集体土地的冲动，进而极大地加重耕地资源保护压力。

7.2.6 农业生产率停滞风险

集体建设用地作为我国农村土地的重要组成部分，是农业生产经营及其产业链延伸至第二、第三产业不可或缺的配套性支撑用地，直接关系着农业生产活动的顺利进行与劳动生产效率的提高。从改革的政策预期来看，集体经营性建设用地入市是为了吸引资本、技术、人才下乡，推进现代生产要素向农业生产汇集，提升我国农业现代化与三产融合发展水平，最终实现乡村振兴。然而在现实入市改革实践中，集体建设用地价值显化导致其交易价格上涨以及非农经营主体竞争性使用造成的挤出效应，诱发了农业劳动生产率停滞风险（见图 7 - 8）。

---

① 《中共中央 国务院关于建立健全城乡融合发展体制机制和政策体系的意见》，http://www.gov.cn/xinwen/2019 - 05/05/content_5388880.htm。

② 刘庆乐、施青军：《风险防范、市场嵌入与政策演进——基于中国集体建设用地市场化的进程分析》，载于《中国行政管理》2017 年第 12 期。

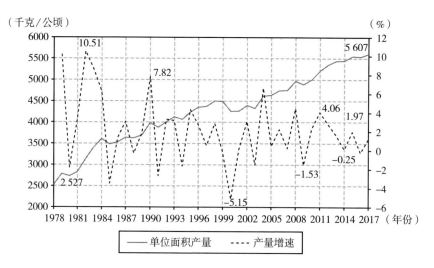

图7-8　改革开放以来中国历年粮食作物单位面积
产量变动趋势（1978~2017年）

资料来源：《中国农村统计年鉴》。

在市场化竞争性使用集体建设用地的资源配置过程中，外部竞用压力推动集体建设用地价格迅速上涨，并通过地票交易、增减挂钩等制度设计逐渐向具有区位优势与集聚效应的城镇地区非农产业集中，挤占了农业发展所需建设用地指标，加剧了农村地区建设用地供需矛盾；而农业生产由于受自身弱质性影响及长期偏低的比较收益限制，无力承担大幅上涨的建设用地成本，农业发展缺乏必要建设用地保障进而约束相关生产要素集聚，必然会限制农业劳动生产效率提升。截至2018年底，承担国家"三块地"改革试点任务的33个市区县推动万余宗、面积总额达9万亩的经营性建设用地直接入市，总计价款257亿元[①]，平均每亩土地市场交易价格为28.6万元，远远超过了农业生产尤其是粮食生产所能承担的用地成本。从图7-8中可以看到，我国粮食作物单位面积产量增速从2011年开始在波动中下降，2016年单位面积产量甚至一度减少0.25%，从2015年的5553千克/公顷下降到5539千克/公顷，近五年来我国粮食作物单产年均增长率不足1%。

---

① 《国务院关于农村土地征收、集体经营性建设用地入市、宅基地制度改革试点情况的总结报告》，http://www.sohu.com/a/285190830_750661。

7.2.7 粮食安全风险

粮食安全作为中国总体安全观的重要组成部分，事关经济社会发展稳定及国家治理体系和治理能力现代化，是制约我国农地产权制度发展演变走向的重要约束条件[①]。维持粮食安全需要一定的粮食产量为保障，而一定的粮食产量需要以相当规模的耕地面积为基础。在地理环境、气候条件及科技水平限制下，耕地对粮食安全的保障作用又主要取决于粮食作物播种面积和耕地质量两个因素。伴随着耕地面积的较少、"占补平衡"中高质量耕地流失带来的整体耕地质量的下降及集体建设用地非农化使用带来的农业生产率增长抑制将对我国粮食安全保障带来较大挑战。从图7-9中可以看到，我国粮食播种面积从2004年开始到2015年实现了连续十二年的正增长，年均增长率为1.51%，与之相应的是我国粮食产量保持了连续十二年年均3.65%的增长率。然而2016年之后，粮食播种面积、粮食作

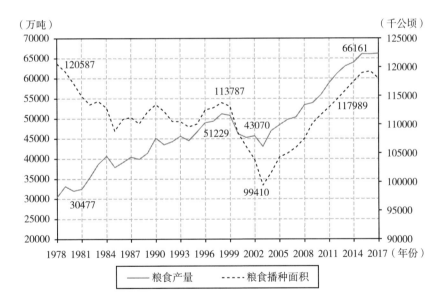

图7-9 改革开放以来中国历年粮食播种面积与产量变动趋势（1978～2017年）
资料来源：《中国农村统计年鉴》。

① 高帆：《四重约束下中国农地产权制度变革》，载于《政治经济学报》2019年第2期。

物单位面积产量增长态势开始双双收敛，进而导致我国粮食产量增长停滞并遭遇了近十余年来的首次负增长。过于激进的集体经营性建设用地入市可能对国家的耕地红线与粮食安全造成一定的负面影响。

7.3 集体经营性建设用地入市：中观风险

集体经营性建设用地入市增值收益分配及其可能引发的不同区域利益群体贫富分化和社会不公成为部分学者（华生，2014；贺雪峰，2018）反对集体建设用地入市的借口，并由此延伸出与现行中国农村土地制度改革主流观点完全不同的理论观点：其中一种代表性观点是集体经营性建设用地入市增值收益的最大获益者是极少数的、占比约3%的城市郊区农民（集体），而剥夺了剩余的占比约为97%的大多数农民城市化的权利，其实质是将公有制性质的农村集体土地发展权配置给极少数农民，而剥夺了大多数农民的土地发展权，进而造成更大的社会不公。故而应调整既得利益结构，使土地增值收益回归城市化主体——农民工[1]。另一种与之相似的观点则以土地公有制社会主义性质的逻辑为出发点，并基于"地尽其利、涨价归公"逻辑进路，认为现行中国土地制度是中国现代化进程中独特而先进的制度性优势，凡主张集体建设用地入市者是站在少数的城郊（中）村农民而非广大农民立场上，进而将赋予农民土地财产权与私有化画等号，并引申出集体建设用地入市必将人为生成一个土地食利者阶层的逻辑结论[2]。这两种观点的区别在于要不要继续坚持传统的农地非农化（征地）模式。

集体经营性建设用地入市中观层次风险是指由土地禀赋资源分布不均可能引发的区域、村组间收入分化问题。与财政风险、债务风险、金融风险、耕地破坏风险、农业生产率停滞风险、粮食安全风险和新型房地产泡沫风险及集体"代理人风险"和"内部人控制"引发的集体资产流失风险

等入市改革的共生性风险相比，区域间收入分化是由入市改革引发的衍生性风险，具有一定的隐蔽性与滞后性，不易为参与主体（如政府和农民）感知和相关研究识别。允许农村集体经营性建设用地入市，可以在很大程度上改变征地制度下政府、集体和农民之间长期存在的非均衡利益机制和增值收益分配关系，改善收入差距过大、发展失衡的城乡二元体系，但同时也会改变我国当前"涨价归公""地利共享"的制度安排，造成新的农村内部区域、村组间收入分化问题。不同区域与村组间土地禀赋资源分布不均与失衡主要体现在"数量不均"和"价值失衡"两个方面[①]。

7.3.1 集体经营性建设用地数量分布不均

农村集体经营性建设用地有存量和增量之分。对于可以转变为增量集体经营性建设用地入市的宅基地和集体公益性建设用地而言，其配置数量主要依据集体农民户数及其对公共物品的需求[②]，在各区域不同集体之间的分布差异有限。而对于存量集体经营性建设用地，除了部分产生于农业合作化时期"政经一体"的各级成员集体开展集体化生产和兴办社队企业之外[③]，绝大部分均源于 20 世纪 80 年代初期的乡镇企业发展[④]。而乡镇企业的发展又主要依靠当时基层政权宽松的管制环境、农民集体敏锐的市场意识及基于区位优势带来的产业布局便利[⑤]，因而广泛活跃于长三角和珠三角及中心城市周边等发达地区，在中西部等欠发达地区则较为沉寂，存在着显著的区域发展差异。也由此导致了目前存量集体经营性建设用地在不同地区间分布严重失衡的状态。总体而言，全国共有存量集体经营性建设用地面积 4200 万亩，约占农村集体建设用地的 13.5%，对于一些西部省区而言这个比例大概只有 2%，但对于部分东部沿海地区这个比例高达90% 以上（见表 7 - 3）。

---

① 周应恒、刘余：《集体经营性建设用地入市实态：由农村改革试验区例证》，载于《改革》2018 年第 2 期。

②⑤ 曲承乐、任大鹏：《论集体经营性建设用地入市对农村发展的影响》，载于《中国土地科学》2018 年第 7 期。

③ 支晓娟：《集体建设用地流转的绩效评》，中国建筑工业出版社 2015 年版，第 16 页。

④ 刘守英：《中国土地制度改革：上半程及下半程》，载于《国际经济评论》2017 年第 5 期。

表 7-3　　　　　　部分入市试点地区集体经营性建设用地存量面积

试点地区	面积（亩）	试点地区	面积（亩）
广东南海	257055	浙江德清	10187
江苏武进	112500	甘肃陇西	5195
北京大兴	79600	河南长恒	4729
上海松江	45000	贵州湄潭	4625
四川郫县	22900	四川泸县	4100
广西北流	19200	辽宁海城	3795
重庆大足	15000	山东禹城	3494
山西泽州	11000	黑龙江安达	956

资料来源：数据通过实地调研或媒体公开报道获得，部分数据转引自陈明：《农村集体经营性建设用地入市改革的评估与展望》，载于《农业经济问题》2018 年第 4 期。

　　从部分试点地区集体经营性建设用地存量来看，位于前四位的分别是广东南海、江苏武进、北京大兴、上海松江，分别为 25.71 万亩、11.25 万亩、7.96 万亩和 4.50 万亩，四地存量集体经营性建设用地占统计地区总面积的 80% 以上。并且广东南海和江苏武进这两个分别位于珠三角和长三角地区的存量面积超过其他试点地区可入市面积的总和。虽然同样位于长三角的浙江德清县摸底得出各级集体经济组织只有存量集体经营性建设用地 1.02 万亩，但却占全县集体建设用地的面积的 95.29%。除了四川郫县与重庆大足这两个区域中心城市外，绝大部分中西部地区存量集体经营性建设用地面积均不足 5000 亩[①]。例如，贵州湄潭认定存量集体经营性建设用地仅有 4625 亩，加上符合规划和用途管制的宅基地和公益性建设用地其面积也才 2 万亩；四川泸县经过摸底调查得出全县现有存量集体经营性建设用地 195 处、4100 余亩，可通过宅基地退出复垦节余指标 1.5 万亩；存量最少的黑龙江安达市更是只有不足 1000 亩。这种存量分布上的差异对于同一区域内部不同发展水平的市县、村组间同样显著，区位条件优越、经济发展具有先发优势的村镇集体拥有的存量经营性建设用地要明显多于位置偏僻、发展相对迟缓的远郊集体，如四川省不同区县间及同一区县内

---

　　① 山西泽州作为煤炭等传统矿产资源主产区，境内拥有大量因结构调整与转型升级而废弃的工矿用地，所以存量集体经营性建设用地面积达到 1 万亩以上。

不同集体组织间的存量可入市面积差别也很大。

7.3.2 集体经营性建设用地价值分布失衡

集体经营性建设用地入市改革，改变了现行农地非农化市场政府垄断供需格局，农民（集体经济组织）作为供地主体自发推动集体建设用地入市[1]，提升了农民集体在农地转用过程中的自主性与话语权，改变了集体经营性建设用地使用权的价格生成逻辑，增强了市场在资源配置与要素结构调整上的决定性作用，极大提高了集体经营性建设用地的溢价空间。但这并不意味着所有进入市场交易的集体经营性建设用地都能获得高收益，不同自然经济禀赋的地块将在市场对价中充分还原其自身价值。而建设用地使用权价值的生成又与其区位坐落和用途规制有着极大关系，差异化的交通区位优势、公共基础设施及城市区划限制决定了不同区域间农民集体建设用地价值分布失衡的客观事实，而这种价值失衡又通过市场极化效应表现在东西部地区、大小城市及近郊与远郊之间较大的入市价格差异上（见表7-4）。

表7-4　　　　2017~2018年不同试点地区集体经营性建设用地入市价格分布

区域	试点地区	入市均价（万元/亩）
东部	浙江德清县	26.0
中部	河南长垣县	11.0
西部	四川省泸县	8.0
特大城市	上海市松江区	423.0
大城市	成都市郫都区	60.0
中等城市	常州市武进区	30.0
小城市	泸县玉蟾街道	20.0
近郊	泸县龙桥社区	12.0
远郊	泸县天兴镇	7.7

资料来源：实地调研数据。

---

① 盖凯程、于平：《农地非农化制度的变迁逻辑：从征地到集体经营性建设用地入市》，载于《农业经济问题》2017年第3期。

　　由于东部沿海省市便利的区位经济优势及成熟完善的交通、医疗、教育等公共服务体系和基础设施，使其在中国经济地理版图中成为人口、资源净流入地区，人多地少的资源禀赋条件决定了旺盛的建设用地需求，自然也就大大提高了相应地区集体经营性建设用地入市溢价空间；而对中西部地区而言，有限的区位优势、集聚效应及发展潜力决定了集体建设用地使用权有限的增值潜力。例如，位于东部沿海发达地区的浙江省德清县集体经营性建设用地入市均价为 26 万元/亩，位于中部地区的河南省长垣县入市均价为 11 万元/亩，而位于西部地区的四川省泸县平均入市价格只有 8 万元/亩，东部地区价格是西部的 3.25 倍。基于同样的价值生成逻辑，这种区域性价格差异在不同规模城市间更为显著。例如，在中国一线特大城市上海松江区，集体经营性建设用地入市均价高达 400 多万元/亩，而位于江苏省的常州市武进区西墅村的入市均价只有前者的 7%，约 30 万元/亩；作为"新一线"城市的成都市郫都区入市均价可以达到 60 万元/亩，而同样位于四川省的泸县玉蟾街道入市均价仅为 20 万元/亩，只有前者的 1/3。即便在某一改革试验区内部不同集体组织之间这种区域性价格差异也同样存在。例如，泸县得胜镇和天兴镇宅基地有偿退出节余集体建设用地并不能直接转化为经营性建设用地就地入市，只能以略高于征地补偿标准 7.7 万元/亩的价格出让建设用地指标，由龙桥社区购得用地指标并将其在县城近郊落地后，再以 12 万元/亩的价格推向市场用于产业发展，这近 5 万元的价差不仅意味着远郊和近郊集体经营性建设用地价值差异，还反映了城市规划区内与规划区外农民集体的入市机会差异。

　　正是当前集体经营性建设用地价值较高与存量较多的地区——面临着旺盛用地需求与高额征地成本矛盾，对于自下而上的需求诱致性制度变迁探索有着更大积极性，对于得到自上而下的强制性制度供给回应需求也更为急切。如作为当前入市典型的南海"土地股份制"模式就是在存量、价值优势与市场需求旺盛的基础上发展而来①。而集体经营性建设用地存量较少、价值较低的中西部偏远农村等欠发达地区对入市制度需求则相对较

---

① 曲承乐、任大鹏：《论集体经营性建设用地入市对农村发展的影响》，载于《中国土地科学》2018 年第 7 期。

弱。在指标约束型的利用总体规划和严格偏紧的年度利用计划的土地双重管理体系下，地方政府为了缓解经济发展与城市建设用地压力普遍会加大对入市行为的支持力度，集体经营性建设用地存量较多、价值较高的地区和村组集体将获得更多增加财产性收入的机会。例如，有统计显示，全国15 个农村集体经营性建设用地试点地区到 2016 年底共入市土地 3650.58亩，获得总价款 46.77 亿元，其中近 90% 来自广东南海和浙江德清两地，其余 13 个试点地区入市面积及价款占比不足 10%[1]。若在"兼顾国家、集体、个人的土地增值收益分配机制"尚未建立的情况下忽视区域资源禀赋差异盲目推进建设用地入市制度，必然会加重区域发展不平衡并引发农民群体贫富分化风险。

7.4 集体经营性建设用地入市：微观风险

集体经营性建设用地入市微观层次风险是指大规模土地增值收益从政府部门转移到农民（集体）、成员集体和集体成员增值收益分配所面临的传统乡村治理结构适应性问题。根据《土地管理法》规定："农民集体所有的土地依法属于村农民集体所有的，由村集体经济组织或者村民委员会经营、管理；已经分别属于村内两个以上农村集体经济组织的农民集体所有的，由村内各该农村集体经济组织或者村民小组经营、管理；已经属于乡（镇）农民集体所有的，由乡（镇）农村集体经济组织经营、管理"[2]。"三级所有、队为基础"的制度设计设定了农民个体与农民集体之间复杂的多层级"委托—代理"关系，信息不对称诱发的"代理人风险"及"内部人控制"引发的集体资产流失风险成为集体建设用地入市必须面临的新课题。[3]

中国特殊的二元土地产权制度和城乡间非对称的土地权利架构使农地

---

① 贺雪峰：《三项土地制度改革试点中的土地利用问题》，载于《中南大学学报》（社会科学版）2018 年第 3 期。

② 《中华人民共和国土地管理法》（2004 年），http://www.gov.cn/banshi/2005 - 05/26/content_989.htm。

③ 盖凯程、于平：《农地非农化制度的变迁逻辑：从征地到集体经营性建设用地入市》，载于《农业经济问题》2017 年第 3 期。

非农化过程中土地实际"剩余权利"被地方政府掌握。集体经营性建设用地与国有建设用地同权同价、同等入市则突破了这一传统制度设计，剥离了国家意志之于农地所有权的强制性依附，解除了农民（集体）土地财产权益损害的制度屏蔽，实现了土地"剩余控制权"对农民（集体）的赋予，从而有利于推动构建起国家、集体和个人间平等的产权关系。集体经营性建设用地自发入市进行市场对价，多个农民（集体经济组织）作为供地主体，显著增强了农民（集体）在围绕土地增值收益争夺中的讨价还价能力和议价权，继而获取更大的土地增值收益。[①] 通过对当前试点地区不同模式农地非农化增值收益量化比较可以看到，集体经营性建设用地入市中农民集体可获得的平均土地增值收益要高于同区域同用途的征收地块收益（二者比例大约为 2：1[②]），农民集体在入市中所获得的收益份额（64%~84%）也远高于土地征收中所得收益比例（约为 23%[③]）。33 个试点县（市、区）到 2018 年底总计获得集体经营性建设用地入市价款 257 亿元，收益 178.1 亿元，其中政府收取调节金 28.6 亿元[④]，仅占总收益的 16%，而农民集体收益占比达 74%。

但"农民集体"（包括乡镇、村及村内部（两个以上）集体济组织三个层次）作为一个法律人格意义缺失的抽象集合，并不具备真正独立的法律主体地位。从已有试点和实践看，农村集体经济组织主体和代表的"虚化"模糊了农民集体与个体间的利益边界，使建设用地入市增值收益分配上集体占有比例过大、农民分红缺乏有效保障现象普遍存在。[⑤]从已有试点和实践看（见表 7-5），集体提留经营性建设用地使用权入市收益比例一般不低于 40%[⑥]，甚至部分地区规定分配到村民个人收益原则上不得超过

---

①⑤ 盖凯程、于平：《农地非农化制度的变迁逻辑：从征地到集体经营性建设用地入市》，载于《农业经济问题》2017 年第 3 期。

② 王湃、刘梦兰、黄朝明：《集体经营性建设用地入市收益分配重构研究——兼与农村土地征收制度改革的对比》，载于《海南大学学报》（人文社会科学版）2018 年第 5 期。

③ 谢保鹏等：《土地增值收益分配对比研究：征收与集体经营性建设用地入市》，载于《北京师范大学学报》（自然科学版）2018 年第 3 期。

④ 《国务院关于农村土地征收、集体经营性建设用地入市、宅基地制度改革试点情况的总结报告》，http://www.sohu.com/a/285190830_750661。

⑥ 吴昭军：《集体经营性建设用地土地增值收益分配：试点总结与制度设计》，载于《法学杂志》2019 年第 4 期。

入市地块所在区域的征地补偿标准。

在围绕最终控制权争夺的传统农地治理结构层次里，通常由具备法人资格的村委会（村干部）来充当政府与农民（集体）模糊契约安排下内在紧张关系的"缓冲器"，代以行使集体土地所有权权能（处置权）。现实中，村委会身兼农村社区公共管理者、集体资产运营管理者和政府基层代理人等多种角色，"政经合一、议行合一"的行为特征使其具备成为新的剩余控制者和索取者的独特便利。农民自组织能力涣散和基层自治机制的缺失，使集体经营性建设用地增值收益往往易被少数内部人所攫取。[①]

根据笔者所在课题组在四川郫县、江苏昆山等地调研的情况，西部地区倾向于将更多流转增值收益留于发展集体经济的意愿强烈（见表7-5），例如，郫县的集体经营性建设用地入市增值收益以"二八开"为基准分配原则：即土地收益20%按股东人数进行现金分配，剩下的80%为集体公积金和公益金（其中50%作为集体资产管理公司公积金，并按公司股权设置量化到股东，另外30%为公益金，用于村级公共福利）；而东部地区则侧重于在充分保障农村分红收益基础上构建集体资产保值增值长效机制。例如，在昆山周市镇"股权固化"改革中，股红分配比例遵循4∶3∶3的原则——40%增值收益用于集体经济组织成员分红，30%用于股份合作社积累以及再生产，剩余30%用于集体公共服务和开支。周市镇的经验在于通过社员代表制度提高了社员的自组织能力，通过"听证会制度"提升了决策的民主化程度，通过"政经分离"（行政村与社区股份合作社边界的划分）规避了"代理人风险"问题。[②]

表 7-5　　　　　　　　试点地区入市收益农民集体内部分配状况

实践地区	分配比例
成都市郫县	2∶3∶5
	20%现金分配，30%村集体公益金，50%集体资产管理公司公积金
泸州市泸县	2∶2∶5∶1
	20%直接分红，20%基础设施，50%发展基金，10%员工收入和奖励

---

①②　盖凯程、于平：《农地非农化制度的变迁逻辑：从征地到集体经营性建设用地入市》，载于《农业经济问题》2017年第3期。

续表

实践地区	分配比例
广东中山市	3：5：1：1 30%直接分红，50%社会保障，10%公益事业和基础设施，10%集体经济发展
昆山周市镇	4：3：3 40%直接分红，30%积累与再生产，30%集体公共服务和开支
佛山南海区	6：4 60%股份分红，40%集体自留发展资金
重庆大足区	8.5：1.5 85%直接分配，15%留存集体
河南安阳市	8：2 80%分配给农民，20%留存集体经济组织
山西泽州县	7：3 70%直接分配，30%留存集体
湖北沙洋县	7：3 70%分配村民小组，30%留存集体
内蒙古和 林格尔县	6.6：3.4 66%村民分配，34%留存集体
北京大兴区	镇级统筹，各村集体按照持股比例参与分配
贵州湄潭县	集体经济组织成员分配不得少于净收益的50%，集体留存不得少于30%
常州武进区	集体经营性建设用地入市收益均存放在区级专项账户上尚未进行分配利用
广西北流市	纳入农村集体财产主要用于成员的社会保障及公益、基础设施建设
浙江德清县	乡镇集体经济组织入市收益不直接分配，用于基础设施建设、民生支出 村级集体经济组织入市收益折股量化到村民股权，享受年底分红收入 村民小组入市收益10%作为村集体提留，90%在成员之间直接分配
河南长垣县	分配到村民个人收益原则上不得超过入市地块所在区域的征地补偿标准， 多余部分留存村组集体使用

资料来源：实地调研收集与通过各地官方报道整理。

　　将集体经营性建设用地入市收益留存在集体组织或村委会用于民生福利项目、基础设施建设或者发展壮大集体经济具有积极意义，有利于集体成员收入的可持续增长与生活条件长期改善。但鉴于农村基层治理结构和农民自治能力机制的制度建构并不完善，农民集体意志的表达与反映机制也并不完善①。集体经营性建设用地入市提留收益实际控制权容易落入村庄内部强势群体手中。在信息不对称与监督缺位的情况下，极易沦为少数村干部的"个人财产"②，进而诱发集体资产流失与基层腐败风险，并陷入"内部人控制"的乡村治理内卷化困境。近年来，随着村委会掌控资源增多村庄内部权力寻租空间变大，"小官巨贪"等危及社会稳定的风险日益增加，村干部腐败逐渐成为转型社会关注的焦点，乡村治理结构失效下围绕土地增值收益分配而引致的社会冲突应成为继征地冲突之后予以高度警惕的新的社会矛盾。

前述集体经营性建设用地流转增值收益分配微观层面风险的分析主要集中在村一级成员集体和集体成员之间，这一分析是建立在农村不同层级集体经济组织的同质性假定之上的。然而，现实中由"三级所有、队为基础"的基础性制度设计衍生出来的"乡镇、村、村民小组"三个层级的集体经济组织的利益趋向各不一致，作为乡镇一级集体经济组织的代理人如乡镇干部、作为村民小组一级集体经济组织的代理人如村民小组长，皆会在围绕农地剩余控制权争夺和农地增值收益分配关系函数重构的过程中作为重要的主体变量嵌入进来。从试点实践来看，仅有极少数试点地方对不同层级农村集体经济组织参不参与和如何参与分享集体建设用地流转收益进行了分层分类规定。例如，北京市大兴区规定由镇级统筹，各村集体按照持股比例参与分配。浙江德清则对三个层级集体经济组织做了详细界定：乡镇级集体所得主要用于基础设施和民生支出，不用于成员分配；村级集体则将增值收益股份量化到成员以分红方式分享；村民小组所得收益按"9∶1"比例分别用于成员分配和集体提留。

---

① 虽然我国《土地管理法》规定，农民集体所有的土地依法属于村农民集体所有，由集体经济组织或者村民委员会经营、管理。但从现实情况看，我国 58.94 万个村委会，到 2017 年却只有 23 万个农村集体经济组织，也就是说有到目前仍有超过一半农民集体尚未建立起集体经济组织。而《民法总则》规定，未设立村集体经济组织的，村民委员会可以依法代行村集体经济组织的职能；《中华人民共和国村民委员会组织法》第八条进一步规定，村民委员会依照法律规定管理本村属于村农民集体所有的土地和其他财产。

② 吴昭军：《集体经营性建设用地土地增值收益分配：试点总结与制度设计》，载于《法学杂志》2019 年第 4 期，第 45～56 页。

7.5 结论

将集体经营性建设用地入市作为城乡建设用地市场从分割走向整合及整体土地利益格局变动和利益关系调整的切入点，增强对入市改革风险识别和风险规避机制的全面、深入、系统研究，有预见性地系统防范、控制和规避风险，对于确保土地制度改革的有序深入发展、促进城乡建设用地市场一体化及缩小城乡收入差距具有重要意义。

这一过程中，初始制度安排中获取既得利益的地方政府面临着巨大压力①。应通过优化国家治理体系来有效防范：建立土地收益储备基金制度，调节地方政府土地财税激励与年度预算平衡，促进土地资源与增值收益的代际均衡使用；稳步推进房产税改革和构建以财产税制为基础的地方税体系，引导地方政府财政由预算外经营性收入向预算内税收收入转型；在明确政府间权责利划分的基础上，合理匹配地方政府的财权和事权；强化地方政府投资计划及其资本预算约束机制，完善投融资平台法人治理结构，引入现代债务管理预警和监督体系，建立规范透明的政府债务融资体制；构建抵押土地价值动态评估系统，加强土地使用权跟踪监管。

对于集体建设用地入市可能诱发的新型房地产泡沫风险、耕地资源破坏风险、农业生产率停滞风险和粮食安全风险，应通过优化国土空间管理体系来有效规避：建立和实施国土空间规划体系，实现土地利用总体规划和城乡规划"多规合一"的系统性规划管控；在对土地状况进行测量、核查和登记造册的基础上，建立土地利用管理及地籍信息系统数据库，实现土地台账的实时长效动态追踪管理；实施永久基本农田保护制度，建立区域粮食安全基金，落实地方政府耕地保护与粮食安全主体责任；合理划分

---

① 对于集体经营性建设用地入市，地方政府面临着两难选择：集体建设用地入市有利于降低因征地导致的交易成本，获取建设用地流转部分增值收益，并将土地出让金一次性收入转化为长期税收收入。推动辖区集体建设用地市场化有利于其收益长期化，灵活的用地方式和较低的用地价格有利于地方吸引各类投资者，降低企业成本，有利于发展地方经济、扩大税源等。但是，传统征地出让模式下地方政府土地融资规模巨大，大量集体建设用地集中入市必然导致其抵押土地估值急降，进而演化成为地方债务和金融风险。

中央和地方政府土地审批权限，在实现"放管服"的同时强化土地用途管制刚性；成立土地监督管理委员会，实施国家土地督察制度，监督地方政府依法管地用地、维护土地管理秩序，等等。

这一过程中，需要充分评估集体建设用地入市而导致的区域、村组等不同利益群体的收入分化风险，应通过建立土地增值收益共享机制来有效防范：提升"三块地"改革协同性，允许村庄整治、宅基地整理等方式转化的增量集体经营性建设用地入市，探索"异地调整入市"和"镇级统筹"模式，从制度安排上确保入市机会的公平分享；秉持"初次分配基于产权、二次分配基于税制"的原则，在入市环节征收集体土地入市所得税、再转让环节征收土地增值税，通过税收发挥政府的市场调节功能及二次分配的统筹平衡功能；通过建立全国范围的建设用地指标交易机制，构建科学合理的跨地区转移支付体系，实现不同区域（省、市）收益平衡，等等。

这一过程中，需审慎观察农民与农村集体委托代理关系下的代理人风险，通过优化乡村治理结构和提升农民自组织能力来予以化解：通过健全农村"选举、决策、管理、监督"四位一体的基层民主制度，提升农民自组织能力；通过硬化村民议事会"一事一议"机制，使集体建设用地入市全过程公开透明；建立村委会监督约束机制，对村干部权力进行界定，剥离其政府基层代言者身份；增设可代表集体经营性建设用地股权利益的独立董事；以法律形式明确界定集体经济组织和农民在土地增值收益上的分配比例；规范严格财务制度以制约集体经济组织对集体资金的使用；引入第三方监督监管机制，对集体土地经营收益及其用途进行评估监督，等等[①]。

---

① 盖凯程、于平：《农地非农化制度的变迁逻辑：从征地到集体经营性建设用地入市》，载于《农业经济问题》2017 年第 3 期。

第 **8** 章

中国城乡土地利益格序重构：
制度·体制·机制

与中国经济社会体制改革相适应，中国城乡土地制度变迁呈现出渐进的、适应性调整的历时性特征。城市化进程中，城市建设用地日趋紧张和农村集体建设用地低效闲置二元悖论凸显了传统农地非农化模式的弊端。在农地剩余索取权和剩余控制权的重构过程中，需要在"土地公有制性质不改变、耕地红线不突破、农民利益不受损"的三重约束条件下，逐步构筑起农村土地集体所有制前提下的农民（集体）主体财产权秩序，成为新时期农村全面深化改革的重要取向。这一秩序的重构，有赖于在制度层面上着力推进农村集体产权制度改革，探索农村集体所有制有效实行形式；有赖于在体制层面上着力锻造城乡各类土地市场整合机制，构建城乡一体建设用地市场体制；有赖于在机制层面上，建立兼顾宏观、中观、微观不同利益群体利益的土地增值收益分配和利益协调机制。以内生性的产权制度、外生性的市场体制和关键性的利益平衡机制"三位一体"的基础制度架构，引导、带动和促进中国城乡土地利益格序重构。

8.1 农村集体土地产权制度重构

新一轮的农村土地制度改革应当以赋予农民土地财产权和农民财产权主体地位、实现农民土地财产权益为核心。农民（集体）主体财产权作为农村集体所有制的具体实现形式是正式制度安排对主体财富控制行为正当与否做出的价值判断、对产权主体及其拥有的财产权利范围和边界在社会契约层面上的确认。它涉及特定财产权利关系的排列组合，是农村集体所有制关系的规定性在社会主义初级阶段这一特定时序空间范围和转型期中国城乡二元经济体制这一基本国情特性下得以实现的具体产权安排的结构及其关系。具体而言，包括农地产权主体的范围与构成、产权客体的边界与规模、产权权能在不同主体间的排列组合和分配等的具体规定。

8.1.1 农地产权制度重构：农民土地财产权利体系与权利类型

农民（集体）拥有财产权与构筑社会主义市场经济体制微观基础具有内在的逻辑一致性。农民（集体）土地财产权利体系和权利类型的核心基础及本质规定是农村社会生产关系亦即农村土地集体所有制。故而，农地产权本质上是土地所有制的核心问题。在农村土地集体所有制下，农民土地财产权利作为一组（束）权利集合体，从产权层次上看，包括核心层的所有权和从所有权派生出来的并与之相分离的其他层次财产权利，如农用地的经营权、农建地的使用权；从产权类型看，包括农村集体土地（资产）所有权、农用地承包经营权、宅基地使用权、集体建设用地（经营性和公益性）使用权等；从产权权能看，包括占有、使用、处置和收益四大产权权能，每一项具体权能则又可以进一步分解和细分，如处置权可以再细化、再分解为买卖、转让、出让、出租、拨用、抵押、继承等具体产权权能。

在传统制度空间和政策约束下，农民土地财产权的各种权利形式之间存在着比较复杂的关系。农民的土地财产权来源于其作为集体经济组织的成员资格，即来源于法定的成员权，成员权使农民获得土地财产权的资格，但它本身并不是财产权，而是一种身份性权利。[①]"三地一产"是当前

[①] 首先，农民的宅基地使用权和承包经营权虽然是因特定身份而获取的，但一旦成为农民土地权利后就获取了独立的财产权形式，是农民依法拥有的民事上的土地用益物权。其次，农民对土地使用权的处分权来源于土地使用权中的流转权能，但又与土地使用权具有重要区别。土地使用权的权利客体应当是农村土地本身，而"处分权"的权利客体恰恰是土地使用权本身，两者是不同层次的土地财产权形式。再次，农民在农村土地上的未来权益是当前权利的延伸，如土地征收中的受补偿权是对农民拥有的土地所有权和土地使用权的补偿，继承权则主要是土地使用和收益利益的承继。同时，未来权益同样需要获得独立的权利形式，并且未来权益与当前权益的权利范围是不同的，农民只是在特定的土地财产利益上拥有可预期的未来利益。参见刘灿：《构建以用益物权为内涵属性的农村土地使用权制度》，载于《经济学动态》2014 年第 11 期。

农村集体产权制度改造的重心①。对于承包经营地和宅基地，应按照"三权分置"——农用地按照"强化所有权、硬化使用权、活化经营权"、宅基地循依"落实所有权、保障资格权、拓展使用权"——的原则和思路重构其产权体系，对于农村集体经营性土地和非土地经营性资产，则按照"两权分离"——农村集体经营性土地按照"明晰所有权、拓展使用权"、经营性资产按照"规范所有权、拓展股份权"——的原则和思路重构其产权体系，在国家、集体和个人之间合理切割农用地、宅基地、经营性土地和经营性资产的占有、使用、处分、收益等具体财产权利，构建起不同利益主体之间相对平等的财产权利关系。

新时期农地产权制度的重构，必须依据不同类型农地最终用途取向，构建与之相适应的多层次农地集体产权体系；必须通过不同类型农地占有、使用、处置、收益等各项实际财产权利的界定和细分，建立与市场发挥决定性作用资源配置机制相匹配的财产权利结构；必须依靠农地财产权利的市场化交易配给和交换价值实现功能，重构农村土地所有权、使用权及转让权的权利体系，打造权属清晰、权责明确、流转顺畅、预期稳定的土地制度结构。

8.1.2 农地财产权的权利主体：农民集体的法人实体化

重构集体土地财产权体系和优化集体土地财产权利结构是农村集体土地产权制度变革的核心构成，这就需要从学理上厘清农村集体土地所有制的生成机理和内在逻辑，需要从法理上证辩不同类型农村土地的权利主体和行使主体，需要在实践中回应集体土地产权由谁所有、属谁支配和归谁用益等问题。在经济体制转型阶段，这一系列问题的答案随着城乡二元体制的重塑和多重经济社会约束条件的改变而不断产生新的特征属性。

---

① "三地一产"指农村承包经营土地、宅基地、集体经营性建设用地和非土地集体经营性资产。农村承包经营地、农村集体资产尽管不属于我们的研究重点，但鉴于城乡土地制度变革的整体联动性、承包地的产权界定与政府征地之间千丝万缕的联系，以及农村集体经营性土地入市部分增值收益往往以公积金方式纳入集体资产，故而可将之纳入农地财产权利体系之中。

　　农村集体土地产权权利归属主体的内涵和外延特征均随着时代的变迁而不断变化。"五四宪法"规定了"合作社经济（劳动群众集体所有制）"的农村生产资料所有制形式，"八二宪法"同样明确了"农村生产资料（土地）所有制形式为劳动群众集体所有制"，从而在宪法层面确立了这一产权的归属主体为"劳动群众集体"。[①] 在宪法中，这一抽象概念得以更为具象化的表达。例如，《中华人民共和国民法通则》和《中华人民共和国土地管理法》均将"劳动群众所有"具体化为"农民集体所有"或"集体经济组织所有"。2007 年《中华人民共和国物权法》则进一步将之具象化为"成员集体所有"。相应地，在农村集体土地产权权利行使主体上，村（组）一级的集体经济组织或者村民委员会、村小组等在法律允纳的范畴内都可以依法行使对集体土地的使用和处置权利。

　　从所有权制度看，集体所有权是指劳动群众集体组织享有的对其财产的占有、使用、收益和处分的权利，但是这一权利是高度抽象的。首先，集体所有权的行使主体是集体组织，但这个组织是不是法人组织或者是自然人的合伙组织并不清楚。而目前的状况是，作为最重要的代理者，村委会不是法人组织也不是合伙人组织，它行使集体所有权职能与它作为社区公共管理和基层政权组织的身份是结合在一起的。村委会是村民自治组织，作为土地所有者主体的法律地位并没有得到认可。其次，法律规定行使所有权的主体是集体组织，每个集体成员无论在法律上还是现实中都不可能是集体所有权的主体，如果没有市场契约型的委托—代理关系，单个的成员不可能享有任何属于个人的土地财产权利。[②]

　　此外，城市化的快速推进及城乡要素的双向流动，特别是城市郊区农村集体成员的不断退出和进入不断修正着传统农民集体概念的内涵与外延，村民成员的成员权利源于身份世袭，而集体成员的成员权利既可以源于身份，还可以以市场交易方式获取，二者的重合度不断降低[③]。如何根

　　① 我国第一部《宪法》于 1954 年 9 月 20 日经第一届全国人民代表大会第一次会议全票通过，因其在 1954 年颁布，故称其为"五四宪法"；"八二宪法"是指我国于 1982 年 12 月 4 日颁布的《宪法》。

　　② 刘灿：《构建以用益物权为内涵属性的农村土地使用权制度》，载于《经济学动态》2014年第 11 期。

　　③ 叶兴庆：《农村集体产权权利分割问题研究》，中国金融出版社 2016 年版，第 108～109 页。

据经济社会约束条件的变化合理界定集体成员及其权利构成，划设农村村民在政治上的自治权利和集体经济组织成员在经济上的用益权利之间的边界，关乎存量成员与增量成员、灭消成员与新生成员、代内公平与代际公平等①，农地确权颁证、资产股份量化、"生不增死不减"等是这一改革过程中的有益探索。

对于集体土地产权的权利主体归属，首先，应坚持以还权赋能予农民为基本取向，在国家政策引导下引导农地产权向农民的回归，将农地剩余索取权和剩余控制权充分地赋予农民（集体）。其次，考量异质性因素，近郊农村宜沿袭《物权法》中关于"成员集体"的定义，合理界定集体成员和成员集体之间的权利关系和边界，由新型集体经济组织代理行使经营管理等权利。远郊农村则可沿袭传统，将集体产权界定为村一级集体，但应由集体经济组织而非村民委员会作为权利行使主体。最后，对于农民集体，应按照权利主体、民事主体、市场主体的原则进行实体化改造，在农地确权颁证和集体成员资格认定的基础上对其进行法人化改造，将之锻造成为一个所有者主体在位、法律地位明确、内部治理结构有效、成员意志表达顺畅的独立的市场法人主体。

8.1.3 农民主体财产权的权利客体：让农村建设用地用益物权成为农民最重要的财产权利

新一轮的农地产权制度改革以形塑农民财产权主体地位和实现农民土地财产权益为核心，从产权客体角度看，就是要从法律上确保将农村集体建设土地"用益物权"兑现为农民最重要的财产权利。如果说前一阶段农村集体建设土地产权制度改革的关注点是实现土地要素权利的市场配置功能，以之解决和改变城市建设用地指标紧缺的状况，提高城乡土地资源配置的流量、流向和效率，那么下一阶段的改革方向应该是在农村集体所有制框架内真正解决农民的集体建设用地财产权利问题，即从法律上确权、

---

① 从各地实践和调研来看，集体成员资格的认定是一大难点问题，也是农地产权改革过程的矛盾聚焦点。

建立集体建设用地所有权和使用权（用益物权）制度，在经济上逐步实现农民集体建设土地权利收益（级差地租、增值收益）问题。①

要使农村居民拥有真正的集体建设土地财产权利，需要一个基础性的制度结构，即构建以用益物权为内涵属性的农村集体建设用地使用权制度②。农民主体财产权利的实现和农村集体建设用地的有序流转有赖于农地产权物权化。《中华人民共和国物权法》的关键是不动产物权，重要内容是农地物权。农地物权的外延构成包括所有权、用益物权和担保物权等。"土地公有制性质不能变"的约束条件又决定了用益物权是农地产权体系中最重要的产权客体。从既有的《中华人民共和国物权法》用益物权的概念界定和范围划设中，以农村土地集体所有制为前提，以农村集体建设用地使用权层面财产权利为对象，以权利占有、使用和收益为内容，从而牢牢确立了农村集体建设用地使用权在"用益物权"上的法律意义和法律效力。《中华人民共和国物权法》对于农村集体建设用地"用益物权"法律内涵属性的赋予，使得传统因"产权管制"而导致的排他性弱化和模糊残缺的使用权逐步走向私法物权意义上的独立财产权利。

以用益物权为内涵属性的农村集体建设用地使用权制度的产权功能是：有利于对农村集体建设用地市场性流转提供坚实的法律保障和制度支撑；有利于以物权立法的正式制度安排推进微观市场交易制度建设，以土地产权交易推动土地资源有效配置，进而最大化地显化农村集体建设用地的潜在资产价值；有利于充分发挥产权的激励、预期功能，确保农民财产性收入不断增长，使农民充分且深度参与分享土地用途改变或土地发展权重新配置而引致的极差增值收益。需要特别指出，让农村集体建设用地的用益物权成为农民最重要的财产权利之一，其深刻的含义并不仅仅限于对农民土地权利的界定和对农民财产权利的赋予，更在于赋予和锻造农民作为一个独立、完整、自主的合格市场微观经济主体地位和能力，继而将农民形塑成为合格的社会主义经济体制的重要微观经济基础之一，这是全面深化改革时期加快完善社会主义市场经济体制的

---

①② 刘灿：《构建以用益物权为内涵属性的农村土地使用权制度》，载于《经济学动态》2014 年第 11 期。

应有之义和重要内容之一。

农民集体建设用地用益物权的充分实现，需要通过对政府与农村集体、农村集体与农民个体的权利和利益边界的再确认、再切割、再调整，形塑各相关利益主体之间相对平等的产权关系。农村土地产权制度改革有赖于农民享有充分而清晰的土地权利，特别是在集体建设用地流转中获得土地级差收益的权利。为此，要严格执行"确实权，颁铁证"，将农村集体所有制度下的"模糊产权"明晰化，进一步划清各级利益主体如国家与集体、集体之间及集体和村民小组间的建设用地权属边界与界限。

农民集体建设用地用益物权的充分实现，需要建立和完善城乡平等的不动产权益法律体系特别是用益物权制度。例如，借鉴农村承包经营地"确权颁证、还权赋能"用益物权制度建设的有益经验，在法律上建立和完善农村集体建设用地分类登记、注册交易、转让过户制度，统一颁发土地使用权证号。

农民集体建设用地用益物权的充分实现，需要在征地制度调整和政策设计上以尊重农民主体财产权和农地用益物权为核心价值取向，以真正意义上的土地用途管制来取代土地所有权管制，以"否定式目录"而非"类举式目录"清晰设定"公共利益"的范围边界，压缩模糊空间，规避政府对农村集体建设用地的"产权侵害"；在法律上合理划设农用地和非农建设用地、宅基地和经营性建设用地的界限，以及打通在符合国家总体规划和用途管制条件下不同性质和类型农地相互转化的通道，等等。

总之，新时期农村集体土地产权制度变革，引导农地产权向农民回归，将农地剩余索取权和剩余控制权充分地赋予农民，是在国家制度设计或政策引导可允纳的空间下进行的一场制度创新试验，这一改革方向不宜与私有化画等号。农村土地集体所有制性质是由农地所有权最终归属而非其他层次的财产权决定的。农村土地集体产权的重构和农民土地财产权利体系的塑造，并非改变现行的农村土地集体所有制，而是在坚持农村集体所有制的生产关系总体框架下寻求集体所有制更为有效的实现形式。改革的方向是在不改变农村土地集体所有制的前提下，通过农地集体产权制度改革探求一种更有效的产权制度安排，厘清农村集体建设土地财产主体及其相互间的财产关系，界定集体建设土地财产权利客体边界、规模和内容并赋予其完整的权能，从而更好发挥现代产权制度的经济增长效应和利益协调效应。

8.2 由割裂到整合：构建城乡一体建设用地市场体制

城乡统一建设用地市场是重塑土地利益格局、实现城乡要素平等交易的根本性载体和基础性体制。在党的十八届三中全会关于全面深化改革整体设计方案中，"发挥市场在资源配置中的决定性作用""建立城乡统一的建设用地市场""赋予农民更多财产权利"是一个一体联动的整体性、系统性改革工程。改革开放开启了中国土地市场的市场化进程，改革的最终目标趋向是推动形成不同层级、不同性质市场协调发展、相互补充、高效集约的城乡一体土地市场结构和统一、开放、竞争有序的现代土地市场体系。新时期，以集体经营性建设用地合法入市为切入点，释放"三块地"联动改革效应，探索平衡国家、集体、农民三者利益分配关系的农地增值收益分配机制，必将有力促进城乡土地市场结构由分割、垄断逐渐走向整合，进而重塑既有土地市场利益关系的生成逻辑。

在既有制度空间和政策约束条件下，在城市化扩张中城市建设用地指标日趋紧张和农村集体建设用地低效闲置的悖论，形塑了城乡土地资源配置的非均衡态势，刻画了城乡建设用地市场割裂运行的非典型轨迹。基于二元土地制度的权利体系，城乡建设用地的市场化进程也被切割为多个体系，沿着不同的路径演绎，形成了多轨并存、分割运行的城乡建设用地市场体系。当前城乡建设用地资源的非均衡配置和供求悖论，关键在于国家对城市一级建设用地市场的"垄断性"供给和对农地非农化市场的"垄断性"需求，根源是对城乡建设用地同地不同价、同名不同权的差别性土地使用制度安排。消解这一悖论的根本之道在于坚持和完善社会主义市场经济体制这一基本经济制度，在国家土地总体规划和用途管制的前提下，实现农村集体建设用地的实物（而非指标）的市场性流转，构建和优化城乡建设用地市场的主体、客体和空间结构体系，充分发挥市场机制在土地资源配置中的决定性作用，依靠市场手段消弭农村建设用地限制浪费和城乡建设用地资源错配问题（见图 8 - 1）。

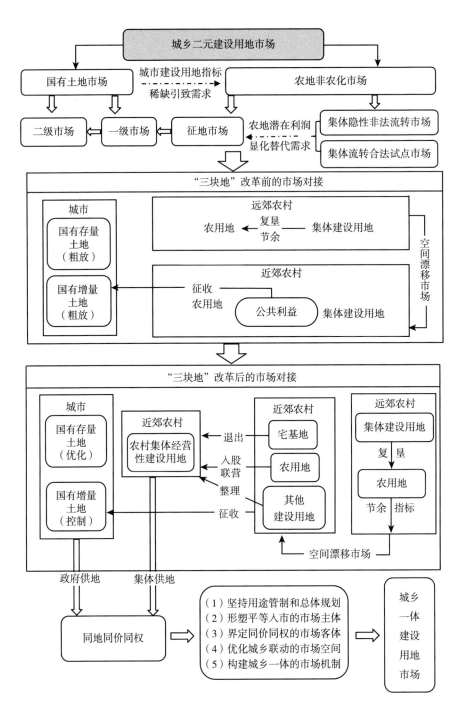

图 8 - 1　城乡二元建设用地市场整合机制演进

1. 坚持用途管制和总体规划

土地用途管制是国家优化配置和合理利用土地资源的基础性制度安排。基于建设用地开发利用的不可逆特质，无论是城市国有建设用地还是农村集体经营性建设用地入市都需要发挥国家在土地总体规划和用途管制方面的作用。在国家城乡土地利用总体规划下实现城乡统筹规划，将城市规划和农村规划有机结合起来，打破条块分割的规划内管理和规划外管理双轨体制，一体规划、一体管理、一体利用。以土地用途管制统筹城乡建设开发（城镇和农村建设用地、存量和增量建设用地）与耕地资源保护的关系，以土地总体规划兼顾社会整体利益、局部利益和个人利益等的关系。探索将因土地用途性质改变、从土地所有权中分离出来而发生的土地发展权作为一种独立的财产权纳入国家土地用途管制范畴之内，以保护农民长期可持续发展的利益。

2. 形塑平等入市的市场主体

城乡建设用地入市流转本质上反映了与土地相关的各财产权利主体之间的生产交易关系。鉴于农地剩余控制权向农民转移的长期性，在未来很长一段时期内，地方政府和农民集体将成为城乡建设用地市场上最重要的两个供给主体。改革的关键在于打破政府在建设用地市场上的行政垄断地位，并通过对农民集体的实体化改造和乡村治理结构优化，赋予二者以平等的市场地位和平等进入市场交易的权利。在此基础上，一切民事主体、经济主体、市场主体均可依照市场规则成为城乡建设用地一级和二级市场上的使用者。

3. 界定同质同权的市场客体

城乡建设用地市场客体对象主要分为城市国有建设用地和农村集体建设用地两类。无论城市建设用地还是集体建设用地，均应秉承"同地同价同权同益"的原则实现同等入市，均可"在更多的市场主体间、在更宽的范围内、在更广的用途中进行市场交易"[1]。就国有土地而言，尽

---

[1] 姜大明：《建设城乡统一的建设用地市场》，中国共产党新闻网，http://theory.people.com.cn/n/2013/1219/c40531-23881786.html，2013 年 12 月 19 日。

管一级土地市场的市场化程度在不断提高，但国有土地有偿使用——配置方式以协议出让和招拍挂出让为主——更多是面向城市国有新增建设用地，存量建设用地的配置仍以划拨方式为主。随着征地制度改革，征地范围大大压缩，城市国有增量建设用地将受到严格限制，扩大城市存量建设用地的市场化配置广度和范围就成为当务之急。农村集体经营性建设用地入市对缩减征地范围规模存在替代效应。就集体经营性建设用地本身而言，同样存在存量与新增之分。除了传统乡镇企业用地等存量集体经营性土地之外，还包括其他农用地合法转用、公益性建设用地和宅基地整理转用为新增集体经营性建设用地等外延意义上的拓展。随着农业人口减少，部分农村宅基地转化为新增集体经营性建设用地后入市存在广阔的空间。

4. 优化城乡联动的市场空间

市场空间是城乡建设用地市场主体和市场客体的活动空间或运行范围。区域差异、资源禀赋、条块分割等的异质性因素决定了农村集体建设用地入市存在着诸如近郊农村与远郊农村、城市规划圈内与规划圈外、城中村与村中城等市场空间结构的巨大差异。相应地，在入市路径上则存在着分散就地入市、产业聚集区集中连片入市、异地调整入市等模式。需要依托土地利用总体规划将农村集体产权性质的建设用地一体纳入国土空间规划体系当中，合理划设城市与乡村之间、不同产业之间、不同区域之间的生产生活功能及其对建设用地的合理需求，以横向的土地使用权空间漂移交易机制和纵向的土地发展权配置机制化解集体经营性建设用地资源区域分布不均的问题，突破城镇建设规划边界对集体经营性建设用地入市范围的限制，在城乡统筹规划下对城乡建设用地资源合理集约利用和空间优化配置。

5. 构建城乡一体的市场机制

价格是城乡建设用地市场的核心机制和优化配置土地资源优化配置的重要手段。城乡分割、多轨并存的土地市场结构和不同类型的土地性质及用途塑造了多元的土地价格谱系，例如，城市工商业用地价格和商品住宅用地价格的差价体系，城市土地和农村土地价格的剪刀差差价体系，农村农用地、宅基地和集体经营性土地价格的差价体系等。基于用途管制而形成的不同类型土地的价格差异，需要通过构建不同用途用地的合理比价调节机制，发挥价格的信号诱导和利益调节功能，实现土地供需匹配。基于所有制（权）管制而形成的城乡土地的价格差异，则需要通过对行政垄断性定价的矫正，一方面，对仍需通过征地实现农地非农化使用的土地定价机制上，既要考虑到生产生活安置性补偿，也要考虑参考区片综合地价进行补偿；另一方面，关键是搭建城乡建设用地平等的交易平台（如城乡土地产权交易中心），健全公平公开的市场交易出让制度、交易规则和交易秩序，构建以市场竞争和供求为基础的城乡建设用地一体定价机制与价格形成机制，推动实现城乡建设用地地价体系的合理衔接。

总之，城乡统一建设用地市场的培育应以城乡建设用地同属用益物权为核心，以集体建设用地入市为关键，以城乡联动和融合发展为指向。城乡建设用地市场化发展的未来演绎图景是：以平等的产权保护——既保护所有权人权益，又保护市场主体平等使用和交易其使用权——为基础，以缩减征地规模范围、吸纳同化农地非农化隐形流转市场、降低制度性摩擦成本为路径，以健全交易规则、规范市场秩序、畅通要素流通为保障，以统一的规划、统一的管理、统一的规则、统一的平台，不断推动城乡各类建设用地市场化程度的提升和经济效率的边际趋同，实现一体化的法律制度、交易机制、价税体系、分配机制，最终趋向于构建和形成统一、开放、竞争、有序的城乡一体建设用地市场体系。

8.3 农地非农化土地利益协调机制：宏观·中观·微观

以推动集体经营性建设用地入市为内涵的农地制度变迁的实质是各利益主体之间利益关系的调整和重构，土地增值收益分配是农地非农化市场化运作的核心机制。制度的重新设计安排以其重配功能和分配性质相应地拓宽或压缩相关主体的利益空间，改变其行为逻辑，引发新的利益调整，最终趋向"各依其权，各获其利"的新型利益分配模式和格局。① 为此，需要在宏观层面上重塑地方政府在土地市场上的身份角色，在中观层面上协调不同区域的利益关系，在微观层面上处理好委托人和代理人之间的利益边界，构建完善兼顾国家、区域、集体、和个人的增值收益分配机制和利益平衡机制。

8.3.1 宏观层面利益协调机制

农地非农化的制度创新，既有赖于中央政府在全国范围的推动，也有赖于地方政府的积极跟进。初始制度安排中获取巨大既得利益的利益集团（地方政府）面临着两难选择：集体建设用地入市有利于降低因征地导致的交易成本，获取建设用地流转部分增值收益，并将土地出让金一次性收入转化为长期税收收入②。但是，传统征地出让模式下地方政府土地融资规模巨大，大量集体建设用地集中入市必然导致其抵押土地估值急降，进而演化成为地方债务和金融风险。继而，决定了其在农地非农化市场上行为选择具有双重性：一方面，在推动农村集体建设用地流转试点实践中，作为中国农地制度变迁模型中的中间扩散型制度创新主体，地方政府在优先试点"租金"诱惑下积极推动集体建设用地入市流转，成为推动这一制度变迁的"动力集团"；另一方面，当集体经营性建设用地从地方实践上升为国家层面强制性制度变迁，基于大规模集体土地入市对其传统征地模式下获取土地增值收益纾解财政不足产生巨大倒逼压力，又使其成为阻碍这一制度变迁的"阻力集团"。面对集体经营性建设用地入市引发的地方政府财政收入下降风险及其衍生的债务风险和金融风险，能否找到合适的替代性财税资源及相关风险的妥善处置方案，关系到地方政府作为关键性利益主体在这一制度变迁中所扮演的"角色"。

---

① 盖凯程、于平：《农地非农化制度的变迁逻辑：从征地到集体经营性建设用地入市》，载于《农业经济问题》2017 年第 3 期。

② 理论上，推动辖区集体建设用地市场化有利于其收益长期化，灵活的用地方式和较低的用地价格有利于地方吸引各类投资者，降低企业成本，有利于发展地方经济、扩大税源等。参见盖凯程、于平：《农地非农化制度的变迁逻辑：从征地到集体经营性建设用地入市》，载于《农业经济问题》2017 年第 3 期。

第一，优化公共财政体制，平衡地方财权与事权。首先，应在不同层级政府间权责划分的基础上推进地方政府事权改革，厘清央地治理边界和关系，实现地方财权和事权相匹配。其次，在稳定央地财税分配格局总体稳定前提下，按照拓展地方收入来源的思路适当将部分中央税种下移或增加地方共享税分成，以增强地方政府应对土地财政收入急剧下降的能力。再次，合理划分投资权以明确中央政府与地方政府支出责任，加快推进地方政府职能转变与机构改革，进一步缩减地方政府经济经营与生产建设投资职能，使其回归到本地区公益性公共服务领域，在土地市场上逐步转变身份，从产权主体回归管理主体，更多履行土地管理、提供公共产品、维护社会公平等职能。

第二，渐进过渡，使地方政府适度参与分享土地增值收益。大规模集体经营性建设用地入市，首当其冲的是地方特别是县乡（镇）级财政收入。农地入市增值收益和极差地租的直接成因是地方政府对于基础设施建设投资的投入，构成为"涨价归公"理论的实践基础。在"中央政府—地方政府—农民（集体）"共同构成的"三位一体"农地非农化制度变迁模型里，自上而下的强制性创新和自下而上的诱致性制度创新兼容及其所推动的这一制度创新的基本维度和趋向，其中的关键性变量就是地方政府的参与度，地方政府的参与度又取决于其在这一制度创新中的成本与收益。作为最大的利益受损者，让地方政府参与分享土地增值收益有利于降低改革的阻力。短期而言，应允许地方政府在集体经营性土地入市或再次流转环节以土地增值收益调节金方式按照一定比例予以收取，参与初次分配。长期而言，则宜在土地财产税整体框架下，以土地增值税取代土地增值金，以再次分配取代初次分配。至于地方参与分享的比例、税率等则宜在国家指导原则和范围下因地、因时、因地方基础设施投入度而异。

第三，拓展地方财政收入来源，构筑土地财产税制度。既有的土地税制结构呈现出典型的轻税重费、轻从价重从量、轻保有重流转等特征和弊端，不动产主体税种缺失是困扰地方财政收支的症结所在，表现为流转环节税率较高，保有环节税收弹性系数偏低，土地增值税占不动产税比重较低。为此，应在整合地方税费的前提下逐步建立和完善财产税制度，构建以财产税为基础的地方税体系，引导地方财政由预算外经营性收入向预算内税收收入转型。首先，在土地保有环节，以从价课征而非从量计征来提高土地课税的弹性系数，充分释放建设用地不动产税等集地方财政收入的功能。其次，在征管可控的前提下稳步推进房产税改革，使地方政府收入由依靠经营土地市场向依靠房产税转变。逐步开征遗产税、赠与税、物业税等相关税种，构建以财产税为基础的地方税体系。最后，全面整合地方土地税费体系，建立城乡一体土地增值税与所得税，使地方政府从国有与集体建设用地市场交易中获得长期稳定税收收入，建立土地收益基金制度，调节地方政府土地财税收入波动与年度丰歉余缺，促进土地资源与增值收益的年际、区际、代际均衡、持续地使用。

8.3.2　中观层面利益协调机制

效率与公平始终是贯彻于中国城乡经济体制改革进程中的两个重要理论坐标参数。集体经营性建设用地入市对于促进城乡建设用地资源集约利用、平衡公权和私权的关系、缓解城乡贫富差距具有显著正向促进作用。但基于集体经营性建设用地的资源禀赋、区位分布、规划用途、数量结构等的异质性特征，集体建设用地不仅在近郊与远郊、发达地区与欠发达地区等不同区位存在着较大数量与价值差异，还在城市规划区内与城市规划区外、重点开发区与限制开发区等不同区划存在着极大的入市机会差异。"整体入市"极有可能在短期内造成不同的农民集体——远郊农村与近郊农村、发达地区农村和欠发达地区农村、限制开发功能区与重点开发功能区、不同村组之间等——利益群体的利益分化，进而加剧区域分化①。为此则须建立协调区域发展的用地规划体系和兼顾国家、集体、个人的土地增值收益共享机制来予以有效防范。

第一，建立"多规合一"的城乡跨区域国土空间规划体系。将经济社

---

① 这里有一个间接的证据：中国城乡可支配收入比从 2010 年的 0.32 下降到 2017 年的 0.27，降低了 16.10%；而农村基尼系数结束了长达十年的稳步下降趋势。但这一趋势在 2015 年"三块地"和农村集体资产股份量化改革之后开始发生逆转，农村基尼系数从 2015 年开始逐渐回升，到 2017 年重新上升至 0.33。

会发展规划、城乡产业规划、区域发展规划、城乡土地规划等纳入系统性规划管理体系中，特别是将远郊农村与近郊农村、不同主体功能区、不同行政区域的农村集体建设用地的年际、区际、代际合理使用作为内生性变量一体纳入城乡国土空间规划体系之中，以土地用途管制的刚性约束和柔性引导调节农村集体经营性建设用地资源配置的流向与流量，统筹协调开展国土资源在空间维度和时间向度上的配置。这就需要，首先，在对土地的资源属性与权属状况进行测量、核查和登记造册的基础上，建立土地利用管理及地籍信息系统数据库，实现土地台账的实时长效动态追踪管理。其次，围绕主体功能区规划推动经济社会发展规划、土地利用规划、城乡建设规划及耕地与生态环境保护规划等各类规划相衔接，提高各类经济主体利益诉求耦合度。最后，严控城乡增量建设用地规模、盘活城乡存量建设用地效益，合理划分中央和地方政府土地审批权限，在为地方经济发展预留弹性空间的同时，落实地方政府耕地保护与粮食安全主体责任，着力完善永久基本农田保护制度，通过粮食安全补偿的利益协调机制高效解决粮食生产的正外部性与溢出效应。

第二，建立横向区际公平补偿机制。农村集体建设土地资源与财产多重属性决定了其价值的增值和极差收益的产生既取决于产权主体对其的维护投资，也来自国家发展战略、城市规划等外部因素的影响，继而决定了农地所有权不仅仅是私权意义上的普通财产，还兼具公共性、社会性等。如果说传统农地非农化模式"涨价归公"的逻辑过度凸显了土地的社会公共性特征而遮蔽了农民的私人财产权利，那么完全遮蔽农地社会公共性而将增值收益全部赋予产权所有者，则会导致"地主食利"社会阶层分化和区域分化。因此，必须在尊重产权基础上，注重建立农地入市增值收益分配的区际利益协调平衡机制，通过税收和转移支付等方式对因区域差异性因素导致的土地增值收益和极差地租的分配不公予以调节，平衡好城郊农民（集体）与远郊农民（集体）、发达地区农民（集体）与欠发达地区农民（集体）、鼓励开发主体功能区农民（集体）和限制开发主体功能区农民（集体）之间等不同群体的利益关系问题。省域范围内，根据集体经营性建设用地分布的区位、规模及单宗出让（租）地价等因素综合考量，因地制宜制定差异化的调节金征收标准和征收比例，用于平衡余缺和转移补偿[①]。全国范围内，秉持"初次分配基于产权、二次分配基于税制"的原则，在入市环节征收集体建设用地入市所得税、再转让环节征收土地增值税及使用保有过程中征收不动产持有税，通过税收发挥政府的市场调节功能及二次分配的跨区域、全国性的统筹平衡功能。

第三，建立纵向土地发展权配置机制。横向区际公平补偿机制是基于"静态产权"假设和既定集体经营性建设用地现状，对同一行政区划范围内部不同农村集体和不同区域之间的入市收益差异的机会补偿与利益统筹。对于由于土地用途改变、主体功能限制而造成的入市流转机会差异，还需要建立政府补偿与市场补偿相结合的利益协调机制，构建基于土地发展权的市场化让渡补偿机制。土地发展权本质上是土地使用性质发生变更的独立财产权利。这就需要，首先，通过"三块地"改革协同推进扩宽集体经营性建设用地转化途径与入市的外延范围，允许宅基地退出和整理等转化为增量的集体经营性建设用地入市。探索拓展"整治入市""异地入市""合作入市""统筹入市"等多种入市方式，从制度安排上确保不同成员集体间入市机会的公平分享。其次，在既有的城乡增减挂钩、地票交易等土地使用权空间漂移交易机制中，充分考虑土地发展权丧失地区的"损益"补偿机制。最后，建立全国范围的土地发展权交易市场，全面整合"耕地占补平衡指标"和"建设用地指标"建立建设用地指标交易机制，构建科学合理的跨地区转移支付体系，通过产权交易实现不同规划区与主体功能区土地增值收益输送与利益补偿。

8.3.3　微观层面利益协调机制

从 20 世纪 70 年代末开启的农业经营制度改革，到 2005 年全面取消农业税与开展村民自治，再到新时期集体经营性建设用地入市，国家逐渐改变全面统筹乡村集体的制度安排[②]，曾经作为乡村治理重要参与主体的乡

---

① 周应恒、刘余：《集体经营性建设用地入市实态：由农村改革试验区例证》，载于《改革》2018 年第 2 期。

② 刘守英、熊雪锋：《中国乡村治理的制度与秩序演变——一个国家治理视角的回顾与评论》，载于《农业经济问题》2018 年第 9 期。

镇基层政权的行政功能和控制能力也在农村社会转型中不断弱化。然而在国家权利从乡村退出的同时，作为其制度替代的内部治理机制却未能及时、有效地建立起来。随着土地等集体资产价值在入市改革背景下日益显化，巨大的增值收益在农民集体和个体之间的分配面临新的课题：一方面，在农民个体与农民集体之间复杂的多层级"委托—代理"关系里，在信息不对称、农民自组织能力涣散和基层自治机制缺失的情况下，集体经营性土地增值收益往往易被少数内部人所攫取；另一方面，以宗族等为代表的乡村体制外势力和边缘力量日渐崛起，并通过"共谋"、暗箱操作等方式建立起以攫取和非法截留集体经济利益为核心目标的基层自治组织[①]，成员集体与集体成员间模糊的增值收益分配关系则为其提供了独特便利。为此则须通过优化乡村治理结构和提升农民自组织能力来予以化解。

第一，构建乡村多元治理体系，优化基层自治组织管理体制。中国乡村治理结构改革起自 20 世纪 80 年代初的农村基层"政社分开"改革，但受"大国末梢定理"[②] 制约，绝大部分村庄长期沿行"政社合一、政经一体"的治理结构，成为乡村腐败的制度根源。为此则须通过"政经分离"改革，完善主体明确、权责清晰的多元治理结构。建立村委会监督约束机制，对村干部权力进行界定，完善对村干部行为的监督机制，剥离其政府基层代言者身份。通过健全农村"选举、决策、管理、监督"四位一体的基层民主制度，提升农民自组织能力。[③] 厘清农村党组织、自治组织与集体经济组织等基层多元治理主体的权利边界，大力推进三大治理主体组织功能分离，加强村民自治组织建设，为集体经济转型升级及乡村治理良性发展准备条件。

第二，全面开展集体资产清产核资与确权登记，理顺集体经济组织多重委托代理关系。我国农村"三级所有、队为基础"的制度设计决定了集体成员与成员集体间复杂的多层级委托—代理关系。由于存在信息不对称与不确定性，具有机会主义行为倾向的代理人一旦拥有了集体组织控制

---

① 贺雪峰：《治村》，北京大学出版社 2017 年版，第 249 页。

② 周其仁：《城乡中国》，中信出版社 2017 年版，第 266 页。

③ 盖凯程、于平：《农地非农化制度的变迁逻辑：从征地到集体经营性建设用地入市》，载于《农业经济问题》2017 年第 3 期。

权，就不可避免地产生委托代理问题。为此须建立完善的内部治理结构与外部监督机制。首先，依法界定集体经济组织成员资格权，理顺集体经济收益分配关系。明晰界定各级成员集体的资产所有权，合理划分集体资产治权资格和权属资格①，为集体经济组织成为自主经营、自负盈亏、自我约束、自我发展的真正市场主体创造条件。其次，通过硬化村民议事会"一事一议"机制，使集体建设用地入市全过程公开透明，完善集体经营性土地使用权流转"三分之二"表决同意机制，使之成为制度与规则的硬约束。最后，以法律形式明确界定集体经济组织和农民在土地增值收益上的分配比例，严格规范财务制度以制约集体经济组织对集体资金的使用，实行"村财镇管""代理记账"等第三方监督监管机制，对集体土地经营收益及其用途进行评估监督等。②

第三，对农民集体进行法人化改造。逐步推进集体经济组织市场化转型是农村集体经营性建设用地入市流转顺畅与否的前提，也是构筑新时期社会主义市场经济重要微观财产权利主体——农民主体财产权的重要组织保障。应适时制定通过《农村集体经济组织管理法》，赋予农民集体以特殊法人人格，并借鉴现代企业制度的组织架构和公司治理结构的运行机制，确定和规定其法人地位、基本要素、议事决策机构、执行监督机构等，将之塑造成为一个具有独立的法人人格、充分反映其成员意志、内部治理机制有效的民法意义上的农地所有权主体，以现代农村集体经济组织的外部治理结构法人性、内部治理结构的有效性，来规避集体资产流失风险，确保集体土地资产的保值增值。

---

① 蒋红军、肖滨：《重构乡村治理创新的经济基础——广东农村产权改革的一个理论解释》，载于《四川大学学报》（哲学社会科学版）2017 年第 4 期。

② 盖凯程、于平：《农地非农化制度的变迁逻辑：从征地到集体经营性建设用地入市》，载于《农业经济问题》2017 年第 3 期。

参考文献

[1] 阿兰·S.罗森鲍姆:《宪政的哲学之维》,生活·读书·新知三联书店 2001 年版。

[2] 埃里克·弗鲁博顿等:《新制度经济学——一个交易费用分析范式》,上海人民出版社 2006 年版。

[3] 安东尼·吉登斯:《现代性与自我认同》,中国人民大学出版社 2016 年版。

[4] 北京大学国家发展研究院综合课题组:《还权赋能——成都土地制度改革探索的调查研究》,载于《国际经济评论》2010 年第 2 期。

[5] 蔡继明:《必须给被征地农民以合理补偿》,载于《中国审计》2004 年第 8 期。

[6] 蔡继明:《农村集体建设用地流转的主体和利益分配》,载于《学习论坛》2010 年第 7 期。

[7] 蔡继明:《土地私有化有利于农民的利益,房屋应有永久产权》,凤凰网,2011 年 7 月 4 日。

[8] 蔡跃洲等:《全要素生产率增长中的技术效应与结构效应——基于中国宏观和产业数据的测算及分解》,载于《经济研究》2017 年第 1 期。

[9] 蔡云鹏等:《关于建立城乡用地管理新机制的探讨——论"双储双控"》,载于《中国土地科学》2000 年第 5 期。

[10] 柴铎等:《中国城市土地市场分化、土地财政依赖度与经济风险评价》,载于《城市发展研究》2018 年第 10 期。

[11] 陈柏峰:《土地发展权的理论基础与制度前景》,载于《法学研究》2012 年第 4 期。

[12] 陈伯君等:《国企改革对农村土地改革的启示与镜鉴》,载于《探索》2008 年第 3 期。

［13］陈昌兵：《新时代我国经济高质量发展动力转换研究》，载于《上海经济研究》2018 年第 5 期。

［14］陈超美：《CiteSpace Ⅱ：科学文献中新趋势与新动态的识别与可视化》，载于《情报学报》2009 年第 6 期。

［15］陈红霞：《集体经营性建设用地收益分配：争论、实践与突破》，载于《学习与探索》2017 年第 2 期。

［16］陈健：《集体建设用地流转及其收益分配机制》，载于《改革》2008 年第 2 期。

［17］陈明：《农村集体经营性建设用地入市改革的评估与展望》，载于《农业经济问题》2018 年第 4 期。

［18］陈锡文：《关于农村土地制度改革的两点思考》，载于《经济研究》2014 年第 1 期。

［19］陈霄：《农民宅基地退出意愿的影响因素——基于重庆市"两翼"地区 1012 户农户的实证分析》，载于《中国农村观察》2012 年第 3 期。

［20］陈元红等：《土地权利和利益视角下的农村集体建设用地流转研究》，经济科学出版社 2016 年版。

［21］陈悦等：《引文空间分析原理与应用：CiteSpace 实用指南》，科学出版社 2014 年版，第 43 页。

［22］陈志武：《土地集体所有制变相限制农民的自由》，凤凰网，2011 年 7 月 5 日。

［23］程世勇：《城市化进程中的农村建设用地流转：城乡要素组合与财富分配结构的优化》，经济科学出版社 2012 年版。

［24］程雪阳：《土地发展权与土地增值收益的分配》，载于《法学研究》2014 年第 5 期。

［25］党国英：《土地制度对农民的剥夺》，载于《中国改革》2005 年第 7 期。

［26］道格拉斯·S. 诺思：《制度、制度变迁与经济绩效》，上海三联书店 2014 年版。

［27］登姆塞茨：《关于产权的理论》，载于《财产权利与制度变迁》，

上海三联书店 1994 年版。

[28] 邓宏乾：《土地增值收益分配机制》，载于《创新与改革·华中师范大学学报》（人文社会科学版）2008 年第 5 期。

[29] 杜伟等：《农村土地流转的理论研究综述与改革思考》，载于《四川师范大学学报》（社会科学版）2010 年第 4 期。

[30] 段文技等：《构建和谐社会下的农村土地产权制度》，载于《农业经济问题》2006 年第 3 期。

[31] 樊帆：《影响集体经营性建设用地流转收益分配方式的主要因素——基于微观主体农户的调查》，载于《理论与改革》2015 年第 5 期。

[32] 方志权：《农村集体经济组织产权制度改革若干问题》，载于《中国农村经济》2014 年第 7 期。

[33] 冯长春等：《土地发展权视角下农村集体建设用地流转问题研究》，载于《城市发展研究》2014 年第 3 期。

[34] 盖凯程、于平：《农地非农化制度的变迁逻辑：从征地到集体经营性建设用地入市》，载于《农业经济问题》2017 年第 3 期。

[35] 盖凯程等：《中国城市土地市场化进程中的地方政府行为研究》，载于《财贸经济》2009 年第 6 期。

[36] 高帆：《四重约束下中国农地产权制度变革》，载于《政治经济学报》第 15 卷，上海人民出版社 2019 年版。

[37] 高富平：《重启集体建设用地市场化改革的意义和制度需求》，载于《东方法学》2014 年第 6 期。

[38] 高圣平等：《集体建设用地进入市场：现实与法律困境》，载于《管理世界》2007 年第 3 期。

[39] 高圣平：《宅基地性质再认识》，载于《中国土地》2010 年第 1 期。

[40] 高勇：《城市化进程中失地农民问题探讨》，载于《经济学家》2004 年第 1 期。

[41] 耿敬杰：《基于 CiteSpace 的集体建设用地问题研究进展及热点分析》，载于《国土资源科技管理》2017 年第 5 期。

[42] 郭晓鸣等：《让农民带着"土地财产权"进城》，载于《农业经

济问题》2013 年第 7 期。

[43] 国家土地管理局保护耕地专题调研课题组:《近年来我国耕地变化情况及中期发展趋势》,载于《中国社会科学》1998 年第 1 期。

[44] 韩俊:《尊重农民的土地财产权利》,载于《理论视野》2004 年第 3 期。

[45] 韩康:《宅基地制度存在三大矛盾》,载于《人民论坛》2008 年第 14 期。

[46] 韩松:《集体建设用地市场配置的法律问题研究》,载于《中国法学》2008 年第 3 期。

[47] 韩文龙等:《共有产权的起源、分布与效率问题——一个基于经济学文献的分析》,载于《云南财经大学学报》2013 年第 1 期。

[48] 何·皮特:《谁是中国土地的所有者?》,社会科学文献出版社2008 年版。

[49] 何格等:《还权优于让利——征地制度改革应有价值取向及实现路径》,载于《农村经济》2012 年第 8 期。

[50] 何杨等:《地方政府债务融资的风险控制——基于土地财政视角的分析》,载于《财贸经济》2012 年第 5 期。

[51] 贺雪峰:《地权的逻辑:中国农村土地制度向何去处》,中国政法大学出版社 2010 年版。

[52] 贺雪峰:《地权的逻辑Ⅱ:地权变革的真相与谬误》,东方出版社 2013 年版,第 36 页。

[53] 贺雪峰:《论土地性质与土地征收》,载于《南京农业大学学报》(社会科学版)2012 年第 3 期。

[54] 贺雪峰:《三项土地制度改革试点中的土地利用问题》,载于《中南大学学报》(社会科学版)2018 年第 3 期。

[55] 贺雪峰:《治村》,北京大学出版社 2017 年版。

[56] 贺雪峰等:《地权的逻辑Ⅲ:为什么说中国土地制度是全世界最先进的》,中国政法大学出版社 2018 年版。

[57] 洪银兴:《资源配置效率和供给体系的高质量》,载于《江海学刊》2018 年第 5 期。

［58］胡鞍钢等：《社会转型风险的衡量方法与经验研究》，载于《管理世界》2006 年第 6 期。

［59］胡家勇：《地方政府"土地财政"依赖与利益分配格局》，载于《财贸经济》2012 年第 5 期。

［60］华生：《城市化转型与土地陷阱》，东方出版社 2014 年版。

［61］黄珂等：《城乡建设用地的市场化整合机制》，载于《改革》2016 年第 2 期。

［62］黄砺等：《中国农地产权是有意的制度模糊吗?》，载于《中国农村观察》2014 年第 6 期。

［63］黄小虎：《征地制度改革和集体建设用地流转》，载于《经济研究参考》2008 年第 6 期。

［64］黄祖辉、汪晖：《非公共利益性质的征地行为与土地发展权补偿》，载于《经济研究》2002 年第 5 期。

［65］冀县卿等：《论我国征地制度改革与农地产权制度重构》，载于《农业经济问题》2007 年第 12 期。

［66］冀县卿等：《农地产权结构变迁与中国农业增长：一个经济解释》，载于《管理世界》2009 年第 1 期。

［67］江华等：《农村集体建设用地流转——制度变迁与绩效评价》，中国经济出版社 2011 年版。

［68］姜大明：《建立城乡统一的建设用地市场》，载于《中国国土资源报》2013 年 11 月 22 日。

［69］姜子叶等：《财政分权、预算软约束与地方政府债务》，载于《金融研究》2016 年第 2 期。

［70］蒋红军等：《重构乡村治理创新的经济基础——广东农村产权改革的一个理论解释》，载于《四川大学学报》（哲学社会科学版）2017 年第 4 期。

［71］蒋省三等：《土地资本化与农村工业化——广东省佛山市南海经济发展调查》，载于《管理世界》2003 年第 11 期。

［72］靳相木：《解析征地制度改革的主流思路》，载于《中国农村经济》2008 年第 2 期。

［73］瞿理铜等：《基于功能变迁视角的宅基地管理制度研究》，载于《国家行政学院报》2015 年第 5 期。

［74］柯亨：《卡尔·马克思的历史理论》，重庆出版社 1989 年版。

［75］匡家在：《地方政府行为的制度分析：基于土地出让收益分配制度变迁的研究》，载于《中央财经大学学报》2009 年第 4 期。

［76］劳森：《财产权法》，牛津出版社 1982 年版。

［77］李稻葵：《转型经济中的模糊产权理论》，载于《经济研究》1995 年第 4 期。

［78］李海伟：《农地转非中的利益格局分析》，载于《南开经济研究》2004 年第 3 期。

［79］李建建：《我国征地制度改革与农地征购市场的构建》，载于《当代经济研究》2002 年第 10 期。

［80］李杰等：《农村集体建设用地入市改革风险及防范研究综述》，载于《理论视野》2017 年第 1 期。

［81］李萍：《农村新土改需警惕四大风险，政府过度介入将剥夺农民利益》，凤凰网，2009 年 12 月 23 日。

［82］李强等：《中国城镇化"推进模式"研究》，载于《中国社会科学》2012 年第 7 期。

［83］李尚蒲等：《中国城乡土地市场化：估算与比较》，载于《南方经济》2016 年第 4 期。

［84］李延荣：《集体建设用地流转要分清主客体》，载于《中国土地》2006 年第 2 期。

［85］李玉龙：《地方政府债券、土地财政与系统性金融风险》，载于《财经研究》2019 年第 9 期。

［86］廖长林等：《残缺的农民集体土地产权与征地制度改革》，载于《管理世界》2008 年第 7 期。

［87］廖洪乐：《中国农村土地制度六十年——回顾与展望》，中国财政经济出版社 2008 年版。

［88］刘灿：《构建以用益物权为内涵属性的农村土地使用权制度》，载于《经济学动态》2014 年第 11 期。

［89］刘灿等：《农民的土地财产权利：性质、内涵和实现问题——基于经济学和法学的分析视角》，载于《当代经济研究》2012 年第 6 期。

［90］刘灿等：《完善社会主义市场经济体制与公民财产权利研究》，经济科学出版社 2014 年版。

［91］刘东等：《土地征用的过度激励》，载于《江苏社会科学》2007 年第 1 期。

［92］刘俊：《土地的所有权国家独占研究》，法律出版社 2008 年版，第 276～285 页。

［93］刘俊：《中国土地法理论研究》，法律出版社 2006 年版。

［94］刘凯：《中国特色的土地制度如何影响中国经济增长——基于多部门动态一般均衡框架的分析》，载于《中国工业经济》2018 年第 10 期。

［95］刘庆乐等：《风险防范、市场嵌入与政策演进：基于中国集体建设用地市场化的进程分析》，载于《中国行政管理》2017 年第 12 期。

［96］刘锐：《如何解读党的十八届三中全会土地制度改革精神》，载于《国家行政学院学报》2014 年第 1 期。

［97］刘润秋：《中国农村土地流转制度研究——基于利益协调的视角》，经济管理出版社 2012 年版。

［98］刘诗白：《刘诗白经济文选》，中国时代经济出版社 2010 年版。

［99］刘诗白：《刘诗白文集》第 4 卷，西南财经大学出版社 1999 年版。

［100］刘诗白：《政治经济学》，西南财经大学出版社 2008 年版。

［101］刘守英：《土地制度变革与经济结构转型——对中国 40 年发展经验的一个经济解释》，载于《中国土地科学》2018 年第 1 期。

［102］刘守英：《土地制度与中国发展》，中国人民大学出版社 2018 年版。

［103］刘守英：《政府垄断土地一级市场真的一本万利吗》，载于《中国改革》2005 年第 7 期。

［104］刘守英：《中国城乡二元土地制度的特征、问题与改革》，载于《国际经济评论》2014 年第 3 期。

［105］刘守英：《中国土地制度改革：上半程及下半程》，载于《国际经济评论》2017 年第 5 期。

[106] 刘守英等：《土地融资与财政和金融风险——来自东部一个发达地区的个案》，载于《中国土地科学》2005年第5期。

[107] 刘守英等：《中国乡村治理的制度与秩序演变——一个国家治理视角的回顾与评论》，载于《农业经济问题》2018年第9期。

[108] 刘文泽：《集体经营性建设用地入市研究综述》，载于《改革与开放》2018年第3期。

[109] 刘新华等：《论当前我国农村土地产权制度改革的重点——一个产权经济学分析视角》，载于《生产力研究》2009年第21期。

[110] 刘亚辉：《农村集体经营性建设用地使用权入市的进展、突出问题与对策》，载于《农村经济》2018年第12期。

[111] 刘永湘等：《中国农民集体所有土地发展权的压抑与抗争》，载于《中国农村经济》2003年第3期。

[112] 刘元胜：《农村集体建设用地产权流转价格形成机理》，载于《农村经济》2012年第7期。

[113] 刘振伟：《乡村振兴中的农村土地制度改革》，载于《农业经济问题》2018年第9期。

[114] 陆剑：《集体经营性建设用地入市的实证解析与立法回应》，载于《法商研究》2015年第3期。

[115] 吕萍等：《集体建设用地流转影响效应及障碍因素分析》，载于《农业经济问题》2008年第2期。

[116] 栾维新等：《农村建设用地的区域类型与调控措施研究——以大连市城乡建设用地调控研究为例》，载于《资源科学》2000年第2期。

[117] 罗必良：《公共领域、模糊产权与政府的产权模糊化倾向》，载于《改革》2005年第7期。

[118] 罗丹等：《不同农村土地非农化模式的利益分配机制比较研究》，载于《管理世界》2004年第9期。

[119] 罗湖平：《中国土地隐形市场研究综述》，载于《经济地理》2014年第4期。

[120] 罗纳德·H.科斯：《社会成本问题》，载于《财产权利与制度变迁》，上海三联书店1994年版。

［121］罗纳德·H. 科斯等：《财产权利与制度变迁——产权学派与新制度学派译文集》，上海三联书店 2002 年版。

［122］罗润东等：《我国政治经济学研究领域前沿动态追踪——对 2000 年以来 CNKI 数据库的文献计量分析》，载于《经济学动态》2015 年第 1 期。

［123］马保庆等：《非农业建设土地使用制度改革研究及应用》，载于《中国土地科学》1998 年第 4 期。

［124］《马克思恩格斯选集》第 3 卷，人民出版社 1972 年版。

［125］《资本论》第 1 卷，人民出版社 2004 年版。

［126］《马克思恩格斯全集》第 12 卷，人民出版社 1985 年版。

［127］《马克思恩格斯全集》第 1 卷，人民出版社 1960 年版。

［128］《马克思恩格斯全集》第 23 卷，人民出版社 1972 年版。

［129］《马克思恩格斯全集》第 26 卷，人民出版社 1979 年版。

［130］《马克思恩格斯全集》第 2 卷，人民出版社 1972 年版。

［131］《马克思恩格斯全集》第 45 卷，人民出版社 1985 年版。

［132］《马克思恩格斯全集》第 46 卷上，人民出版社 1979 年版。

［133］《马克思恩格斯文集》第 10 卷，人民出版社 2009 年版。

［134］《马克思恩格斯文集》第 1 卷，人民出版社 2009 年版。

［135］《马克思恩格斯文集》第 7 卷，人民出版社 2009 年版。

［136］《马克思恩格斯文集》第 8 卷，人民出版社 2009 年版。

［137］《马克思恩格斯文集》第 9 卷，人民出版社 2009 年版。

［138］《马克思恩格斯选集》第 1 卷，人民出版社 1972 年版。

［139］《马克思恩格斯全集》第 25 卷，人民出版社 1972 年版。

［140］孟勤国：《禁止宅基地转让的正当性和必要性》，载于《农村工作通讯》2009 年第 12 期。

［141］孟勤国：《物权法开禁农村宅基地交易之辩》，载于《法学评论》2005 年第 4 期。

［142］欧阳安蛟等：《农村宅基地退出机制建立探讨》，载于《中国土地科学》2009 年第 10 期。

［143］配杰威齐：《产权与经济理论：近期文献的一个综述》，载于

《财产权利与制度变迁》，上海三联书店 1994 年版。

［144］彭文英等：《集体建设用地流转收益及分配探析》，载于《经济与管理研究》2008 年第 5 期。

［145］普列汉诺夫：《论一元论历史观之发展》，生活·读书·新知三联书店 1961 年版。

［146］钱忠好：《土地征用：均衡与非均衡——对现行中国土地征用制度的经济分析》，载于《管理世界》2004 年第 12 期。

［147］钱忠好等：《中国土地市场化水平：测度及分析》，载于《管理世界》2012 年第 7 期。

［148］钱忠好等：《我国城乡非农建设用地市场：垄断、分割与整合》，载于《管理世界》2007 年第 6 期。

［149］钱忠好等：《中国土地市场化改革：制度变迁及其特征分析》，载于《农业经济问题》2013 年第 5 期。

［150］曲承乐等：《论集体经营性建设用地入市对农村发展的影响》，载于《中国土地科学》2018 年第 7 期。

［151］曲福田等：《统筹城乡与农村集体土地产权制度改革》，载于《管理世界》2011 年第 6 期。

［152］荣兆梓：《公有制实现形式多样化通论》，经济科学出版社2001 年版。

［153］沈坤荣等：《土地功能异化与我国经济增长的可持续性》，载于《经济学家》2019 年第 5 期。

［154］宋戈等：《土地发展权视角下东北粮食主产区农村宅基地退出补偿及增值收益分配研究》，载于《自然资源学报》2017 年第 11 期。

［155］宋新洁：《集体建设用地入市约束农业劳动生产率提升的风险研究》，西南交通大学硕士学位论文，2018 年。

［156］宋志红：《集体经营性建设用地入市改革的三个难点》，载于《行政管理改革》2015 年第 5 期。

［157］宋志红：《农村土地改革调查》，经济科学出版社 2016 年版。

［158］宋志红：《宅基地使用权流转的困境与出路》，载于《中国土地科学》2016 年第 5 期。

[159] 宋志红：《中国农村土地制度改革八讲》，国家行政学院出版社 2016 年版。

[160] 宋志红：《中国农村土地制度改革研究：思路、难点与制度建设》，中国人民大学出版社 2017 年版。

[161] 孙佑海：《〈土地管理法〉1998 年修订之回顾》，载于《中国环境法治》2008 年第 6 期。

[162] 孙月蓉等：《我国农地征收中的农地产权研究》，载于《经济问题》2013 年第 1 期。

[163] 唐燕等：《建立城乡统一的建设用地市场的困境分析与思路突围》，载于《城市发展研究》2014 年第 5 期。

[164] 唐云锋等：《地方政府债务诱发金融风险的逻辑与路径》，载于《社会科学战线》2018 年第 3 期。

[165] 唐在富：《中国土地财政基本理论研究——土地财政的起源、本质、风险与未来》，载于《经济经纬》2012 年第 2 期。

[166] 陶镕：《集体建设用地使用权流转收益分配之法律探讨》，载于《湖南社会科学》2013 年第 1 期。

[167] 田春雷：《论我国征地制度改革中土地发展权的配置》，载于《河南省政法管理干部学院学报》2009 年第 5 期。

[168] 汪晖等：《中国土地制度改革：难点、突破与政策组合》，商务印书馆 2013 年版。

[169] 王欢等：《关于建立城乡统一建设用地市场的风险评估》，载于《经济与管理》2016 年第 1 期。

[170] 王金红：《告别"有意的制度模糊"——中国农地产权制度的核心问题与改革目标》，载于《华南师范大学学报》（社会科学版）2014 年第 4 期。

[171] 王克忠：《论农地发展权和集体建设用地入市》，载于《社会科学》2014 年第 3 期。

[172] 王林梅等：《农村集体建设用地入市改革：基本导向、认识误区与未来趋势》，载于《财经科学》2018 年第 12 期。

[173] 王湃等：《集体经营性建设用地入市收益分配重构研究——兼

与农村土地征收制度改革的对比》，载于《海南大学学报》（人文社会科学版）2018 年第 5 期。

[174] 王文：《征地制度改革与土地增值收益分配机制研究》，载于《财政研究》2014 年第 6 期。

[175] 王文等：《中国农村集体建设用地流转收益关系及分配政策研究》，经济科学出版社 2013 年版。

[176] 王小映：《全面保护农民的土地财产权益》，载于《中国农村经济》2003 年第 10 期。

[177] 温世扬：《集体经营性建设用地"同等入市"的法制革新》，载于《中国法学》2015 年第 4 期。

[178] 温铁军：《土改难破利益格局同权同价还有很长路》，载于《新京报》2013 年 12 月 23 日。

[179] 文贯中：《吾民无地：城市化、土地制度与户籍制度的内在逻辑》，东方出版社 2014 年版。

[180] 乌尔里希·贝克等：《风险社会政治学》，载于《马克思主义与现实》2005 年第 3 期。

[181] 吴昭军：《集体经营性建设用地土地增值收益分配：试点总结与制度设计》，载于《法学杂志》2019 年第 4 期。

[182] 伍振军等：《农村集体经营性建设用地的政策演进与学术论争》，载于《改革》2014 年第 2 期。

[183] 夏方舟等：《农村集体建设用地直接入市流转：作用、风险与建议》，载于《经济体制改革》2014 年第 3 期。

[184] 项继权等：《农村集体建设用地平等入市的多重风险及其对策》，载于《江西社会科学》2014 年第 2 期。

[185] 谢保鹏等：《土地增值收益分配对比研究：征收与集体经营性建设用地入市》，载于《北京师范大学学报》（自然科学版）2018 年第 3 期。

[186] 谢卫红等：《基于 CiteSpace 的商业生态系统研究可视化分析》，载于《现代情报》2017 年第 2 期。

[187] 许崇德：《中华人民共和国宪法史》，福建人民出版社 2003 年版。

[188] 许友传：《中国地方政府债务的结构性风险》，载于《统计研

究》2018 年第 2 期。

［189］闫昊生等：《土地要素：一个中国特色的政策工具》，载于《经济学家》2019 年第 5 期。

［190］杨继瑞：《我国城市土地使用制度创新的目标模式及基本框架》，载于《财贸经济》1994 年第 6 期。

［191］杨其静：《分权、增长与不公平》，载于《世界经济》2010 年第 4 期。

［192］杨瑞龙：《我国制度变迁方式转换的三阶段论——兼论地方政府的制度创新行为》，载于《经济研究》1998 年第 1 期。

［193］杨遂全等：《农村集体经营性建设用地流转范围探讨》，载于《西北农林科技大学学报》（社会科学版）2015 年第 6 期。

［194］杨雪冬：《风险社会与秩序重建》，社会科学文献出版社 2006 年版。

［195］杨玉珍：《农户闲置宅基地退出的影响因素及政策衔接——行为经济学视角》，载于《经济地理》2015 年第 7 期。

［196］姚洋：《中国农地制度：一个分析框架》，载于《中国社会科学》2000 年第 2 期。

［197］叶兴庆：《农村集体产权权利分割问题研究》，中国金融出版社 2016 年版。

［198］于伟等：《城镇化进程中农户宅基地退出的决策行为及影响因素》，载于《地理研究》2016 年第 3 期。

［199］喻文莉等：《农村宅基地使用权制度嬗变的历史考察》，载于《中国土地科学》2009 年第 8 期。

［200］原土廷等：《新中国土地制度建设 60 年回顾与思考》，中国财政经济出版社 2010 年版。

［201］约拉姆·巴泽尔：《产权的经济分析》，上海三联书店 1997 年版。

［202］张德元：《农村宅基地的功能变迁研究》，载于《调研世界》2011 年第 11 期。

［203］张海明：《新中国成立以来城市土地所有权演变研究》，载于《学术前沿》2008 年第 6 期。

[204] 张军、吴桂英、张吉鹏：《中国省际物质资本存量估算：1952—2000》，载于《经济研究》2004 年第 10 期。

[205] 张维迎：《所有制、治理结构及委托代理关系》，载于《经济研究》1996 年第 9 期。

[206] 支晓娟：《集体建设用地流转的绩效评》，中国建筑工业出版社 2015 年版。

[207] 周诚：《关于我国农地转非自然增值分配理论的新思考》，载于《农业经济问题》2006 年第 12 期。

[208] 周飞舟：《以利为利》，上海三联书店 2012 年版。

[209] 周昊：《深圳再拆小产权房 违法建筑面临"拆时代"?》，载于《中国经营报》，2016 年 9 月 5 日。

[210] 周其仁：《城乡中国》，中信出版社 2017 年版。

[211] 周其仁：《农地产权与征地制度——中国城市化面临的重大选择》，载于《经济学（季刊）》2004 年第 4 期。

[212] 周其仁：《土地的市场流转不可阻挡》，载于《经济观察报》2013 年 12 月 23 日。

[213] 周其仁：《中国农村改革：国家与所有权关系的变化——一个经济制度变迁史的回顾（上）》，载于《管理世界》1995 年第 3 期。

[214] 周应恒等：《集体经营性建设用地入市实态：由农村改革试验区例证》，载于《改革》2018 年第 2 期。

[215] 朱侃：《近 20 年来国内农业经济研究：议题、脉络与走向》，载于《华中农业大学学报》（社会科学版）2019 年第 1 期。

[216] 朱木斌：《集体非农建设用地流转制度变迁的动力机制》，南京农业大学博士学位论文，2008 年。

[217] 朱一中等：《农地非农化过程中的土地增值收益分配研究——基于土地发展权的视角》，载于《经济地理》2012 年第 10 期。

[218] 诸培新等：《农村集体建设用地发展权配置模式分析：委托代理视角》，载于《南京农业大学学报》（社会科学版）2009 年第 4 期。

[219] 祝天智：《集体经营性建设用地入市与征地制度改革的突破口》，载于《现代经济探讨》2014 年第 4 期。

［220］ Grossman, S. and Hart, O. The Costs and Benefits of Ownership ［J］. Political Ecnonmy, 1986, Vol. 94.

［221］ Hart, O. and Moore. Property Rights and the Nature of the Firm ［J］. Political Ecnonmy, 1990, Vol. 98.

图书在版编目（CIP）数据

基于农村集体经营性建设用地入市的土地利益协调机制研究/
盖凯程著．—北京：经济科学出版社，2020.12
（马克思主义政治经济学青年论丛）
ISBN 978 - 7 - 5218 - 2256 - 4

Ⅰ.①基…　Ⅱ.①盖…　Ⅲ.①农业用地 - 生产性建设用地 -
土地市场 - 关系 - 经济利益 - 协调 - 研究 - 中国　Ⅳ.①F321.1

中国版本图书馆 CIP 数据核字（2020）第 264474 号

责任编辑：宋艳波
责任校对：郑淑艳
责任印制：李　鹏　范　艳

基于农村集体经营性建设用地入市的土地利益协调机制研究
盖凯程　著
经济科学出版社出版、发行　新华书店经销
社址：北京市海淀区阜成路甲 28 号　邮编：100142
总编部电话：010 - 88191217　发行部电话：010 - 88191540
网址：www.esp.com.cn
电子邮箱：esp@ esp.com.cn
天猫网店：经济科学出版社旗舰店
网址：http://jjkxcbs.tmall.com
北京季蜂印刷有限公司印装
710×1000　16 开　14.75 印张　250000 字
2021 年 10 月第 1 版　2021 年 10 月第 1 次印刷
ISBN 978 - 7 - 5218 - 2256 - 4　定价：66.00 元
（图书出现印装问题，本社负责调换。电话：010 - 88191510）
（版权所有　翻印必究　举报电话：010 - 88191586
电子邮箱：dbts@ esp.com.cn）